U0534348

王康宁 ◎ 著

古汉字的
教育意蕴研究

中国社会科学出版社

图书在版编目（CIP）数据

古汉字的教育意蕴研究 / 王康宁著 . —北京：中国社会科学出版社，2022.9

ISBN 978-7-5227-0773-0

Ⅰ.①古… Ⅱ.①王… Ⅲ.①教育观念—研究 Ⅳ.①G40-02

中国版本图书馆 CIP 数据核字（2022）第 145873 号

出 版 人	赵剑英
责任编辑	安　芳
责任校对	张爱华
责任印制	李寡寡

出　版	中国社会科学出版社
社　址	北京鼓楼西大街甲 158 号
邮　编	100720
网　址	http://www.csspw.cn
发行部	010-84083685
门市部	010-84029450
经　销	新华书店及其他书店
印　刷	北京明恒达印务有限公司
装　订	廊坊市广阳区广增装订厂
版　次	2022 年 9 月第 1 版
印　次	2022 年 9 月第 1 次印刷
开　本	710×1000　1/16
印　张	12.75
字　数	202 千字
定　价	78.00 元

凡购买中国社会科学出版社图书，如有质量问题请与本社营销中心联系调换
电话：010-84083683
版权所有　侵权必究

目　　录

导　读 …………………………………………………………（1）

第一章　古汉字中的教育之"道" ……………………（42）
第一节　"道"之意涵阐释 ………………………………（42）
第二节　教育之"道"的内容与表现形式 ………………（46）
第三节　教育之"道"的词源学释义 ……………………（48）

第二章　古汉字中的教育之"人" ……………………（54）
第一节　"人"的本质属性阐释 …………………………（55）
第二节　教育中"人"的身份、职能及其关系 …………（59）
第三节　教育之"人"的词源学释义 ……………………（63）

第三章　古汉字中的教育之"理" ……………………（69）
第一节　"理"之内涵与境遇 ……………………………（69）
第二节　教育之"理"的本质与特性 ……………………（72）
第三节　古汉字"理"之教育意旨 ………………………（76）

第四章　古汉字中的教育之"物" ……………………（81）
第一节　"物"与"人物"关系阐释 ……………………（81）
第二节　"物"之教育哲思与启示 ………………………（86）

第三节　古汉字"物"的教育智慧解析……………………（90）

第五章　古汉字中的教育之"技"……………………………（95）
　　第一节　古汉字"技"之本义探究……………………………（95）
　　第二节　"技"与"人"之关系阐释……………………………（97）
　　第三节　对教育技术的反思性批判…………………………（101）
　　第四节　合伦理的教育技术及其构建路径…………………（106）

第六章　古汉字中的教育之"事"……………………………（110）
　　第一节　"事"的内涵与价值…………………………………（110）
　　第二节　教育之"事"概述……………………………………（115）
　　第三节　古汉字"事"及其教育意旨…………………………（118）

第七章　古汉字中的教育之"言"……………………………（126）
　　第一节　"言"与"不言"的内涵和功用………………………（126）
　　第二节　教育中的"言"与"不言"阐释………………………（131）
　　第三节　古汉字"言"的教育意旨……………………………（137）

第八章　古汉字中的教育之"法"……………………………（141）
　　第一节　"法"之内涵与法人关系阐释………………………（141）
　　第二节　教育之"法"的类型与内容…………………………（147）
　　第三节　古汉字"法"及其教育意旨…………………………（151）

第九章　古汉字中的教育之"动"……………………………（158）
　　第一节　"动"之内涵与内容…………………………………（158）
　　第二节　教育之"动"的价值、内容与特点…………………（162）
　　第三节　古汉字"动"及其教育启思…………………………（167）

第十章 古汉字中的教育之"德" ……………………………(176)
  第一节 "德"之内涵及其演变历程………………………(176)
  第二节 教育之"德"的类型和内容 ………………………(181)
  第三节 古汉字"德"之教育意旨与镜鉴 …………………(184)

主要参考书目 ……………………………………………………(194)

后　记 ……………………………………………………………(196)

导　　读

古汉字，顾名思义是古代的汉字，其在时间上与现代汉字相连接，与现代汉字一并构成中国汉字发展的绵长历史。由发音、字形、字义的角度，古今汉字之间差别较大，尤其是在发音和字形方面，古今汉字间可谓大相径庭。在汉字演变的历史进程中，古汉字的发音、字形、字义等不断被改变，以至于人们往往难以由现代汉字中直观找寻到古汉字的踪迹和身影。然而，无论现代汉字如何变化，其与古汉字之间具有割舍不断的源流关系。现代汉字的字形、字义以古汉字为起源和根基，古汉字为现代汉字的发展演变提供母体营养和深厚根柢。

一　厚重而不失趣味的古汉字

在人类漫长的文明发展史中，中国汉字文化绝对可被称为瑰宝。汉字文化是中国文化萌生、发展与繁荣的最初前提和根本依据。"汉字是中国人为人类文明创造的伟大财富，从汉字诞生伊始，这一东方文明古国的神秘文字就伴随着中国历史发展而蔓延不断，并早早超越了民族、地域、国别的界限，成为人类的共同财富。"[1] 可以说，没有汉字便谈不上文化的发展与传承。在悠悠五千年的华夏文明史中，汉字文化可谓独挑大梁，它赋予华夏文明独特的气韵、内涵与格调，确保与推动着华夏文明的发展和演进，为人类文化与文明的发展进步提供原始动力和根本保障。

---

[1] ［日］白川静：《汉字的世界——中国文化的原点》（上），陈强译，四川人民出版社2019年版，第1页。

（一）厚重的汉字

汉字的发展史即是一部浓缩版的华夏文明发展史，汉字的演变进程在相当意义上表征着中华文明的发展进程，独具内涵与特色的汉字使得中华文明得以在原初精神的指引和导向下不断丰富和扩充，从而避免了古今断裂与历史隔断式的文明发展轨迹。中国的古汉字与苏美尔人的楔形文字、古埃及的圣书字并称为世界三大文字。在世界文明发展的进程中，楔形文字和圣书字渐次消失，只有汉字代代相传、经久不衰。随着楔形文字和圣书字在公元初期的依次消亡，由文字衍生而出的历史文化、社会文明也相继消散。在古文字嬗变的历程中，只有汉字在历经时间的洗礼和历史的沉淀后，仍旧保持着原初本真的魅力和光华，始终承载着早期国人的卓著智慧，并不断滋养着不同时期的社会文化发展。不可否认，是汉字赋予中国历史以独特的人文精神、人伦秩序和道德情感，是存于古今汉字之间的密切关联促成与成就了承续的中华文明。

1. 汉字杂说

汉字的历史就是文明的历史，文明的起始与汉字的起源具有同族同宗、相生相依的关系，华夏文明的起源需由汉字处说起。人类文明的发展最初与"水"密切关联，抛开对古代中西方文论中关于"宇宙起源于水""水是万物之源"观点的引证，中西方早期人类临河而栖的共识性的生存模式和生存样态，揭示出水与文明之间的密切关联。概或正是在这种意义上，古代圣人先哲的思想、学说、观念总是围绕"水"展开。中国先秦时期的道家代表人物老子可谓推崇"水"文化的先驱。"上善若水，水善利万物而不争，处众人之所恶，故几于道。"（《老子》第八章）自然之水具有终极意义与价值，这既是古中国文化的重要特点，也是古人认识自我与世界的独特思维方式。以道家思想之于水文化的推崇和重视为例证，中华民族实则倡导与肯定"水"性格、"水"道德、"水"气质，将"水"之意义与价值视作生存发展的重要原则和标准。比如，被古今国人一致标榜为理想生存境态的"淡泊""宁静""致远"都是以"水"为原型延伸拓展而出，而"忍一时""退一步""让三尺"的处世和生活观念中也蕴含着鲜明的"水"性文化与素养。

与其他早期文明相同（古希腊文明由基非索斯河以及爱琴海孕育，

古埃及文明由尼罗河孕育，古巴比伦文明由幼发拉底河和底格里斯河孕育），黄河是中华文明的起源，是中华民族的母亲河。早期中国黄河与淮河地区主要有三种古老的符号性文字，分别是夏民族的符号文字、鸟夷黎系民族的徽记和图形符号、东夷民族的兽骨卜符。其中，鸟夷文化与殷商文化之间关联密切。谈及鸟夷与殷商文化的关系需要提及一个古老的神话故事：阳春时节，一日，在一条河溪之中，三名女子尽情沐浴。忽然，一只玄鸟（玄鸟是古代中国神话传说中的神鸟，出自《山海经》，玄鸟的初始形象类似燕子）飞过，坠落一个鸟卵。三女子中叫作简狄的取来吃了，之后便怀孕生下一名男子，名曰契。① 这便是有关商代起源的神话传说，契为玄鸟之子，是商代的始祖，商人以玄鸟作为祖先便是以此事为缘起。"鸟夷"也被称为"东夷"，由于东夷人以鸟为图腾和祖先，故而东夷人又被一些学者称为鸟夷人。鸟夷文化的突出特点是以鸟为标榜，鸟夷人的容貌举止、举手投足都模仿鸟的样子；日用器皿和物体多有鸟形；身着服饰多有羽毛，样式也与鸟形相近；设官分职专用鸟名。对于东夷人或鸟夷人而言，鸟文化无处不在、无时不显。东夷文化的始源地是今山东，彼时人们的图腾崇拜包括龙、蛇、凤、鸟等，其中尤以鸟图腾崇拜最为普遍。结合莫言《丰乳肥臀》中的"鸟仙"形象，或许可将其视作对鸟图腾崇拜或东夷文化摹写的一个面相，以表明古今文化之间的相通性，以及彰显富含浓厚蕴意的古文化的魅力。莫言《丰乳肥臀》中有关"鸟仙"——"领弟"的描写总是能够使人们不由得进入一种神秘、奇妙的思想境地，思绪像是被拉回远古时期，与那个原初的自我照面，并由衷生出莫名的情愫与怀想，一面感受与经历着"鸟仙"，一面嗟叹和评判着"鸟仙"。倘就此展开联想和分析，人们在阅读时之于"鸟仙"的感同身受，在生活中之于自由翱翔的向往以及期待生出一对鸟儿的翅膀的幻想，乃至留存至今的"鸟仙"崇拜（这在一些地区仍有保留）是否正可作为远古文化在现代人身上延续和传承的线索和证据，这固然没有确定性答案。

然而，如同基因可以遗传，文化也可以遗传。远古文化虽然历时久远，但其是人类早期文化的缩影，是原初、本根处的文化，其之于人类

---

① 袁珂：《中国神话通论》，四川人民出版社2019年版，第57页。

文明的意义与价值绝非当前旁生、移植的外来文化或"嫁接"式的文化所能比拟。诚然，文化之于人类发展的意义与价值，也可由古汉字中得见，原因在于书写从来不会脱离历史与现实语境，而是以真实境况为摹本，是对真实情境的描写与表达。关于汉字与文化之间的内在关联，后续会作专门述写，在此暂作搁置。

2. 汉字的起源

在文字出现之前，人们表述和记录生活的方式是结绳。《易经·系辞下》记载："上古结绳而治，后世圣人易之以书契。"① 结绳是早期人们与自我、他人及世界沟通与交流的最初书写方法。作为最初的记事方式，"结绳"显然有其原始形与简单性，其代表着人们朴素而单纯的意识与思想，是人们在自我意识尚不发达的状态下自发形成的一种表达方式。概或出于对上古先民朴素或质朴特性的留意与珍惜，道家老子面对其时复杂多样的表达方式呼吁人们"复结绳而用之"（《老子》第八十章）。何以老子以上古社会的"结绳"作为彼时表达方式多样化的对立面，究其根本原因在于作为一种前文字形态，"结绳"较少或没有过度地掺杂个人意志，其充其量只是作为一种简单的计数方式，用以辅助人们计算那些能够基本保证生存可能的事物，从而满足人类最基本的生存需求。相较之下，以文字、语言为记事和表达方式的现代人时常任强使能、为所欲为、毫不克制，并由此导致各种纷争和战乱。"五色令人目盲，五音令人耳聋，五味令人口爽。驰骋畋猎，令人心发狂；难得之货，令人行妨。"（《老子》第十二章）由此意义上，"结绳"作为文字的前有样态既是人类社会由无文字时代向文字时代过渡的重要介质，也是人类文明发展演进的重要转折点。

除结绳之外，在文字出现之前人们也常运用"契刻"和"图画"的方式记事与表达观点。契刻主要是指古人在泥石、竹片、木板等物体上刻画各种符号和标志，作为双方的契约，契刻在古代常被作为双方债务的凭证。"上古结绳而治，后世圣人易之以书契"（《易经·系辞下》）中的"书契"实为"契刻"。"契刻"与楔形文字所用材质颇类似，不同之处在于楔形文字是一种文字形态，而"契刻"主要是刻画并不通用的、

---

① 南怀瑾：《易经别讲》，复旦大学出版社2002年版，第351页。

简单的画痕。楔形文字由古苏美尔人创立,据流传的苏美尔史诗《恩美卡与阿拉塔之王》记载,楔形文字由乌鲁克国王恩美卡创造而出。楔形文字多数写于泥板上,少数写在石头、金属或蜡板上。古苏美尔人会用削尖的芦苇秆或木棒在软泥板上书写,软泥板经日晒或火烤后变得坚硬、不易变形,从而使得文字得以长久保存。"图画"是指上古人们运用画图的方法记事。人们根据事物的样子,直观地将事物描摹出来以帮助记忆和表达观点,此是"图画"书写方式的基本内涵。谈到"图画"的表达方式,古文字学家唐兰在《中国文字学》一书中认为:"文字的产生,本是很自然的,几万年前的旧石器时代的人类,已经有很好的绘画,这些画大抵是动物和人像,这是文字的前驱。"[①] 梁东汉在《汉字的结构及其流变》一书中也认为:"图画是文字唯一源泉,余者皆非。"[②] 在当前研究中,很多文字学学者和美学家试图将古汉字与图画联系起来,此为人们认识与了解古汉字平添诸多兴味和乐趣。目前"图画"作为汉字前身或起源的说法已经取得了相当可观的研究成果,诸此研究可为人们直观而形象地认识与了解古汉字提供广阔空间和多样化可能。

相较于现代汉字起源于古汉字的理论共识,古汉字的起源问题一直是学术研究讨论的重要议题。前述"结绳""契刻""图画"等的说法,为人们追溯与了解古汉字的起源提供不同视角,虽然其中不乏逻辑推演和理论预设的成分,但相关研究结论基本能够与人类发展的历史相吻合,有助于拓宽和丰富人们有关古汉字的观点。然而,比之于以找寻文字出现之前的书写和表达方式探究汉字起源的研究思路,存于各种史论中的"仓颉造字"的历史典故实则可由另一个角度直接揭示与解答汉字的起源问题。抑或说,虽然汉字与"结绳""契刻""图画"等密切相关,但最直接相关的事件是:一个叫仓颉的人创造了汉字。诚然,对于历史真相的追问和解答是永无止境的,后世之人面对历史问题至多能够做到的是不断接近与逼近真相,而很难完全抵达与触碰真相。从这种意义上讲,仓颉造字虽解答了"谁发明汉字"的问题,却也引发人们无尽的遐思和猜测。仓颉被称为华夏文字的始祖,东汉许慎《说文解字·序》

---

① 李燕:《语言文化十五讲》,南开大学出版社2015年版,第114页。
② 王元鹿:《王元鹿普通文字学与比较文字学论集》,上海古籍出版社2012年版,第4页。

中说道:"黄帝之史仓颉,见鸟兽蹄远之迹,知分理之可相别异也,初造书契"①;"仓颉之初作书,盖依类象形,故谓之文,其后形声相益,即谓之字。文者物象本,字者言孳乳而寖多也。"② 其他有关仓颉造字的记载还包括《荀子·解蔽》的"好书者众矣,而仓颉独传者,壹也"以及《吕氏春秋》的"奚仲作车,仓颉作书。"在各类文论中,仓颉的生平颇富传奇色彩,相传仓颉是黄帝的史官,负责整理文字的工作。"古文者,皇帝史仓颉所造也。颉首有四目,通于神明,仰观奎星圜曲之势、俯察龟文鸟迹之象,博采众美,合而为字,是曰古文。"③ 由此可见,作为史官的仓颉知晓历史典故,通晓上古文化,由其发明汉字颇具可信性。另据《河图玉版》《禅通记》记载,仓颉曾经自立为帝,是上古时期的部落首领。结合上古部落首领往往具有通天及地的特殊能力,加之参考《说文解字》中有关仓颉"见鸟兽蹄远之迹,知分理之可相别异"的说法,也可得见仓颉造字的合理性。相比之下,《淮南子》《论衡》中有关仓颉"四目灵光,生而能书"的描述则颇具神话色彩,将仓颉造字视作天命常理与必然事件。对仓颉造字描述较夸张的当属《淮南子·本经训》:"昔者仓颉作书而天雨粟,鬼夜哭。"④ 仓颉造字时,天下起了雨,鬼在夜间哭泣,真可谓惊天地泣鬼神。这种之于仓颉造字的夸张性描述直接表明仓颉造字这一历史事件之于华夏民族、中华文明发展演进的开天辟地式的意义与价值。

作为文化始祖和汉字发明家,仓颉一直深受人们的尊崇和敬仰。历代都有赞颂仓颉的辞赋,明代王启聪的《咏仓颉二首》曰"观迹成文代结绳,皇风儒教浩然兴。几人从此休耕钓,吟对长安雪夜灯"⑤;明代魏广修的《登造书台》曰"古庙留遗迹,荒阶杂绿茵,台空惟鸟雀,不见造书人"⑥。时至今日,作为汉字始祖的仓颉仍旧普遍受到人们的敬仰,

---

① 向光忠:《文字学刍论》,商务印书馆2012年版,第16页。
② 陈安仁:《中国上古中古文化史》,上海古籍出版社2015年版,第60页。
③ (明)冯梦龙评纂:《太平广记钞》(第3册),孙大鹏点校,崇文书局2019年版,第702页。
④ 汤克勤:《龚自珍诗全集(汇校汇注汇评)》,崇文书局2019年版,第258页。
⑤ 高文:《全唐诗简编》(下),上海古籍出版社1993年版,第1518页。
⑥ 李文颖、张俊朴、史国强:《远古仓颉与中华汉字》,人民日报出版社2003年版,第95页。

上至白发老人下至黄口小儿无一不知仓颉造字的传说，仓颉本人已经成为一种文化现象，对国人家国使命感的养成、文化情感的培植、现实生活的开展等均具有莫大影响。比如，在冀鲁豫三省交界处几百公里的范围内能够很容易寻到仓颉文化的踪迹。在这些地方，每年的正月二十四被视为仓颉的生日。每逢正月，人们便纷纷来到仓颉陵墓处祭拜、祈福。当地有不少关于"仓颉陵上草"的传说故事和"登上仓陵消灾去病"的说法。据说，人们拜谒仓陵，在陵墓绕三圈，可保身体健康。当地人称仓颉陵上的草为"儿女草"，有"薅个草儿，生个小儿；刨个根儿，生个妮儿"的谚语。① 世俗民众之于仓颉传承不息的深厚感情，一方面表明仓颉造字之于华夏文化萌生与发展的丰功伟绩；另一方面也说明古汉字之于中华文明发展的奠基作用和深远价值。

中国历史上有迹可考的最早成熟的古文字是甲骨文，常说的古汉字最早就是指刻在龟甲、兽骨上的甲骨文。公元前1046年，武王伐纣于商郊牧野，商纣王大败，"登于鹿台之上，蒙衣其殊玉，自燔于火而死"（《史记·周本纪》）。自此，"失国埋卜"，甲骨文被深埋殷墟之中。② 殷商人以玄鸟为始祖，东夷文化以鸟文化为代表，殷商甲骨文与东夷文化之间具有割舍不断的关系。涉及甲骨文由谁发明的问题，一些学者主张东夷人发明甲骨文，而另有人认为东夷文字只是甲骨文的一个分支，不可将东夷文字与甲骨文等同视之。

殷商时期的甲骨文之所以被认为是中国最早成熟的文字，一方面在于其具有相对稳定的结构，另一方面则在于甲骨文具备书写的几个关键要素。甲骨文相对稳定的书写结构与简单的画痕、符号和标记之间具有本质差别。书写结构的稳定性使得文字的使用和传播成为可能，随意性的书写则因特殊性和个别性而难以通用和传播，也不具备约定俗成的化育功能。作为一种相对稳定的文字形态，殷商甲骨文开华夏古汉字之先河，为后世不同文字形态的出现与演变奠定基础。至于何以被称作"甲骨文"，主要源于殷商人常以龟甲或兽骨进行占卜。殷商时期，凡遇祭

---

① 郭俊民：《文鼎中原》（下），河南人民出版社2009年版，第489页。
② 王宇信、[韩]具隆会：《甲骨学发展120年》，中国社会科学出版社2019年版，第2页。

祀、战争等重大事宜，皆由巫、史等人负责咨询鬼神，他们把需要占卜的事情刻在甲骨上，观察与记录龟甲表面的纹路变化，以此作为国事开展的依据和标准，而后龟甲被作为档案资料由王室史官保存。除占卜刻录外，殷商甲骨文中亦有少数记事性刻录，大致涉及天文、地理、农事、交通、疾病、战争等领域。现存甲骨文中也有为数不少的文字涉及天文、农事、疾病、风俗等。基于文明发展的需要，甲骨文后，其他字体相继出现，古汉字逐渐发展演变而为今日的汉字形态。

3. 汉字的境遇

于任何时期和地域的人而言，语言文字都是构成人之观念、伦常、生活的根本依据和重要内容。人之所以能够成为"万物之灵"，在自然界中立于思想精神的顶端，全在于语言文字。"我们说汉字是一种生命符号，最重要的原因就在于它是一种具象符号。具象符号不指谓世界，而显示世界。显示世界就是将客观的世界直接移入到符号世界中，不去割裂自然的内在生命，而是力求保护自然生命的完整性和原初形态，让生命自身去自然的呈露。"① 文字是构成身心发展的重要因子，舍弃文字便没有人，它浸润着人的思想、观念、情感，赋予人判断、分析、推理的能力，给予人构建自我与他人、世界关系的可能性。文字赋予作为类群体的人以独特的角色和身份，离开文字和语言，人之为人的本质与动物无异，人之为人的意义和价值即刻消解。

然而，国人写汉字、讲汉字、用汉字，却并非留意和关注汉字，亦非喜爱与热爱汉字。这种现象一方面与现代人的思维方式和生活节奏有关，现代生活的快节奏促使人们尽可能地学有所长、学有所专，特定的职业角色和劳动分工使得关注、留意和研究汉字的更多是少数有汉语言文字功底的"专人"；另一方面，"日用而不知""日见而不爱"的生活规律也是人们时时用汉字却时常不留意与不热爱汉字的重要原因。诚如吕叔湘先生在《语文常谈》序里所说："越是人人熟悉的事情，越是容易认识不清，吃饭睡觉是这样，语言文字也是这样。"② 汉字之于人如同双手、大脑、双足、耳目，既有其不可或缺的意义与价值，又有其自然而

---

① 詹绪左、朱良志：《汉字与中国文化教程》，安徽师范大学出版社2018年版，第53页。
② 于根元：《应用语言学演讲集》，商务印书馆2014年版，第164页。

然的运用规律。人们对五官肢体的运用是顺应人之内在需求的自然过程，在这个过程中人们无须分别和判断用什么以及如何用，而只是自由自如地运用即可；与之相似，人们对待汉字的态度和情感亦复如是，人们出口成章、出手成文，运用汉字如同眼观、耳听、足行般自然而不着痕迹。语言文字与人之身心发展间自本自根的关联或许是人们对待文字"日用而不知"的根本原因，此或可作为何以人们对待汉字"用而不察""熟而不识"的重要论据。

倘说汉字之于人们而言如同运用五官、肢体一般自在自然，文化则可被视为人们赖以凭借的物理和精神空间。当沉浸于一种文化氛围尤其是世世代代共享同一种文化时，人们对于文化的敏感度难免下降或降低。"入芝兰之室，久而不闻其香"，这种味觉适应的规律，同样可被用来解释人与文化之间的关系。当人们依赖与信任一种文化时，与之相伴随的往往是对这种文化的忽略。如同对待陌生人，人们往往倍加尊重和友好，而对于熟悉的亲人好友则不必拘束谨慎，只需自然自在即可。汉字作为文化的载体，承载着华夏文明的厚重历史，人们虽时时在用、时时在讲，但真正对其留心和用心的是少数人。这种对汉字日用而不知、常用而不察的普遍现象延伸到文化领域，便是对赖以生存的物质与精神文化的不觉与不察。诚然，"不知""不察"并非指"不知道""不明白"，而是指"不用心""不留意"，不能够将认识与理解汉字、汉文化的维度或视角由常识或日常层面上升到学理和情感层面。

概或出于对现代国人"不觉"与"不察"汉字及汉字文化事实的体认和考量，近年来政府、媒介、学校等机构和单位致力于通过各种方式普及和宣传汉字文化。其中，较具代表性的电视类节目包括《神奇的汉字》《汉字英雄》等。不可否认，通过网络和媒介宣传，大众之于汉字的观念和情感已经发生明显转变。面对年代久远的古汉字，人们时常会发出"原来汉字如此有魅力"的感叹。可以说，普及、宣传与推广汉字文化的工作为一般民众了解、认识、喜爱与热爱汉字打开了一扇门，人们可透过这扇门直观体认与感受汉字的内涵与魅力，并自觉衍生出崇尚与热爱中国汉字和中国文化的真实情感。相较于以普及、推广和宣传汉字为指向的工作，有关汉字研究的成果也大幅增长，越来越多的学者致力于研究古汉字并业已取得诸多具有代表性的观点与结论。随着计算机技术的提升和人工智能的运用,汉字研究的手段与方式也愈发多元化,研究过程和结果将更具精准性和时效性。在众多研究成果中,台湾学者朱邦复提出的"汉字基因理论"和基于汉字基因理论的"汉字基因工程"较具代表性。有学者认为,此研究在计算机信息领域将会产生巨大影响,有可能打破英语主宰世界的局面,便于促进高智能计算机及其应用的发展和使用,在不久的将来汉字将会有一个更加光明的未来。①

诚然,教育领域亦高度重视汉字及汉字文化的宣传、推广和教学工作。以中小学的汉字教学为例,当前汉字教学极为关注隐藏在汉字背后的文化意旨,注重将汉字认识、汉字书写与汉字文化相联系,重视对汉字背后文化意蕴的阐释与传播。事实上,在教学中注意运用和渗透汉字文化不仅是面向国内学生的教学思路,也是对外汉语教学的重要方式。鉴于外国学生对中国汉字和文化缺乏基本的了解,在汉字教学过程中适当穿插和运用汉字典故、汉字图画等已经成为当前对外汉语教学的重要方式。

概而言之,作为华夏文明的载体,汉字中蕴含不可穷尽的思想、精神与智慧。解读汉字就是解读中国文化;书写汉字就是书写中国文化;热爱汉字就是热爱中国文化;弘扬汉字就是弘扬中国文化。在当前价值多元的世界格局中,汉字及其承载的文化是国家屹立于世界之林的根基和保障,热爱、传播、弘扬汉字文化与汉字精神是当代国人义不容辞的责任和义务。

(二) 有趣的汉字

作为华夏五千年文明的载体,汉字有其厚重的历史根基和丰富的文化内涵。人们应时时抱持敬畏之心和热爱之情触摸与书写汉字,这是尊重文化、尊重圣贤以及彰显自我良好修养的必然要求。汉字是中国人的根,汉字的历史有多远,中国人的根就有多深厚。汉字发展演变的经久不息、代代相承表征和标志着中华血脉、华夏文明强大的生命力和顽强的意志力。无论是汉字出现之前的"结绳""契刻""图画""八卦",还是"仓颉造字"的历史典故,只要是关于汉字起源的思想都蕴含并彰显

---

① 石济瑄:《汉字文化探究》,《汉字文化》2020年第8期。

出上古先民不畏艰险、永不妥协、顽强拼搏的意志和精神。当前各方人士极力推广与宣传汉字的使命与行动，也正昭示着汉字强大的力量以及当代国人弘扬民族文化的决心。中国人对待汉字的态度从来都是虔诚的，它是国人的魂，是国人的根。如同人类社会的发展历程，汉字发展演变的历史充满沧桑和曲折；而与汉字发展演变的历史相似，中华民族发展进步的历程同样漫长和艰辛。由早期的贫穷、困苦到当前的富强、壮大，这是中国也是中国人的发展史；由早期单纯记事的形象符号和标记到当前自成体系的汉字与汉字文化圈的形成，这是汉字的发展史。中国人筚路蓝缕的发展进步史正能与汉字的发展史相对照，汉字文化价值和地位的彰显与提升对应着家国社会的发展与进步。这种相生相依的关系不免令人对历史和文化心生敬畏。可以说，了解汉字发展历史的人，定会感叹于汉字及其承载文化的厚重性，定会惊叹于言说和运用汉字的国人精神与人格，定会由衷地生出对生于斯长于斯的厚土的赤子热爱。

1. 古汉字的面相

厚重的汉字历史与汉字文化值得人们报之以敬畏心态和观念。然而，承载文明与文化的汉字也富含意趣和兴味，它蕴含着日常生活的一般道理、道德人伦、世俗日常、风俗礼仪、行为习惯、思想意识，在不同高度与不同角度均能够得见汉字截然不同的内涵与韵味。

汉字的多重"面相"不免令人想起《红楼梦》中的重要人物——刘姥姥。在《红楼梦》中，刘姥姥三进贾府，每一次呈现的都是完全不同的人物形象。第一次进贾府，刘姥姥是"打秋风"的。"打秋风"是指日子过不下去而找人接济。这个时候的刘姥姥是小心谨慎的，见到穿戴华贵的就跪下磕头，生怕冒犯别人。刘姥姥第二次进贾府是谢恩的，她带着自家的果蔬来到贾府，底气比第一次进贾府"打秋风"明显足了许多。由于刘姥姥本就幽默、风趣，身上充满着乡下人的质朴、实诚与可爱，所以她得到贾府里"老祖宗"和姑娘们的喜爱，就连平日里精于算计的"凤姐"也喜欢刘姥姥，并让刘姥姥给刚出生不久的孩子取名字。刘姥姥第三次进贾府是在贾府败落后。贾府败落，刘姥姥前来打探，当得知王熙凤的女儿"巧姐"被卖到烟花场所后，刘姥姥不顾一切地将"巧姐"赎出来。刘姥姥三次进贾府带给读者三次截然不同的印象，第一次是小心谨慎、唯唯诺诺、诚惶诚恐的"乞怜"者的形象；第二次是开朗、幽默、风趣、智慧的形象；第三次则是道德者、救世者的光辉形象。刘姥姥三种截然不同的形象，尤其形象之间的差别与比对，同样可被用于理解汉字。如同前文所说，从汉字起源、历史、意义、价值等角度看，汉字无疑是厚重的，它不容轻视与调侃。这就像是作为"救赎者"的刘姥姥一样，周身散发着光芒，她是神圣、光辉的，绝对不是一个平常的庸俗老妪。然而，一旦人们微观地探究和分析汉字，就会惊奇于其蕴藏与展现出的世俗气质与特点。由于汉字起源于人们日常生活的需要，故而汉字中满含生活智慧，汉字中不乏生活中随处可见的幽默、机智、诙谐与乐趣。这就如同第二次进贾府的刘姥姥，她带着一股世俗气息踏进贾府，她的风趣、幽默甚至庸俗，让那些"不食人间烟火"的姑娘们大开眼界、由衷欢喜。当然，对于尚未试图了解与探究汉字的人来说，汉字是陌生的，人们对待汉字往往也会相当谨慎和小心。这也如同初次进贾府的刘姥姥一样，由于不熟悉环境、不明白规则和道理，显得陌生、拘谨、呆板。刘姥姥三进贾府的不同形象既可被用以形象化地阐释人与汉字之间的关系，也可被作为人们看待汉字时的不同视角和情感，还可被用于直观呈现汉字的多元内涵和意蕴。

2. 古汉字的意趣

比之于古汉字在时空维度中的久远、深远与厚重性，风趣性或趣味性是古汉字的另一性格与气质。"以中国之人读中国之字，而高下轻重徐疾，已各自成音，赖有象形、会意等义相维持，故数千年后犹得以考证古训也。外国文字仅知谐声，以口相传，久而易变。"① 古汉字的有趣主要体现为象形、指事、会意、形声、转注、假借的汉字造字方式与汉字形态。

象形是最原始的造字方法，它重在描摹事物的形象从而记录与表达观点和思想。"象"是模仿，"形"指形状，象形文字在形状上与所指事物相似，由文字的形象往往能够推导出内涵，如古汉字中的口、手、日、月、水、火、马等皆与实体相像。古代先民在造字时充分调动感官作用，在细致观察的基础上通过描摹的方式创造出指涉事物的古汉字，这不可不谓人类积极主动探索与表征世界的壮举。《周易·系辞下》曰："古者

---

① 薛福成：《出使英法意比四国日记》，岳麓书社1985年版，第660页。

包牺氏之王天下也，仰则观象于天，俯则观法于地，观鸟兽之文与地之宜。"① 伏羲又作宓羲、庖牺、包牺，是古代传说中中华民族的人文始祖。伏羲通观天地万物的大化流变作八卦图，这种书写和表达方式无论在技巧抑或功能上均远远超越上古时期"结绳"记事的方式。目前关于伏羲"八卦"是否属于汉文字体系尚无定论，一些研究认为"八卦"可被视作早期的文字，而另有学者视其为"前文字"形态。众所周知，被学界和民众公认的汉字发明者仓颉，其创造汉字的过程即依赖于类似伏羲的"仰天俯地"的方式，传说仓颉是根据动物的脚印造出了汉字。"仓颉随轩辕黄帝南巡于洛南之西北四十五里黑潭，登阳虚之山，临于玄扈洛河之水，灵龟负书，丹甲青文，仓帝受之，遂穷天地之变，仰观奎星圆曲宇宙之势，俯察龟纹鸟虫之迹，指掌而创文字。"② 据说有一天仓颉参加集体狩猎，几位老人为走哪条路争论起来。一个老人要往东追羚羊，一个老人要往北追驯鹿，另一个老人要往北打老虎。仓颉问他们为什么知道哪个方向有猎物，后来得知他们是通过动物留下的脚印作判断。仓颉心想，既然一种动物只有一种脚印，为什么不能用符号来对这些动物进行标记和管理呢？后来仓颉逐渐创造出各种符号表示事物。仓颉经由描摹事物形状而创造的汉字，开启了人类书写和表达方式的新纪元，为后世汉字的发展奠定了坚实的基础。

象形文字作为汉字起源处的文字形态，呈现出中国先民的博大智慧和与自然一体的生存样态，其写实、特指等特点为后期汉字结构、形态、意义等的不断发展提供源头活水。也是由于古汉字象形的特点，今人在面对古汉字时往往自然萌生出亲切感，如同与一个简单质朴的孩童照面，无须花费过多的心思便能够得见孩子的心性与智慧。"最初的各民族都用诗性文字来思想，用寓言故事来说话，用象形文字来书写。"③ 象形文字是汉字的孩童时期，它直观、单纯、形象、生动，能够激发人们无尽的想象，能够将人带入远古天人合一的自然场景中，使人们悠然沉醉于上古文明的奇妙佳境，感受远古文化的自然、纯粹、美妙和悠远。

---

① 杜庆余：《〈周易〉与史学》，生活·读书·新知三联书店2018年版，第75页。
② 吴家凡：《中国文化未解之谜》，哈尔滨出版社2011年版，第13页。
③ ［意］维柯：《新科学》，人民文学出版社1986年版，第429页。

诚如陈寅恪先生所说："依照今日训诂学之标准，凡解释一字即是作一部文化史。"① 象形文字是上古中国文化史的真实写照，其反映出蒙昧、混沌、原初、简单、质朴的上古精神和上古民风。以象形文字为载体的上古文明是整个中国文明发展的"儿童时代"，其一方面如同一个懵懂无知的稚子般不谙世事、不明就里、混沌蒙稚；另一方面却时刻展现出生命的活力与成长的动力。它欢脱脱、乐呵呵、笑嘻嘻，全然不顾生存环境的险恶与生活的艰辛，只是自顾自地奋力生长着；露怯也不怕、愚钝也不怕、可笑也无妨，反正就是自然而真实地展现自身。象形文字及其承载的上古文化可用直观形象、活灵活现、生机勃发、纯真粲然一并概括，它们集中表达出先民的自然智慧以及对于生活的美好期待。

　　指事意为指向、描述与阐明事物。关于"指事"，许慎注解《说文解字》道："指事者，视而可识，察而见意，上下是也"②，表明"指事"是用象征性的符号表达事物。作为不同的造字方法，"指事"与"象形"之间具有密切关联，象形文字具有指事功能，其无一不以直观的符号、标记来代指事物。然而，"指事"也有其区别于"象形"的显著特征。前文所述之"象形"也可被理解为"形象"，即描摹和刻画事物的外部形状以代指事物。相比之下，"指事"则并非"画像"，毕竟不是所有的事物都可以通过描摹的方式予以表达。在象形汉字具备局限性的情况下，先民创造出指事汉字。关于象形与指事之间的区别，段玉裁作过明确的论述。《说文解字·叙》注曰："指事之别于象形者，形谓一物，事众物，专博斯分。故一举日、月。一举上、下。上、下所之物多，日、月只一物也。学者知此，可以得象形指事之分矣。"③ 象形主要指向具备独特和单一形体的"物"，而指事主要针对多种多样、不能被直观得见的"事"。对比注重直观形象的象形造字法，指事是用一些符号和标记象征事物。

　　古汉字中的指事字颇多，比如"一""二""上""下"等，它们都是在没有或不方便用具体形象画出来时，转而用一种抽象符号表示的汉字。"一""二""上""下"四字有一个共同的组成部分，即"一"。对

---

① 沈兼士：《沈兼士学术论文集》，中华书局1986年版，第202页。
② 章太炎：《国故论衡》，吉林出版集团股份有限公司2017年版，第4页。
③ 姜瑞云：《汉字的故事》，河北人民出版社2016年版，第111页。

比可见的事物，如何描述"一"实则不仅对古人是个难题，即便在当前也极具抽象性。"一"既是整体，又是个体；既有哲学内涵，又有数学意义；既是本体，又是实在。对于这个难以描述的"一"，古人以抽象的、具有象征意义的符号——"一条横线"表示。这条横线到底指什么？古人是经由哪个事物抽象出代指"一"的"一条横线"？诸此问题实则再难找寻最初的答案，人们能做的至多是不断做出接近和符合史实的推测。结合古人与自然相生相依的原初关系，私以为这条横线有可能代表"地平线"。在古代社会，自然界与人类社会的分野并不如当前这般明显，大自然是人们赖以生存的真实母体，人们只是自然界的成员，并未在自然界留下太多的人为痕迹。相比之下，在高楼大厦遮天蔽日的现代社会，浩瀚无垠的星空、一望无尽的银河、牛郎织女相会的鹊桥早已成为人们的记忆，甚至为年幼之人所不可企及。不同于当前社会中人那般"目光短浅"，眺望远方时更多看到的是各种人为的痕迹。当古人立足远眺时，目之能及的最远处是看似一条横线的"地平线"，蒙昧但颇具灵性的先人大概隐约感受到"地平线"的深远意蕴，故而将其抽象为"横"，用以表示"一"。有"一"，就有希望。上古人们狩猎时最兴奋的莫过于最先捕获一头猎物，因为这寓意着好的开头。有"一"就有"二"，收获一只猎物，意味着很快就会收获第二只猎物。先人以"一"为基础和根基，创造"二"，即在"一"之上画一条短横，一方面表明"一"之长横的优先性、基础性，另一方面表示数量的增多。"上""下"二字具有相同的结构，都由"一"和"卜"组成。按照"一"是"地平线"的说法，高于地平线的是"上"，低于地平线的是"下"。"卜"可以分解为"丨"和短"一"，这个"丨"也可被视为地平线上下的一个垂直坐标，比如一棵笔直的树，而为更加明确地表达"上"与"下"的所指，古人又以短横标记在"丨"处，表明"在上"与"在下"的意旨。由象形而指事，汉字造字方式及汉字结构的变化实则表征着人们思维方式的变化。象形文字与先民的形象思维方式直接相关，而由指事汉字中则可以寻见古人抽象思维的踪迹。"指事"造字方式在一定程度代表着先民思维方式的改变，即在形象思维的基础上开始具备并运用抽象思维。

假借既是一种造字方法也是一种用字方法，其可以被理解为"同音替代"，即发音相同的字可表示与原意截然不同的含义。由于在造字过程中,很多字无法运用象形、指事、会意等方式造出,故而古人寻找读音相同或相近的字予以替代。古汉语中的假借字非常多,最具代表性的莫过于以"鼻"代"自"。"自"的甲骨文是𦣹,与鼻子的形状十分相似,人们在介绍自己的时候往往会指着自己的鼻子说"我",后来人们就以"鼻"为"自"。将"鼻"假借为"自"属于"本无其字"的假借方式,意思是说本来没有"自"这个字,也不好通过其他造字方式表示,便假借与"自"这个字读音相同或相近的"鼻"来表示。

在古汉语中,假借作为一种用字方法极为常见。比如,《礼记·乐记》的"发扬蹈厉之已蚤",是以"蚤"借"早";《庄子》的"道在屎溺"是以"溺"借"尿";《周易·系辞下》的"尺蠖之屈,以求信也;龙蛇之蛰,以存身也"是以"信"借"伸"。不仅在古汉语中假借汉字的运用十分普遍,在现代汉语中,假借汉字也往往因其"同音不同义"的特点而受到人们的关注,并为语句、文章增添别样的生趣与意涵。特举一个或许并不恰当的例子,用以说明假借汉字的趣味性及其运用的普遍性。曹雪芹《红楼梦》中金陵十二钗副钗中的"娇杏"本是甄士隐府上的一个丫鬟。甄士隐有意资助颇具才华的贾雨村科考,便常邀请贾雨村到府上叙谈。有一日娇杏在院里采花,一眼瞥见前来拜会甄老爷的贾雨村。《红楼梦》中描述贾雨村道:"敝巾旧服,虽是贫穷,然生得腰圆膀厚,面阔口方,更兼剑眉星眼,直鼻权腮。"或许是好奇心作怪,也或许是既定的缘分,娇杏忍不住多看了贾雨村几眼。就是在这一两瞥中,定下了贾雨村和娇杏的姻缘。后来贾雨村考取功名便娶娇杏做二房,并很快诞下男婴。再后来贾雨村的正室病故,娇杏成为正室夫人。原本身份卑贱的丫鬟"娇杏",后成为养尊处优的官夫人,实乃"侥幸"也。相比之下,甄士隐的女儿"英莲"虽出身富贵人家,但命运坎坷多舛,被人贩子多次贩卖,后来成为恶霸薛蟠的妾室,终究也没落个好结果,实乃"甄英莲"与"真应怜"。虚虚实实的《红楼梦》与真真假假的假借字,曹公以"娇杏"喻"侥幸",以"英莲"代"应怜",在人物名称的设定上巧用同音假借,赋予人物与名称相同的人生境遇,以此足见假借字的生趣和妙用。

古汉字中蕴含着先民的生活智慧,承载着古人生活的千面样态,是先民对自然境况、自我境遇、社会生活等的真实诉说，其中富含悲欢离合、酸甜苦辣、爱恨别离的人生百味。不得不说，颇具情趣、审美和艺术感的古汉字体现出古人活灵活现的智慧、炙热浓烈的情感、奋进超越的激情和创新求变的精神。满载浓烈人文精神、浓缩深厚生活智慧的古汉字常常使人陶醉与沉迷其中，它像淡雅却又浓烈的酒，像清新而又芳香的花，像似真似假的画，像似实而虚的镜像，像神秘而真诚的笑眼，像咯咯傻笑的幼稚小儿，像婀娜多姿的花季少女，像意气风发的青春少年，像稳健壮阔的中年人士，像华发暮年的慈祥老者，像风轻云淡的出世之人。古汉字像你也像我，是你也是我，在古汉字中能够找寻到曾经的自己、理想的自己、真实的自己、期许的自己。在品读与畅游古汉字的旅程中，那一幅幅生动的自画像可徐徐向你我展开。

二 复杂深奥而近身切己的教育

"汉字的历史，构成了这个民族所拥有的精神史的支柱。文学、思想、艺术，在这条历史的道路上历历在目。"① 教育问题之所以常为人们思忖，究其根本在于教育问题具有普遍性与生活化特征。一个母亲在养育孩子的过程中总是会面临这样那样的问题，当她疑惑于"到底该怎么和孩子沟通""到底该如何养育孩子"等问题时，她考虑的实则正是教育问题，且绝大多数的问题都可被归属于教育范畴。对于教育问题的关注从来不只是教育专家、教育学者的事情，任何人实则都产生过有关教育的疑惑或问题，都发表过有关教育的言论与观点，都将要或曾经出色地解决过某些教育问题，都能够表达出近乎专业和颇有道理的教育真谛，都经历过自我教育或教育他人的困惑与自豪。教育离我们很近，似乎近在咫尺。然而，一旦要求我们认真回答"教育是什么"，不但正在哺喂孩子的妈妈顿觉无言以对，就连专业出身的教育家们也往往需得思量些许。如此看来，教育好像又离我们很远，远到让人感觉陌生。与"远看山有色，近听水无声"中虚实相互转换的意境带给人们"到底如何"的疑虑

---

① ［日］白川静：《汉字的世界——中国文化的原点》（上），陈强译，四川人民出版社2019年版，第14页。

相类似，这个人人身处其中却时常感到陌生的"教育"到底是何？此是一个颇值得探究和耐人寻味的问题。

（一）严肃而遥远的教育

1. 人事有代谢，往来成古今

历史业已证明，教育的发展事关家国民生。教育事业的衰败只能导致国家动荡、民生不安，要想国强人安必须重视教育。由政治统治、家国发展、文化延续的角度，教育无疑是一个极端严肃和庄重的事情，容不得一丝懈怠与轻视。概或正是意识到教育的重要性，儒家孔孟二人在教育事业并不发达的先秦时期便发出"庶富教"（《论语·为政》）以及"得天下英才而教之，三乐也"（《孟子·尽心上》）的疾呼，并自觉担负起教书育人的使命，通过创设私学培养人才，并探索与总结出诸多在今日仍然熠熠生辉的教育主张和教育观点。

回顾人类发展史，教育从来都是一件至关重要、极度严肃的事务。上古时代环境险恶，人们顺应与利用自然界的过程伴随着与自然界相斗争的历程。渺小的人类与强大的自然力之间的悬殊时刻将人类置于濒临灭亡的险境。为在险恶的自然世界中生存，人们学会各种各样的生存本领和生活技能。《周易·系辞下》曰："包羲氏没，神农氏作。斫木为耜，揉木为耒，耒耨之利，以教天下。"① 《白虎通》亦曰："古之人民皆食禽兽肉。至于神农，人民众多，禽兽不足，于是神农因天之时，分地之利，制耒耜，教民农耕。"（《白虎通德论》卷一）在"人不能胜天"而是"受制于天"的早期阶段，繁衍后代成为保留类种与延续生存的重要方式，婴儿一旦出生首先要做的事情便是适应环境从而确保自己活下来。为使自己的后代具有抵御外物侵害和保全自我的能力，远古先民主要教给子孙后代一些事关实际生活的基本技能，如狩猎、农耕等。这种教育是即时的、灵活的、手把手的，原因在于狩猎、农耕类的实际本领不是纸上谈兵得来的，而是必须通过观察、模仿、实践、操作、演练的方式获得。这种实践性本领所衍生出的是一种务实的精神与行为。抑或说，险恶的生存环境要求人们必须精确和准确掌握相关的动作技能，一丝一

---

① 杭辛斋：《学易笔谈》，吉林出版集团股份有限公司2017年版，第8页。

毫也马虎不得，否则将会带给个人甚至整个族群以危机，为生产生活的开展带来不可估量的消极影响。远古时代靠天吃饭，一旦实际本领的教育过程出现偏差，比如不教、不学或者没教好、没学会，其所带来的危害是难以想象的。由此意义上，远古时期的教育事关人们的生死存亡。教好与学好生产生活的本领，人们就有饭吃、有命活；教不好与学不会生产生活的本领，则很快会在自然丛林中消亡或为更强大的事物所吞灭。随着人类力量的不断增强，古代的教育开始不再局限于生产生活知识和技能的传授，教育内容开始涉及神话与宗教知识，教育者则主要是那些没有能力从事生产劳动的长者和老者。当然，这些被传播的宗教内容和神话故事仍旧与生存生活密切相关。"历史教育的内容主要是与人类的生产和生活密切相关的远古历史神话传说知识，其中又以歌颂为人类作出巨大贡献或创建不朽业绩的英雄或祖先为主。由于先民认识的局限，这些历史知识多与神话迷信相糅合，从而反映出先民们神人（灵）崇拜的原始宗教观念，但在那个历史阶段，它同样能起到历史的教益。"[1] 可见，远古教育之重要性体现为其关乎个体与族群的生死存亡，彼时教育的内容、方式和手段可直接反映与决定原始先民的生存样态。

有迹可考的学校教育最早出现于上古时期的夏代。按照现有"远古""上古""中古"的说法，远古时代是指三皇五帝时期；上古时代主要指的是夏、商、西周和春秋战国时期；中古时代则指秦汉至晚清时期。约在公元前21世纪初到公元前16世纪初，夏代贵族为培养子弟，建立了学校。《礼记·王制》曰："夏后氏养国老于东序，养庶老于西序"；《孟子》《汉书·儒林传序》等说："夏曰校。"《礼记·王制》和《礼记·明堂位》中说夏代称学校为"序"，东汉时郑玄注《仪礼》又说夏后氏之学称作"庠"。学界据此普遍认为夏代已经出现三种不同类型的学校，即"庠""序""校"。"谨庠序之教，申之以孝悌之义"（《孟子·齐桓晋文之事》）指出夏代庠、序、校所具之人伦教化功能。按照《礼记》和《孟子》所载，"序"在当时是一个养老兼实施人伦教化的场所，这表明夏代生产力的极大提高和对道德礼仪的高度重视。相比于原始社会教育

---

[1] 李建：《历史意识与历史教育的萌芽——中国上古时代原始历史教育探析》，《华东师范大学学报》（哲学社会科学版）2004年第3期。

直接对应实际生产生活，夏代的学校教育同样有其明确的现实指涉，具有相当的实用精神和务实取向。鉴于人类发展进程中部落战争的历史经验，夏代统治者极为重视军事训练。"序者，射也"（《孟子·滕文公》），"射"即射箭、骑射，是古人的重要技能，古人避免虎狼迫害和敌人侵害的主要方法就是"射"，射也是古代君子"六艺"的内容之一。夏代之后的商、周学校类型逐渐多样化，学校的教育和社会职能受到人们的普遍重视，加之西周时期用以选拔人才的制度主要由"乡里选士""诸侯选士"和"学校选士"组成，这也强化了学校教育的社会职能，密切了教育与社会之间的关系。

如同古希腊文明奠定西方文明的基础，先秦文化是中华文明发展与进步的基石。自先秦时期制度化的学校教育开始出现，教育就与制度之间形成了割舍不断的关联。教育制度规定、约束的内在特性不断强化着教育的外在权威性，教育制度与社会制度之间的相通关系也早已将教育推上"国之重器"的位置。在当前，无论是个人抑或社会、家庭抑或国家、文化抑或精神、历史抑或未来，都无一例外地与教育紧密相关，人类社会的进步与发展从来离不开严肃教育事业的助力与加持。

2. 礼乐囚姬旦，诗书缚孔丘

夏商周时期，随着学校教育的兴起，教育逐渐摆脱原始时期的随意性、随机性，步入制度化、规范化的发展历程。教育制度的出现在真正意义上标志着教育成为一项至关重要的社会事业。随着制度的不断完善，教育发展开始逐步具有明确的方向，教育活动得以按部就班地开展，教育过程得以有章可循地推进与实现。然而，依托制度的教育在获得制度庇护的同时，也渐渐变得缺乏情感和温度。倘说远古时代的教育以口耳相传、手把手等方式紧密联系实际生活的话，那么依托制度的教育往往首先关注的是制度目的。教育以对制度目的的实现为追求，以至于忽略甚至忘却教育本身的目的，此当是制度化教育的常有之弊。上古时代的教育直接关乎个人生存发展，可为个体的身心发展提供直接指导和帮助。随着生产力的提升，教育与人们身心发展之间的关系反而被拉远，即便人们期待教育能够给予自我更多、更丰富、更新鲜的东西，但真实的境况是教育与人及其生活之间的距离越来越远。通过教育，人们主要获得的不是可以直接运用于生产生活的能力，而是在自身发展目的以外、未经自我检验、无须自我真正内化的学科知识。不得不说，一旦教育本身的目的被其他旁生目的遮蔽或取代，随之而来的定是教育中人意义与价值的降低和消解。这种情况背离教育与自我之间的原初关联，容易致使教育中人既错解教育也辜负自我。

这种人与教育之间的别扭与拉扯关系自制度化的学校教育产生以来便已出现。原始时代的教育发展落后，人们甚至不知什么是教育，只是无意识地接受教育为身心发展、族类繁荣带来的直接红利。至夏商周时期，随着生产力的进步和人们理性的提升，人们对待教育的期许逐渐增多，不再仅仅将眼光停留在教育促进身心发展的基础层面。这表现为教育开始明确承担道德教化、政治统治、经济发展、人才培养、人才选拔的职能。与这种由社会赋予的职责相比，教育促成个体身心发展的初始职能则相应地被置于弱势地位。

回顾中西方教育发展史，教育的社会发展职能与个体发展职能之间似乎存在着不可调和的矛盾，教育社会价值的突显以对教育个体价值的消解为代价，反之亦然。与人们对教育社会发展期许的提高相伴随，人们较少自觉地将教育作为自我发展的根本途径，而更多将其作为世俗手段或工具以攫取与获得各类身外之物。古代乃至于当前时期的一个普遍和耐人寻味的现象是，人人都在谈修身养性、淡泊宁静、圣人君子，但人人都想通过教育实现功利性目的。"学而优则仕"（《论语·子张》）是先秦孔子的教育目的，亦可被视作对当前教育发展的真实写照。按照既有理论，学校教育无论是作为社会生活的"预备""准备"阶段，抑或处于"适应""顺应"社会生活的位置，均以学校教育与社会生活的广泛联结为前提。然而，在制度的规约下，学校教育与社会生活之间的接触和联结以"社会"为目的和主导，以"学校"为手段和附属。抑或说，制度化教育理论与实践虽属"教育"，但其立论点并非"教育"而是"社会"。教育理论与实践不立足于教育本身，而是以教育以外的对象作为目的和方向，这种逻辑显然有其不合理之处。事实上，遵循这种逻辑的教育理论与实践实则也将自身置于一种极为不堪的被动境地。一味地将社会理想加之于教育反倒致使教育不得不委身于制度、权威、权力之下，并因此难以发挥应有的意义与价值。教育并非直接与更多关涉人的身心发展，而是直接和更多地指向人们身心之外的事物和目的，这种教育不免令人感到陌生和遥远。

　　自有学校教育以来，人们便对其寄予厚望。无论是基于个体抑或社会的需求，各时期的人们都致力于通过理论和实践的方式"言说"和"触摸"教育。鉴于时空原因，人们之于原始社会教育的探寻度最低。然而，"少则多，多则惑"（《老子》第二十二章），相较于其他历史阶段，人们对原始社会教育的解读最清晰。究其原因大凡在于原始社会的教育虽属"广义教育"范畴却并不具有宽泛的指涉和广阔的延伸，故而能够为人们较清楚地了解与把握。

　　随着社会生产力的进步，制度化的学校教育出现之后，教育事业的"教育"成分和色彩开始减弱和失色，取而代之的是对教育"世俗"的社会职能、政治职能的强调和彰显，教育逐渐成为"事事都相关""无事不牵涉"的一项社会事务。在这种情况下，倘若人们仍欲意对教育加以清晰与详尽地阐释，显然困难重重。教育本来的样子已经被各色外衣遮蔽，而褪去加之于教育的多样化含义与价值亦困难重重。由是当人们隔着五光十色、光怪陆离的现象端详教育时，往往有"雾里看花"之感，看到的是教育的不确定的、模糊的多重面相。公允地说，人们虽在教育理论与实践的研究方面颇有收获，却也终究难以得见教育的真面目。所幸教育中人未曾停止探寻教育真相的步伐，一直躬身勤耕于教育研究领域。到底什么是教育？教育能干什么？教育要干什么？教育应该干什么又不能干什么？教育必须干什么又不必要干什么？诸此是自认懂教育、学教育的人必须回答的问题，也是教育学者、专家们从未间断地回答着的问题。诚然，对于诸此问题，人们各有答案与依据。教育哲学、教育史学、教育经济学、教育伦理学、教育法学在不同学科视角下阐释与论证教育观点；高等教育学、初等教育学、学前教育学揭示的是不同年龄阶段的教育学；国内教育学和国外教育学揭示的是不同地域的教育思想与教育实践。由教育事业的全球性、全景性、复杂性、多样性、地域性等层面着眼，说清楚上述诸多看似简单的话题实则难之又难。这大概也是古往今来教育思想推陈出新、层出不穷，各方教育学者不断借用其他学科理论观点为自身教育思想辩护，以及不同教育流派交流沟通、争论辩驳的原因之所在。古今人们致力于教育理论探索与研究，抱持对待教育的虔诚情感、审慎态度和真诚期许，并不断诉之于教育实践确证教育之于现实生活的真实功效与积极意义。

然而，本就严肃的教育在制度化后开始被赋予社会的、政治的、经济的职能和目的，教育中的人不再是主要决定教育走向、教育过程和教育结果的主体，教育也不再仅仅关乎人的身心发展而是受多种因素的制约和影响，并被附加诸多教育中人身心发展之外的属性与标准。现代教育在不断强化人本和人文属性的同时，似乎也在不断远离个体之人的真实需求与内在情感，作为教育主体的人反倒时常对教育感到陌生和疏远。

（二）柔和而切近的教育

由古今教育的职责与使命，教育漫长而曲折的发展历史以及教育厚重的社会和文化内涵等角度着眼，教育无疑是严肃、庄重的社会事务。以教育作为生存发展的依据、手段和方式是古今人的共识，教育卓有成效的现实功用也在彰显着教育的地位和作用。

教育从来都是一个极端严肃的事项，需要人们付诸慎重的态度和审慎的行动。唯有如此，教育才能够真正成为一项功在千秋、利国利民的"善业"。然而，倘若由微观层面着眼，教育作为一项社会活动也由无数零散、独特、多样的小活动构成。这种视角下的教育并非具有宏大而严肃的特性，而更多是活泼、生动、具体、满怀情感、富有智慧、火花四溅的，其中充斥着人与人、人与物之间的交流与沟通，富含思想、心灵、精神的交融与共情。在这种具体的教育活动中，人们更多考虑的不是宏大教育目标的实现，不是教育漫长的发展历史，不是教育的意义与价值，而是如何开展教育过程与实现具体的教育目标。在具体的教育活动中，教育中人也变得具体。他们不再是或更多不是社会学、哲学、经济学、教育学意义上的人，而只是活生生的个体。这些具体的教育中人有喜怒哀乐、爱恨情仇、七情六欲，他们会不自觉地在活动过程中流露情感、表达观点、沟通交流；会因对教育活动观点、态度等的不同而发生各种各样的冲突、妥协、矛盾与融合；会通过使用各种材料和工具促成活动过程的顺利开展以及活动目标的达成。由细微处着眼，人在做、围绕人、为了人的教育活动因"人"的存在而变得活灵活现、生动有趣、有温度、有情感。在这种意义上，教育不再是一件被规定的事情，而是人们发挥自我能动性、积极去做的事情；教育不再只是严肃的事情，在严肃的教育态度和谨慎的教育行为之外,人们可以针对教育活动作出灵活的转换、多样化的表达和个性化的行动;教育不再远离人的身心发展,不再更多是促成经济人、社会人的途径,而是人们生存与发展的大环境,人们在此环境和氛围中得以自觉获得内在、和谐与全面的发展。

1. 不识庐山真面目,只缘身在此山中

宋代苏轼的《题西林壁》"横看成岭侧成峰,远近高低各不同。不识庐山真面,只缘身在此山中"蕴意丰富而意旨深远。作者眼中的"庐山"之所以各不相同,原因在于视角的不同导致所见实物形态的差别。至于何以只有这样或那样的视角,而没有全景式的视角,原因在于人在山中。苏轼这首诗的内涵和意指具有普遍适用性,它能够与日常俗语"当局者迷,旁观者清"直接对应,揭示的是普遍适用的道理与真谛。

将这首诗与教育相对应同样能够发现其中蕴含的教育真理。教育理论与教育实践是构成"教育"的两个要素。教育研究中的教育问题多样而复杂,理论层面的"教育"可谓千头万绪、复杂深奥。一个"教育是什么"的问题能够引发学界的大讨论,以至于纷纷引经据典、严密论证以求得确切的概念界定。学斋里的教育学者看教育的视角是平面的、静态的,对待教育的期许和定位是宏观的、理想化的。比之于书斋式的教育理论研究,教育实践者则周旋于各种复杂的教育现象之中,看待教育的视角是立体的、聚焦的,对待教育的期许和定位是微观的、现实主义的。然而,无论是教育理论者抑或实践者,在面对教育问题时,眼花缭乱、分辨不清均为真实的常态。研究教育的理论工作者和深入教育的实践工作者都很难用一两句话将教育说清楚,实可用"不识庐山真面目"直接概括人们之于教育的"不知"与"不解"。

"不识庐山真面目"的下一句是"只缘身在此山中",该句道出人们不知与不解教育的根本原因。"只缘身在此山中"一方面道出教育中人的无奈,另一方面也提供给人们理解教育中人的可能。教育是"庐山",教育中人是"山中人",身在庐山不识庐山,身处教育不识教育,其中的内涵与意味颇值得玩味与思索。由人的理想出发,山中之人自然期望看到庐山真面目,教育中人也急切地想要得见教育的真面目。基于这个"解密"或"揭秘"的动机和目的,"山中人"不可不谓尽其所能,"横看""竖看""远看""近看""从高处看""从低处看",总要充分调动自己的感官功能看出究竟不可。与之相似，无论是教育理论研究者抑或教育实践者也总是想尽办法欲意揭开教育的神秘面纱以得见"庐山真面目"。这表现为教育理论与实践者各自运用不同的方式极尽能事地开展研究和行动。然而，如同再怎么看也看不清"庐山"的真面目，无论怎么做也总是不能对教育做出一个"一言以蔽之"式的结论。何以山中人反而不识山，原因在于"身在此山中"；何以教育中人反而不解教育，原因在于身在教育中。"只缘身在此山中"是人们宽慰自我的方式，却也蕴含着些许无奈和不甘，这是理想没有达成或者知晓理想很难达成之后的一句慨叹。那么，倘若人们不在"此山中"，是否能够"识庐山"呢？显然也不可能。原因在于身在庐山之外既不能够达成"横看成岭侧成峰，远近高低各不同"的直观的、具体的目标，也将自身置于旁观者的逼仄处境。毕竟人们会说"没有登过庐山的人，没有发言权"，这同样适用于教育。一个教育之外的人看教育、做教育会缺少理论和实践素养，其所论之教育的"教育性"成分究竟有多少不免令人质疑。由此可见，"不识庐山真面目，只缘身在此山中"不仅是"何以不识庐山"的原因，更揭示出两方面的内涵：一方面，无论如何，人们都不可能完全准确地"识庐山"；另一方面，即便不可能完全"识庐山"，也得尽其所能地"识庐山"。这两层意思可被概括为"知不可为而为之"。

"知不可为而为之"首先是一种可贵的品质和精神。山中人身处庐山看庐山，看到的是各不相同的庐山面貌。在不断移动位置、切换视角以求多看庐山的过程中，山中人或许已经知道自身位置、视角等的局限性，抑或说山中人业已明知自己不可能识得"庐山真面目"。明知不可为，为何还要为？原因在于"庐山"太美了。对于"山中人"来说，"庐山的真面目"是神秘的、具有吸引力的。对于这个神秘的、吸引人的美的追随是"山中人"心甘情愿、不得不做之事。在理想目标的指引下，人在庐山中流连忘返，不断受到这个神秘力量的牵引，只为多看点庐山，再多看点庐山。山中人眼中的庐山引发出对于真实庐山的无限遐想和无尽期待，不断通过可见可感的具体的"庐山"指向与通达那个真实的"庐山"，成为山中人认识庐山的理想方式。以"庐山"喻"教育"，教育同样是复杂深奥、神秘美好的；以"山中人"喻"教育中人"，几千年来教育中人之于教育理论与实践的不断探索传递出的正是一种坚韧不拔的

"不可为而为之"的态度与精神。教育的真谛虽不能尽知、尽解，但却令人心向往之。由此向往和目标，人们便可一步步地向前迈进，不断靠近和接近教育的真相。这种坚持与期待，一方面是教育理论研究者和教育实践者热爱和珍视教育的最动人的情感与最真实的表白，是教育学人高尚精神和强烈使命感的真实写照；另一方面是教育本身的魅力使然，是对教育神圣性及其之于人类永恒价值的必然彰显。

"知不可为而为之"的意义还在于在"为"的过程中人们往往会拥有别样的收获。山中之人不识庐山真面目，却被"横看成岭侧成峰，远近高低各不同"的壮阔美景所吸引，比起得见庐山真面目的大目标来说，在庐山中的所见是美不胜收的，所感是喜不自禁的，这何尝不是一种收获。由此体验和感受，哪怕不能得见庐山真面目，仍然还会再登庐山。教育中人在积年累月的探索教育本质的过程中，虽时常困惑与受挫，但其中的乐趣也只有教育人能够切身体会。

人在山中才是山中人，山中人有山中人的乐趣；人在教育中才是教育人，教育人有教育人的情怀。庐山真面目虽不可识，好在你我在山中；教育真面目虽不可解，好在你我在教育中。

2. 好雨知时节，当春乃发生

唐代诗人杜甫《春夜喜雨》中的"随风潜入夜，润物细无声"常被用于描述理想的教育样态，被视为对教育"无声胜有声"育人理念和价值的诗意表达。"随风潜入夜，润物细无声"的前句是"好雨知时节，当春乃发生"。如果说"随风潜入夜，润物细无声"集中揭示教育当如"春风化雨"般"无声"育人的真谛的话，"好雨知时节，当春乃发生"则蕴含着教育活动要"应时""应需"的意旨。春雨之美好与可贵，在于其发生的时节合乎人意、顺乎天意。春雨自然要于春天落下，逾过时节再降落则不仅不是春雨，也错失春天这个充满希望、情愫和美好愿景的季节。"好雨知时节"之"好"在于"应时"，教育的"应时"主要体现为顺应时代潮流与符合受教育者的年龄和心理特征等。作为一项社会活动，教育担负的社会责任要求其必须顺应时代潮流。

任何时代的教育都有其或隐或现的个人与社会职能，即便是尚处于萌芽状态的远古时期的教育亦蕴含着促进个体与社会发展的双重功用和价值，体现着时代的需求和现实发展的趋势。比如，先民教予后代狩猎、农耕、用火等的实际技能，就个体层面而言能够帮助人们获得生存的可能，促使个体更长久的存活并不断成长与成熟；就社会层面而言，这种教育实际上又是保留族群、扩大部落力量、扩张氏族实力的重要方式。可以说，教育的个体发展和社会发展功能自有教育之时便已或隐或显地存在。与原始时期教育的"顺应"性相似，先秦以至晚清时期的诸多教育活动也是顺应时代的必然结果。西周末年"百家"之中的儒家脱颖而出，以孔子为代表的儒家人物在官学衰萎的情况下，积极投身于创办私学事业，在当时产生强大的影响力。儒家政治思想和教育思想因"入世""务实""积极"等优势为历代统治者重视，被作为重要的治国方略。儒家教育早在先秦时期便已立稳脚跟，"四书""六经""六艺"在各个朝代都是不可或缺的文化和教育资源，在"罢黜百家"的汉代甚至成为"独尊"，由隋唐而清末沿袭一千年有余的科举制度奉行的也是儒家"学而优则仕"的原则，且任何时代的科举内容都逃不过儒家化的或儒家为主的"四书""五经"的范畴。即便在文化多元、价值多元的现代社会，儒家文化不独在中国获得传承和发展，具备不可取代的文化意义和现实功用，即便在整个东亚乃至全世界都占据重要位置。

何以先秦时期的儒家文化和儒家教育思想具有如此强大的生命力和持久的魅力？由文化本身而言实在于其顺应时代，这一点由儒家"中庸"、不走极端的文化性格决定。这种文化性格赋予儒家文化较强的变通性与灵活性。"变则通，通则久"（《周易·系辞下》），变通、灵活的人和物往往善于保全、成全自身与他者。西周以至晚清的历代统治者也正是经由对包括教育思想在内的儒家文化的灵活变动和择时而用才促成了社会系统的良好运转与相对稳定的社会发展机制。至于当前教育何以顺应时代潮流，可以借助教材变动这一具体事项加以阐释和理解。众所周知，不同时期的教材编写之所以都有特定的指导思想，都符合与反映时代发展的需求与特点，究其根本原因在于教育作为社会事业始终担负着促进与推动社会发展的职能。由于教育从来都只是相对独立的社会事业，其与政治、经济、文化之间具有割舍不断的关联，脱离社会的其他层面和领域，教育事业难以获得发展，故而教育顺应时代潮流和社会发展实则是助力和加速自身发展的必要之方与必经之途。

"好雨知时节，当春乃发生"中"应需"的重要性，可首先由春雨之于人的意义和价值处起笔。从物理意义上讲,无论哪个时节的雨本质上都无差别。春雨之所以受到古今文人墨客的喜爱和赞赏,被民众赋予"春雨贵如油"的赞美与期待,被视为大自然的馈赠,究其现实原因在于春雨具有独特的功效。初春时节万物复苏,一切事物含蓄待发。田地里的秧苗在隐忍过一个冬季后亟待灌溉与滋润,农民们殷切期待着春雨的降落。由此现实功效出发,"春雨"是"好雨"。除以自然事物作用于人类社会之功效论证"春雨"之"好"外,"春雨"实则又是一种隐喻。在古今国人心中,春雨不仅是普通意义上的雨水,更是美好和幸福的象征。如期而至的春雨不仅发挥滋润秧苗、泽养万物的实际功能,也蕴含安慰和鼓舞人心的象征性功能。在春天里,不仅事物的生长需要春雨,现实中人在精神上、心理上同样急切地需要春雨。当如期而至的春雨降下,未来"稻花香里说丰年,听取蛙声一片"的丰收盛景便可以被期待,"白骨露于野,千里无鸡鸣"的落魄场景才不会成为人们的梦魇。春雨来,万物就有希望,田地便不再干涸,人们就有盼头,未来的生活就有指望。由于这场春夜里的雨落到人们的心坎上、心眼里,才被称作为"喜雨""好雨"。与之相似,"好"的教育也如同降落到人们心坎上的"春雨"一般令人倍感舒畅、滋润和欣喜,它顺应人们的内心需要,在你我最需要的时候恰好到来。"春风化雨"般的教育静悄悄的如期而至,它的到来看似是一种偶然,但于你我来说却是一种必然。这种"春雨"般的教育,看似是普遍利人的,但在当事人看来,它只是专为自己而来。也是在春雨和春雨般的教育如期而至的瞬间,这种由内心深处涌出的欣喜和感激,不由得变成一首饱含情感、隽永清新而又意旨深厚的"好雨知时节,当春乃发生。随风潜入夜,润物细无声",吟唱出教育中人的无限期许。

3. 蓦然回首,那人却在灯火阑珊处

王国维先生在《人间词话》中谈到做学问的三种境界认为,"昨夜西风凋碧树,独上高楼,望尽天涯路",此为第一种境界;"衣带渐宽终不悔,为伊消得人憔悴",此为第二种境界;"众里寻他千百度,蓦然回首,那人却在灯火阑珊处",此为第三种境界。① 这三种境界实则也可与"做

---

① 王国维:《人间词话》,四川人民出版社1982年版,第31页。

教育学问"直接对应。鉴于教育学问是"学问"的一种，倘若就此用墨难免老套，故而专以"众里寻他千百度，蓦然回首，那人却在灯火阑珊处"关联教育，以期由中发现别样的教育内涵。

"众里寻他千百度，蓦然回首，那人却在灯火阑珊处"出自辛弃疾的《青玉案·元夕》，全词为"东风夜放花千树。更吹落、星如雨。宝马雕车香满路。凤箫声动，玉壶光转，一夜鱼龙舞。蛾儿雪柳黄金缕，笑语盈盈暗香去。众里寻他千百度，蓦然回首，那人却在，灯火阑珊处。"东风吹散千树繁花，烟花从天而降，乱落如雨。豪华的马车驶过，留下满路芳香。悠扬的凤箫声四处回荡，如玉壶般的明月渐渐西斜，鱼龙灯飞舞，笑语喧哗。美人头上都戴着亮丽的饰物，笑语盈盈地随人群走过，身上香气飘洒。我在人群中寻找她千百回，猛然一回头，却不经意间在灯火零落之处发现了她。词的上阕看似写景，实则是融情于景。词中的繁华景象、惬意体验、舒畅感受、热闹场面与词作者内心孤独、落寞的感受形成鲜明对比。词的下阕看似是写人——美人，但实则仍是写情，写作者遇到女子后的喜爱，错失女子后的怅然失落和再见女子时的惊叹与欣喜。王国维先生对于辛弃疾词作的评价极高，"读东坡、稼轩词，须观其雅量高致，有伯夷、柳下惠之风"①，指出稼轩词既有深远的情怀又有高雅的情致。《青玉案·元夕》写"美人"不落俗套且立意高远，既写出美人之美与爱美人之心，又写出高于美人的内涵和意境。以对"美人"的仰慕、喜爱、追随和再见之线索为解词思路，"众里寻他千百度，蓦然回首，那人却在灯火阑珊处"真乃旷世千古之佳句。以对在众人中赫然突出、不落俗套的既是"美人"又是"知己"的欣赏和仰慕为线索，则"众里寻他千百度，蓦然回首，那人却在灯火阑珊处"蕴含着广大的内涵。其中既有"寻寻觅觅"的迫切，又有"莫愁前路无知己，天下谁人不识君"的宽慰，还有"山重水复疑无路，柳暗花明又一村"的惊叹。由此，"众里寻他千百度，蓦然回首，那人却在灯火阑珊处"不再仅仅是描写和反映爱情的词句，而是包含着人人都曾、都在和都将经历的遇见、求索、获得的生命和生活历程，表达出既偶然又必然的人生规律和生活真谛。词人在众人中发现"他"，在尘世间寻觅"他"，于"灯火阑珊

---

① 王国维：《人间词话》，岳麓书社2012年版，第62页。

处"寻到"他",这一切看似偶然发生,但不曾发现和寻别人而只是发现和找到"他"又着实体现出一种必然——"他"在众人中出现、在喧闹中消失、在灯火阑珊处等待,全是为一个人,为一个必然的爱人、情人、朋友、知己。

除辛弃疾外,在众多词人中,王国维先生颇偏爱唐后主李煜,《人间词话》中有多处赞美李后主的词句。"词至李后主,而眼界始大,感慨遂深,遂变伶工之词而为士大夫之词。周介存置诸温韦之下,可谓颠倒黑白矣"①;"词人者,不失其赤子之心者也。故生于深宫之中,长于妇人之手,是后主为人君所短处,亦即为词人所长处"②;"主观之诗人,不必多阅世,阅世愈浅,则性情愈真,李后主是也"③;"尼采谓一切文字,余爱以血书者,后主之词,真所谓以血书者也。宋道君皇帝《燕山亭》词,亦略似之。然道君不过自道身世之感,后主则俨有释迦、基督担荷人类罪恶之意,其大小固不同矣"④;"唐五代之词,有句而无篇;南宋名家之词,有篇而无句。有篇有句,唯李后主之作及永叔、少游、美成、稼轩数人而已。"⑤ 按照王国维重"意象""意境"的评诗、判词标准,李后主和稼轩词为其所褒奖的原因正在于诗词的"意境"。王国维将"众里寻他千百度,蓦然回首,那人却在灯火阑珊处"作为做学问的最高境界,也定然是看重此句中高深的意境。美好的事物有美好的"意境",令人心生向往的人生是有"意境"的人生,传诵千古的诗词胜在"意境"。由此"意境"而论,好的教育也一定有"意境"。

教育的"意境"在"情境"和"心境",《青玉案·元夕》妙就妙在上阕主论"情境",下阕主论"心境",情境与心境完美交融、彼此呼应,综合构成别具一格的意境。教育的"情境"可以是自然的,也可以是创设的,其是教育主体开展教育活动的环境和氛围。无论是自然的教育情境抑或创设的教育情境,都应当适当、合情、合理。更确切地讲,应当与教育目的、教育内容、教育主体的身心需求相契合。《青玉案·元夕》

---

① 施议对:《人间词话译注》,上海古籍出版社2016年版,第36页。
② 施议对:《人间词话译注》,上海古籍出版社2016年版,第38页。
③ 施议对:《人间词话译注》,上海古籍出版社2016年版,第40页。
④ 施议对:《人间词话译注》,上海古籍出版社2016年版,第37页。
⑤ 施议对:《人间词话译注》,上海古籍出版社2016年版,第196页。

中"东风夜放花千树。更吹落、星如雨。宝马雕车香满路。凤箫声动，玉壶光转，一夜鱼龙舞"的"情境"预设，便为"主角"的出场设定了合适的场景。以美好的场景，承载美好的相遇；在美好的场景中，流露美好的情感；在美好的氛围里，奋力找寻美好之人；在美好的情境中，收获美好的结果。相反，倘若词人将"他"的出场情境设定为荒凉、空旷的情态，则这种情境中不会出现那个超脱众人的唯一之"他"，词人既不会"众里寻他"，也难以体会到"灯火阑珊"的美氛，其结果只能致使词的妙意和兴味荡然无存。这便是"情境"之于诗词、教育乃至人生境界生成的重要意义。

教育的"心境"主要指的是教育主体的心境。如同词人的心境决定词作的意境，教育主体的心境之于教育意境的生成至关重要。诗词作者之所以能够写出有意境的诗词，关键在于赋诗作词之人的"心境"，教育活动之所以达成甚至超越既定的教育目标，关键在于教育主体的"心境"。古往今来，无论是好的教育理论抑或教育实践无一不由有"心境"的人成就。卢梭的"自然教育"在于"自然"情怀；老子"不言"的教育思想在于其心中有"道"；孔子能够成为万世师表在于其有教育家的心胸与气度；蒙台梭利、福禄培尔创办幼儿园在于心系幼儿；看似普通的教师能够数十年如一日地育人无外乎其胸中有使命、心中有爱。教育主体的心境从根本上决定教育的过程、结果与走向，"心境"高远的教育主体实施的教育活动不会停留于既有功利目标的暂时实现，而是指向远大乃至超越性的目标与理想。如同"众里寻他千百度，蓦然回首，那人却在灯火阑珊处"中词人之于机遇、巧缘的欣喜与慨叹，有"心境"的教育中人也会在"灯火阑珊"的教育场景中，经由艰难的"找寻"过程，而"蓦然回首"发现喜悦与美好。

三　古汉字与教育

由广义教育的范畴着眼，教育"化人"的内涵与使命实则贯穿于社会生活的各个领域，人类的发展与进步始终伴随着或隐或显的教育活动。而由于汉字是人类在社会化过程中创造的产物，是人类社会生活的"缩影"和"折射"，在汉字中蕴含着浓厚的生活气息和人文意旨，故而依托、出自和反映人类生产和生活实际的古汉字中定然满含"教育"的元素和成分，可以灵动而鲜活地映射出多元化的教育场景和情形。

（一）以古汉字"会通"教育思想与实践的可行性论证

在古汉字的创生和成形过程中，有两类思维方式发挥着不可或缺的作用，一是感性或诗性思维，二是理性思维。"绝大部分的古汉字则是应用感性具体到科学理性的具体，来表达先祖对于客观世界的复杂事物和主观世界的各种抽象事物的认识过程；古汉字具有深刻揭示各种事物规律的科学性。对于客观世界以及主观世界各种事物的表述上，古汉字展现出杰出的灵性和科学性。"① 古汉字的"灵性"本质上由感性思维赋予和成就，感性思维的跳跃性、强感染力、富含想象力等特性从根本上促成了古汉字直观表意、形象生动的形态和特点。相较之下，古汉字的"科学性"则是理性思索的结果，需要诉诸于分析、比较、归纳、提炼等的抽象性思维活动。汉字"作为一种生命化的文字系统，要求它的创造者必须采取独特的认知途径。造字不在于凭空构置，而在于深入万物之中，执着于具体感相；执着于具体感相不在于去感知自然生命，而在于去发现生命，通过发现对象生命，发现自我生命，从而创造出物我互通的生命结构——汉字符号"②。这种古汉字构形与立意的"执着"过程既包括"感性的执着"，即"仰则观象于天，俯则观法于地，旁观鸟兽之文与地之宜"（《周易·系辞》）的感性直观过程；也包含"近取诸身，远取诸物"（《周易·系辞》）的比较、分析、总结、提炼等的理性抽象过程。倘追问人们之于古汉字复杂难解之感受或情愫的原因，则正是古人在古汉字中倾注的浓烈情感、丰富想象、深度洞察、严谨分析等心理和思维活动综合促成了古汉字"厚重而灵动"的实质与特点。

凝结人类多元思维与情感的"古汉字宝库"中定然蕴含丰富、写实而有价值的教育观念，从中定可汲出有益于现代教育发展的宝贵资源，此是本书的理论预设。公允地说，此种理论预设似乎并不需要详加论证。毕竟"文字"是文明和文化的载体，作为"以文化人"的社会活动和文

---

① 刘东汶：《神奇智慧的古汉字》，中共中央党校出版社2015年版，序第2页。
② 詹旭左、朱良志：《汉字与中国文化教程》，安徽师范大学出版社2014年版，第184页。

化样态，教育活动的根本载体和理论源头也是文字。然而，为进一步彰显古汉字与教育之间原初、自然和密切的关联，发挥本土资源之于教育理论和实践的意义与价值，愚以为有必要借助于已有相关研究，对"古汉字富含教育意旨"这一前提预设加以说明和阐释。

就已掌握的资料而言，解读古汉字"生活化"的面相和色彩是学界较为关注的研究主题。学者们多以"生活"为分析视角和框架，由衣、食、住、行等角度对古汉字进行阐释和解读，将古汉字与人们世俗生活中最关心、常关注的事务互为"关照"。诚然，一旦以生活的视角切入古汉字，则那些久远而陌生的符号或字符会瞬间变得亲切和可爱，象形化的古汉字似乎在纸上"翩然起舞"，可以超越时空的限制和边界，将现代人的思绪和情感拉到遥远的过去，从而带给人们别样的体验和感受。比如，《神奇智慧的古汉字》一书中便由"国家和家庭""婚姻和生育""经济贸易""科学文化""伦理""自然界""人类活动""宗教"八个维度入手，择取与之相符的古汉字加以考证和界说，既对古汉字做了"分门别类"的工作，又为人们认识与理解古汉字提供了清晰的维度和标准。虽然其中未有"教育"维度，但极易找寻到与教育相关的内容和因素，尤其当以教育与自然、文化、道德、社会、家庭之间的密切关联为依据时，甚至可以说其中富含教育成分和意旨。相比之下，直接将"古汉字"与"教育"产生关联的理论亦有之。比如，《汉字中的家庭教育智慧》一书择取多个古汉字，以现代家庭教育的有关元素为依据，阐释相关古汉字中的家庭教育意旨，对家庭教育活动的开展颇具启发和指导价值。该书以家庭教育研究普遍关注的若干维度为依据，有针对性地选取与"家庭教育的角色要求""家庭教育的观念更新""家庭教育的艺术""家庭教育的方法""儿童发展的规律""培养儿童的目标"相关联的古汉字，逐一解析其字形、字义的演变过程，并创造性地解读出其中蕴含的家庭教育观念，且能够与现代家庭教育理念间相互贯连。针对研究内容，该书作者说道："本书不是一本文字学训诂类书籍，也不追求教育学严格科学概念的界定，而是试图从对汉字最初的意义的发掘中找到对家庭生活与教育的启示，为教育交流与幸福生活增添一点智慧。"[1] 不得不

---

[1] 殷飞：《汉字中的家庭教育智慧》，清华大学出版社2019年版，前言第8页。

说,这一定位和评价实则传递出当前古汉字研究的重要趋势,即不局限于训诂、考据类的工作,而是秉持多元的研究目标,站在不同的学科视角下,在不同维度和层面,运用不同的方式尽可能地对古汉字"宝藏"予以"开采"和"挖掘"。按照现代教育理论,家庭教育是教育事业的内容和结构之一,教育事业是家庭教育、学校教育和社会教育的有机综合体。然而,在理论研究领域有一种统一的、约定性的观点,即在不明确指涉范畴和属性的情况下,"教育"主要是指狭义教育或学校教育。本书所论之"教育"即重点指向学校教育,也是以当前学校教育的理论与实践框架为依据而构建逻辑和书写内容。诚然,家庭教育作为"教育"的有机组成部分,其与学校教育之间的相通与相似之处,使得那些富含家庭教育意旨的古汉字中也定然蕴含着不同程度的学校教育旨趣。

此外,在对古汉字予以多元解读的专著中亦多存有与"教育"相关的内容。比如,日本学者白川静在《汉字世界》一书中专就"师与学"展开论述,虽其将对"师""学"的解读放置在"关于战争"的范畴中,但其中关于"师"的"负责统筹训练等诸事宜"的角色和身份定位,颇符合现代语境中的"教师"之意;而在对"学"字的训诂和考证中,诸如"教"与"学"相通、"教学机关""学生与导师生活起居在一处"等,不仅有对"学"之内涵的解读,也有对教学场景、师生关系、入学仪式、学生管理等的形象化描述,从而可与现代教育思想直接贯通。又如,《汉字与中华文化十讲》一书中专设"汉字科学与汉字教育"一章,其中的"适当利用古文字字形进行识字教学",作为"汉字教学"的策略之一被单独列出。"利用这些古文字字形,我们就会明白,现代汉字中,尽管这些汉字看上去什么都不像,但它们是从象形文字中演变而来的。再进一步,我们也会明白一些汉字学知识,了解字形和字理的一致性,明白现代汉字和古代汉字的演变关系。"[①] 结合具体的识字教学工作以及教育类节目中之于古汉字的宣传和推广,实则既可明确得见古汉字在教育教学活动中的频繁"出场",又可直观体验到古汉字与现代教育生活间的密切关联。

概而言之,在古汉字研究领域中既有"训诂""考据"类的研究,也

[①] 王宁:《汉字与中华文化十讲》,生活·读书·新知三联书店2019年版,第256页。

有基于某种理论预设针对古汉字展开的延伸性的解读。相较之下，前者旨在探寻古汉字的原初意旨，其可为相关研究提供最基本的智力支持；而后者层出不穷的研究成果也在不断地强化着古汉字的生命力和生活意义，并一再昭示出古汉字的广博意蕴和丰厚价值。"随着近现代人类文明的不断融合、相互影响，汉字研究也早已超越国别的局限，成为全世界文字学者为之孜孜不倦的研究课题，汉字文化圈诸多国家的文字学者，乃至近代以来的欧洲文字学者，都不断提出观点和学说，丰富和完善着汉字的研究，使汉字不断随着人类发展而独秀于文字之林，犹如封窖陈酒，历久弥香，亦如合贝珍珠，愈经磨砺，愈发熠熠生辉。"① 可以说，基于对古汉字研究态势的分析，诸多学者似乎已经产生出"古汉字中有万象"的共识，并积极致力于从不同的视角、维度和侧面解析与阐释古汉字。事实上，以对这一共识的体认和认同为前提，本书所做的也是这项工作。

（二）抉发古汉字教育意蕴的意义和价值

作为现代汉字的"儿童时代"或"童年期"，古汉字中蕴含着汉字、汉文化的最初、最本质的属性与特征。作为古文化的载体，古汉字不仅是古人之于自我人生、家国天下的生动的、写实主义的摹写，也昭示出先民之于生命、生活的美好预期和理想愿景。在古汉字中，古今人们的情感和观念诉求可跨越时空的差距而获得融合汇通，古今文明之间的差异和缝隙可经由关照蕴意厚重而价值深远的古汉字而得以消减或弥合，处于不同时空中的古今人可在古汉字境域中"会面"。

不言自明的是，在教育活动或教育事业发展的漫长历史中，文字不仅是不可或缺的工具和方式，也是确证教育之所以是为教育的根本依据，是教育思想、教育活动、教育事业的"原点"和"根基"。历史地看，文字的出现是促成教育事业尤其学校教育发展的关键因素。在对"古文明"进行定义时，"文字"与城市、青铜器一并成为衡量中西方古代文明的关键性标志。可以说，在文字的"加持"下，以传播、传承、创新文化和育人为使命的教育活动拥有了卓然有效的途径。文字的出现和繁荣不仅

---

① ［日］白川静：《汉字世界》（上），四川人民出版社2018年版，序第3页。

为教育事业的快速发展提供本源动力，亦为不同时期、不同地域的教育事业的转型和改革提供思维、语言、心理、精神等的有益环境和积极支持。

中国的文字是"汉字"，汉字的最初和早期形态可被统称为"古汉字"。古汉字与现代汉字在时间上相对，在内涵和意义上则具有首尾相连与始终一贯的关系。一直以来，只要谈及古今关系，人们总是能够援引诸多典故名言用以论证和表明古今之间的"互通"关系，并主张依托古今之间的连贯性，经由"以古鉴今"的方式开出目下发展的良方与善策。"疑今者察之古，不知来者视之往。万事之主也，异趣而同归，古今一也。"（《管子·形势》）公允地说，珍视与重视古今关系，经由理性、合理的认识与运用古今关系而促成家国社会、个体人生的良性发展，是古今人们共同的见地与一致性共识。就古汉字研究而言，时人之于探究古汉字的强烈情感、浓厚兴趣乃至不可遏制的使命感，本质上正是认同与践行"古为今鉴""古今互通"历史规律的体现，而自觉、主动以多元视角和维度解读与阐释古汉字，则更为具体而清晰地呈现出时人之于个体、社会与国家良性发展的内在诉求和长远考量。

作为一项关乎重大的社会事业，教育始终具有育人和成人的个体价值，以及促进家国发展的社会价值。历时性地看，教育领域的"古为今鉴"是促成教育事业革新与创新性发展，以及实现不同时期教育使命的重要"法宝"。在教育发展的历史长河中，回望那些教育事业发展的重要节点、转折点和高峰期，可以说几乎都呈现出鲜明的必然性和规律性。诚然，这种规律性不是玄妙神秘的，而是可以经由"反观"的方式洞察和预知，"反观"的对象则是与"今"相对而言的"古"。"反者，道之动"（《老子》第四十章），"回望过去"是一种合乎自然和社会发展规律的思路和方式，在"反"的过程中既能获知有关"今"的合理参照物，又可形成对"今"具有启发和指导意义的观念与思想。

在教育领域中，可供回望的"古"较为多样，其中最为突出和重要的当属古时的教育观念和思想。古代的教育观念存诸于各类古典文献，经由研读文献和阅读经典的方式，人们可以有效达成之于古代教育智慧的体认和领悟，并可将其运用于教育实践。然而，作为构成古典文献的最小单位，对比由文字"编织"而成的教育文献，古汉字中的教育元素和教育痕迹当更为原始、质朴和自然，其中蕴含着古人之于教育的最初、最真实的感受和体验，是人们走进和了解古代教育的幽静之路以及实现教育领域"以古鉴今"诉求的重要门径。

抉发古汉字的教育意旨是在最本源的意义上获知"本土化"的教育智慧。虽然教育理论和实践的本土化历程需要大量诉诸于古典文献，却不可止步于此，而是需要开展更为根本的"溯源"工作。"古汉字体现了先民先是感性认识和用象形的办法去表达人类所处的客观世界的许多具体现象，而后理性地对人类的主观世界事物以及客观世界的复杂事物加以科学认识和表达出来。古汉字的神奇的能力可以说是无所不及，它不仅能够科学准确地表达客观世界复杂事物，而且能够一针见血地、具体而且形象地揭示出主观世界……在我们见识一批表达主观世界、客观世界里的复杂事物的汉字中，我们就能够清楚地感觉到古汉字的博大精深。"① 一如古文字在文明发展中的起点意义，现代教育事业、教育思想、教育活动的起点也是古汉字。古汉字生活化的面相中蕴含着多元化的教育样态和场景。由此意义上，回望古汉字是回顾人类"童年"的生存与生活样态，回望富含教育意旨的古汉字是与遥不可及的古代教育照面，是关照、洞察和体认古代人的教育生活场景和教育期待。这有助于现代人基于时代、社会和个体发展的真实需求而体认与践行古汉字的历史、文化和教育意义。

在教育发展的历史进程中，汲取、借鉴和吸收"过去"的经验和智慧而实现当下发展目标，已经成为一条颠簸不破的规律和法则。在中西方教育思想研究中，对于教育历史研究的重视正表明教育"回头望"的必要性。任何事物的发展总是受制于各种主客观因素的约束和限制，教育事业的良性发展离不开各方条件、环境和力量的共同助力与支持。然而，无论教育发展的内外部条件如何，任何时期的人都有"追根""归乡"的诉求和夙愿。一旦人们将这种之于自我、他物由何处而来、原初是什么样子的本源性诉求迁移到教育领域，则对于"什么是教育"的追问将不会停留于时下主流或流行的教育观念和思想，而是会经由追根溯源的方式不断找寻起点处的答案。如上文所言，古汉字中有关教育是什

---

① 刘东汶：《神奇智慧的古汉字》，中共中央党校出版社2015年版，第31页。

么的观点，当是目前最古老、最原初的答案，其中蕴含着先民之于教育活动最自然、最质朴的认识与理解。诚然，或许其中也存在着破解现实教育难题的早期"密码"。

近代以来，教育事业在各方力量的加持下已经获得突飞猛进式的发展。以当下的教育发展为参照，未来教育的样态和景象或许会远超人们的想象和预期。今日的教育与过去已经大不相同，在教育目的、内容、方法、手段等层面，古今教育之间存在显著差异。这种古今差异是时代进步和社会发展的必然结果，现代社会的快速发展势必促成教育事业的进步与繁荣。面对着古今之间的反差，着眼于现代和未来社会发展的美好前景，不乏有人秉持"今非昔比""古不如今"的论点，一面对卓然璀璨的古代文化视而不见，另一面对新兴的外来文化大力赞赏，沉浸于西方文化营造的热烈氛围中，不断强化西方文化"搬运工""复制者"的身份和角色。公允地说，在平等开放、文化和价值多元的现代社会中，异质文化间的交流和沟通既已成为常态，也有其必要性和必然性。然而，教育在个体和社会发展中的特殊意义，决定着教育传承、传播、创新的应当主要是反映国人一致性发展期许的观念、思想与文化。由这种意义上而言，虽然教育的发展需要求同，但更要存异。"求同"离不开异质教育理论和实践的切磋与交流，"存异"则要求人们必须牢牢守住教育发展的本土根基与特色化要素，后者需要人们在积极抉发本土教育资源的前提下，有的放矢地开展转化和运用工作。这种之于自本自根的教育资源的现代转化和运用，既是教育现代化进程中不可或缺的内容，也是实现教育特色化发展的根本途径。

在汉字发展的进程中，现代汉字的字形、字义与古汉字之间存在显著差别，汉字由古至今的发展史实则是字形、字义的演变史。在汉字演变的过程中，受不同历史时期社会环境和人文因素的影响，很多汉字的原初和早期字义被逐渐遗忘或者弃用。由于"文化是人类在长期的历史发展中共同创造并赖以生存的物质和精神存在总和"[①]，"有了文字之后，人类的文化创造才能被记录下来。中华民族的文化，也是在有了汉字之

[①] 王宁：《汉字与中华文化十讲》，生活·读书·新知三联书店2019年版，第90页。

后才被记录下来的"①，故而在中华文明发展的历史长河中，依托不同形态的汉字所记录的文化，虽有其本质的相似和一致性，但也存在内在而深层的差异。尤其随着汉字字形、字义的演变，当某些汉字的原初义消失或改变时，同样的汉字往往表达出截然不同的含义。"经过数千年的积淀，汉字深刻地反映出古人的生产文化，它把古人如何谋生，如何顺应自然、征服自然的过程充分地展现出来。如果我们把相关的汉字聚合起来，可以看出在不同时期和不同地域，有不同的生产类型。"② 这种因汉字演变而造成的思想和文化差异，既是今人面对古典文献茫然不知其解的根本原因，也致使今人难以真正了解与洞察古人智慧。这一困境根本上需要经由对古汉字的"再认识"而获得解决。

事实上，经由"再认识"古汉字而获悉原初、质朴的教育观念已然得到部分教育学人的密切关注，这主要体现为教育研究中对词源法的运用。在教育研究中，为界定和说明某一概念或术语，学者们往往会经由对这一概念的字形、字义的剖析而获知其原初含义及其内涵发展演变的过程，并在此基础上对概念予以全面而清晰的厘定。比如，在诸多涉及"教育"概念的文论中，经由考辨"教""育"二字最初的字形、字义而导出"教育"的一般内涵，是研究者们常用的方式。事实上，相比于"拿来主义"，追溯和探寻教育术语自本自根的内涵和意旨，是一种更为严谨而负责的治学态度和理念。这不仅有益于研究者反思与批判性地理解既有的教育学概念、思想与实践，也能够激发学者之于本土教育观念由衷的尊重与热爱之情。"汉字的世界亦即中华民族的精神世界，汉字的原始含义之中蕴含着华夏先民对宇宙洪荒最朴素的认知。究明汉字的文化内涵，从学术研究层面上说，可以为历史、考古、文学等研究提供支持，从社会现实层面上说，可以增强人们对中国传统文化的认同感和自豪感，提升文化自信。"③ 长远地看，倡导将词源学的方法运用于教育学研究，既有助于建立独具特点与自成一统的教育学话语和教育思想体系，也有利于教育学学科属性、学科地位等的确立与发展。

---

① 王宁：《汉字与中华文化十讲》，生活·读书·新知三联书店2019年版，第90页。
② 王宁：《汉字与中华文化十讲》，生活·读书·新知三联书店2019年版，第92页。
③ [日] 白川静：《汉字世界》（上），四川人民出版社2018年版，序第5页。

概而言之，在倡导"创造性转化与创新性发展"传统文化的时代背景下，基于时代、社会和个体发展的现实诉求，自觉、主动地找寻和抉发，进而转化和利用存诸于古汉字中的教育智慧，促成古今教育观念间的有机"串联"，既是实现教育领域"古为今鉴"发展目标的一般要求，也是夯实教育发展的本土根基、深耕教育赖以生存的本地土壤、激发教育事业发展的内生活力和壮大教育发展的本源力量的重要方式。

（三）本书的逻辑和结构说明

为达成抉发古汉字教育意蕴的研究目标，本书以现代教育学的一般框架为标准，关注那些为人们尤其教育中人普遍知晓的领域，主要从教育信念、教育原理和规律、教育者和受教育者、教育活动与现象、教育技术、教育手段和工具、教育方法、教育制度、教育伦理等维度建构理论框架，并以此为依据找寻到若干与之相对应的古汉字，旨在经由解析和阐发古汉字的意蕴而促成古今教育观念之间的交流与融通。

具体地说，以现代教育学研究普遍关注的对象为参照，以作者在教学和研究工作中的体验和经验为依据，借用古典教育学中常见的概念和术语，本书将"教育信念""教育理想"称为"教育之道"，择取"道"字作为重点分析对象，解析其字形、字义，阐发其教育内涵和意旨；将"教育原理和规律"称为"教育之理"，择取"理"字作为重点分析对象，解析其原初内涵，并阐发其教育义；将"教育者和受教育者"统称为"教育之人"，重点择取"人"字以及作为教育中人的"儿""童"为分析对象，经由古今互比、古今互证的方式，系统阐发各者的教育意旨和价值；将"教育设施设备"等统称为"教育之物"，重点选择"物"字作为解析对象，论证教育中的人—物关系，阐发古汉字"物"的教育内涵和指涉；将教育领域中的技术应用和实践称为"教育之技"，经由解析"技"的字形、字义，表明理想的人—技关系，阐述现代教育技术的实践误区，提出经由珍视和回归古汉字"技"之本义而促成理想教育技术实践结果的对策和方法；将教育中复杂多样的教育事务统称为"教育之事"，既以"事"字作为分析对象，阐发其教育义，又关注教育中的具体事务，择取反映劳动教育的"劳""动"二字，反映"智育"的"智""慧"二字，以及反映"美育"的"诗""性"二字，具体阐述各者蕴含的现代教育意旨;将诉诸语言的教育方法统称为"教育之言",结合古已有之的"不言"的教育理念和方式,阐述古汉字"言"字中包含的"不言"意旨,并以"学科教学"为载体,详细阐释"不言"的运用方式;将教育中的各类规章制度统称为"教育之法",经由解析"法"字而达成对教育制度本质属性的认识,阐明教育制度的应然功用和价值;将各式各样的教育活动统称为"教育之动",在论述教育活动类型和内容的基础上,既挖掘古汉字"动"的求变、求新的原初内涵及其之于教育发展的积极意义,又专门选择若干关涉具体教育活动的古汉字,即"教""学""课""程""实""施""开""发""模""式",阐发各者的现代教育意旨;将教育伦理称为"教育之德",选取"德"字以及与其相关的"爱""公""正""良""善",具体阐发各者的教育意旨。

整体上看,本书以教育之"道"为起点,关注教育信念和教育理想的引领与指导价值;以教育之"德"为落脚点,重在阐明教育"向善成德"的神圣使命和积极意义;以教育之"人"、教育之"理"、教育之"物"、教育之"动"、教育之"言"、教育之"事"、教育之"技"、教育之"法"指涉教育事业的不同领域和层面,对教育予以"面面观",以期对古汉字的教育意旨予以多元的、丰富的、适切的论述和阐发。

诚然,由于专业素养和研究能力的不足,本书所做的工作尚显微渺,书写逻辑和文本结构也可能存在不足之处。毕竟以现代教育学的框架为依据,基于研究需要和研究目标,可以建构出各不相同的、更优质的研究思路和解释框架。此外,由于择取的古汉字数量有限,一些更具代表性的古汉字或许并未进入研究视野,这也使得本书所论内容和观点颇不周全,由此导致的疏漏和偏差也难以避免。然而,之于笔者而言,在以古汉字为教育思想载体的探索之路上,最基础和最重要的第一步已经迈出,这或许也可被视为本书极重要的意义之所在。

第 一 章

古汉字中的教育之"道"

作为事关家国民生的社会事业,教育之"道"既是对作为文化底蕴与国人人格的"道"的传承、弘扬和创新,也是彰显教育独特性的重要介质。将现实教育与蕴意深厚的古汉字相关联,以古汉字作为解读教育之"道"的载体和对象,探究"道"和教育之"道"的内涵、特点、意义等,有助于得见教育的原初内涵与本原价值。

第一节 "道"之意涵阐释

"道可道,非常道"(《老子》第一章),"道"是理解传统文化的重要概念。在作为文化原点的道家思想中,"道者,万物之奥"(《老子》第六十二章),"道"神秘莫测、难以把握,以终极存在和最高价值的角色指引人世生活的开展;"道可道"(《老子》第一章),"道"是可被言说的对象,是社会生活与为人处世的原理、规则、标准与尺度。此外,"道"也具备实在的物质形态,如"道路""羊肠小道""阳关大道"等。

一 哲学意义上的"道"

"道"之于人的发展具有不可替代的意义和价值,并因其不可或缺性而具备权威性与神圣性。先秦孟子"得道者多助,失道者寡助"(《孟子·公孙丑下》)指明"道"之于社会人世的重要意义。得"道"之人得人心,得人心者得天下;失"道"之人失人心,失人心者失天下。"得道者多助,失道者寡助"出自《孟子·公孙丑下》,该文多被视作一篇政治文论。"得道者多助,失道者寡助"中的"道"多被理解为儒家的核心概念——"仁"与"义","得道"与"失道"则直接对应"得仁义"与"失仁义"。将"得道者多助,失道者寡助"中的"道"理解为儒家的"仁义"有其合理性,"仁义"是儒家思想的核心概念,儒家少谈"道"而多讲"仁义"。然而,结合孟子思想及其所处的时代背景,"得道者多助,失道者寡助"中的"道"不仅蕴含"仁""义"之意,亦具有更为深远的内涵与指涉,即"天道"。

孔孟生活的春秋战国时期是一个"天道"衰微而"人道"横行的时代。"天道"的衰微源自"天命"观的动摇,这一思想转变的节点是在西周末年。西周末年战乱频发、社会动荡,前期为统治者和民众奉行的"天命"观受到人们的普遍怀疑和斥责,西周时期的伦理之"天"的意义与价值逐渐解体。毋庸置疑,成就三百年"郁郁乎文哉"西周统治的正是被人格化的道德之"天"以及由此衍生而出的"德政"。"德天—德政"之间的直接相关性决定政治统治可经由"道德之天"的庇护而获得稳定性。西周末年,伴随着人们之于伦理之"天"的质疑与不满,现实政治统治的威力和效力也不断被弱化和消解。这突出地表现为以"礼乐"文化为"德政"核心的政治制度开始失去强力效用,社会中普遍出现"非礼""非乐"的现象。可以说,西周末年"天道"的衰微与政治统治"人心"的失落相并而生,中国历史上"天道"与"人道"之间明显的疏离乃至背离,首次出现在春秋战国时期。以孟子的"得道者多助,失道者寡助"对应西周末年的"天道"与"人心",实可直接得见二者间的密切关联。

众所周知,"仁""义"是儒家的核心概念,更确切地说,"仁""义"是孔子在觉察"天道"逐渐衰微境况下提出的,用以承接既有"天道"的概念。在提出"仁义"思想且赋予"仁"哲学内涵后,儒家并未放弃"天道",而是不再普遍将"天道""天命"作为理论建构和政治统治的核心依据。然而,孔子"避不谈天"虽是一种理论事实,但其并未完全"放弃"早前的"天"。与其说孔子创立"仁",将"仁"作为政治统治的核心依据,毋宁说孔子是在"吾从周"志向的指引下,以西周时期的"天道"为基础再构一个与"天道"不甚相同却又割舍不断的"仁"。从现实的角度出发,孔子之于"天"的避而不谈和以"仁"替天的观念中实则充满无奈和心酸。面对式微的天道和失落的人心,彼时无论理论建构抑或政治统治均面临危机与困境，落入不得不改的地步。作为对西周文化具有浓厚情感的思想家，孔子对西周文明充满信任与期许，其实则从未放弃过"天道"。公允地说，任何时期的儒家思想者对于"天道"都情有独钟，不同时期的儒家学者以不同的名称表述他们的天道观、天命论和天人关系论，书写"得道者多助，失道者寡助"政治论文的孟子也表达出信奉与追随"天道"的观念与理想。与孔子的"避不谈天"不同，《孟子》中存在大量有关"天"的内容。"虽有恶人，斋戒沐浴，则可以祀上帝"（《孟子·离娄下》）；"商之孙子，其丽不亿。上帝既命，侯于周服"（《孟子·离娄下》）；"惟曰其上帝宠之"（《孟子·梁惠王五》），此三处中的"上帝"皆与"天"同义。在孟子看来，天是造物主，是至高无上的存在，是万事万物的主宰者，是价值的最终评判者。对于"天"之至高地位，孟子作过多次表述。"天生烝民，有物有则"（《孟子·告子上》）；"天降下民"（《孟子·梁惠王下》）；"天之生此民也"（《孟子·万章上》）；"莫之为而为者，天也"（《孟子·万章上》）；"天子贤则与贤，天与子则与子"（《孟子·万章上》）；"顺之则存，逆之则亡"（《孟子·离娄上》）。在孟子看来，统治者只有"乐天"和"畏天"才能维持统治地位的稳固；否则，就会遭到天的惩罚。在《孟子》中，商汤、伊尹诛杀夏桀是"顺天命"的行为，夏桀之亡虽是人为却被称为"天诛"（《孟子·万章上》）。由孟子的"重天"着眼，则"得道者多助，失道者寡助"与"得天者多助，失天者寡助"意涵一致。这种具有形上意义的终极之"天"与形上之"道"同义，均代指对人类社会具有决定性作用的形上存在与终极权威。

由孔孟思想中的"天"或"天道"理解"道"，虽能够得见"道"之哲学蕴意，却尚显曲折。与之相比，由"道家"之"道"着眼，则"道"之哲学蕴意更为直接而浓厚。相比于儒家，道家极度"重道"。"道"是道家思想的核心概念，道家代表人物老子赋予"道"哲学内涵，将其作为"天地之根"与"万物之母"。"道家"以"道"为核心概念，相关内容在《老子》《庄子》中可明确得见。由于古今之于道家之"道"的解读如汗牛充栋，故而在此不作详述。统言之，古今哲学意义上的"道"是那个具有终极意义的本体，是那个与万"有"相对的"无"，是那个超越物质之上的理念，是每个人心目和思想中的理想规则与秩序。

二 日常之"道"

古希腊哲学家柏拉图认为理念世界与现实世界二分，现象世界是模仿理念世界的结果，理念世界高于并先于现象世界而存在。与古希腊时期的哲学观和世界观不同，"天人合一""道人合一"是中国文化的重要特色，是古代国人看待人—我、人—人、物—我关系的根本思维方式。在先秦思想尤其在道家哲学思想中，"道"并非那个高高在上的、端坐在高处等待人们发现、接近与膜拜的终极存在。"道"之于人而言虽具神圣性和权威性，但更切近和内在于人。不同于古希腊哲学中"理念"与生活世界截然二分的观念，日常生活中的"道"是终极之"道"的"下落"，社会生活需要"道"的指导，人们必须经由对"道"的主动践行而获得发展。关于"道"的遍存性，《庄子》中做过形象化的描述。"东郭子问于庄子曰：'所谓道，恶乎在？'庄子曰：'无所不在。'东郭子曰：'期而后可。'庄子曰：'在蝼蚁。'曰：'何其下耶？'曰：'在稊稗。'……曰：'何其愈甚耶？'曰：'在屎溺。'东郭子不应。"（《庄子·知北游》）东郭子问"道"于庄子时，庄子所论之"道"的"愈下"趋势，一方面表明"道"之无所不在的特性；另一方面则表明可知之道理或原理与终极之"道"间的直接关联。

"道"是至大无内的，大到包容无际，似有若无，以至于人们意识不到它的存在。这种层面上的"道"主要指的是本体论意义上的"道"。"道"也是至小无内的，它存在于任何微小和细微的事物和活动之中，最不起眼的事物中也蕴含道理与真谛。"世事洞明皆学问，人情练达即文章"①，生活是一个神秘而复杂的领域，生活的开展离不开"道"。生活中的"道"多样而复杂，它们由那个作为"一"的哲学之道生出，具体化为可在一定程度上认识、理解与运用的原理或道理。然而，面对日常之"道"，人们也时常处于尴尬与逼仄的境地，原因在于"道可道，非常道"（《老子》第一章）。"道"既是可以被言说的，又不能被言说，这种"道言悖反"的现象一方面与语言的局限性有关；另一方面则与"道"的多重属性有关。就语言的指涉和功用而言，哲学之"道"虽然远远超出

---

① 宫梅娟、王玲：《〈红楼梦〉诗词赏析》，济南出版社2019年版，第24页。

人们的理解与描述能力，但可以经由哲学思维和哲学语言予其以一定程度的描述和揭示。与之相似，由于时空、场域、事件等的复杂性，日常之"道"多不胜数，其具体和微观程度远超人们的认知、想象和思维能力，以至于人们穷尽毕生也不可能全部获悉与洞察之，而只能予其以有限的认知与把握。

第二节 教育之"道"的内容与表现形式

哲学意义上的"道"具有本体内涵与取向，处于至高、终极的权威地位，具备不可或缺与无法替代的意义和价值。与形上之"道"相对，生活中的"道"以道理、原理、规律、原则为内容和表现形式，具有复杂、多样的特性和功能，是经由本体的"大道"分化而出的"小道"。由对"道"之"本体"与"日常"的分类中，可见教育之"道"的双重性。教育作为一项相对独立的社会活动，必然具备区别于其他行业和领域的"道"，这种为教育独具的"道"正是教育之"道"。

一 教育之"道"的双重性及其关系

一般意义上的教育之道是以教育现象、教育活动为具体载体而呈现与彰显的教育规律、教育原则等，其可直接与作为道理、原理、规律等的"日常"之"道"相对应。事实上，人们主要是将教育之道视为教育原理、教育法则、教育规律等。教育作为社会事业承载着个体和社会发展的职能与使命，是促进和推动人类社会发展的重要力量。以教育的内涵与价值为参照，探究和秉持有助于人类社会发展的教育原理或教育规律是人的重要职责。由此意义上，可将教育之道与教育原理相等同。然而，教育的内涵和意义绝不局限于世俗生活层面，其不仅与社会生活直接相关，更有其宏大、深远的诉求与使命。抑或说，教育的价值取向超越世俗生活而指向人们的精神涵养与境界提升。教育的超越性使命由教育的本质所决定，作为一项社会活动，教育具有区别于其他社会活动的根本属性。相比于其他社会活动，教育"属人"的程度更甚。作为万物之"灵"，人在本质上具有超越性。教育本质上由人及其活动构成，人的超越性赋予教育活动或事业以超越性，而人的自本自根的超越性又要求教育基于并进一步实现与成就这种超越性。在现实教育活动中，教育的超越性本质与使命在相当程度上处于"澄明"状态，教育传承、传播与创造文化、文明、精神的意义与机制皆是教育超越性的有力例证。由教育既现实又超越的意旨和使命出发，教育之道既指以教育原理、教育规律等形态而存在的具体教育之道；也指向对教育原理、教育规律的超越，可被概括为教育理想、教育信念、教育信仰等宏观教育之道。

将教育理想、教育信念放置于教育原理、教育规律之上，一方面在于教育理想内含教育发展的宏伟蓝图，蕴含着关于"教育是什么"问题的最具统摄性和包容性的答案，是教育发展的最高和最终目标之所在；另一方面在于教育理想、教育信念等是教育原理和教育规律得以建构的基本前提，是教育原理的"母体"，只有经由宏观的教育理想才能生出不同的、多样化的、各具特点的教育原理与规则。由此意义上，任何教育原理的建构实则都是对教育理想或教育信念的具象描述，也都追随与体现教育理想和教育信念。

二 教育之"道"的现实境遇

对于两种教育之道及其关系的深度描述可具体借助于古希腊传说而展开。据说柏拉图对于理想政治统治的建构有其现实依据，即海洋王国——亚特兰蒂斯。在《提迈尤斯》（*Timeaus*）中，柏拉图说道：在砥柱海峡对面，有一大块被海洋包围的陆地，那就是亚特兰蒂斯王国。传说中，是海神波塞冬建立了这个王国。海神娶了岛上一个少女，生了五对双胞胎。于是他把全岛分作十区，由十个儿子分别统治。长子是最高统治者，名叫亚特拉斯（Atlas），该王国因此得名。当时它正要向雅典发起攻击，没想到突遭地震，一夜间沉没海底。另据《克里特雅斯》（*Critias*）记载：在地中海西面遥远的大洋上，有一片高度文明的陆地。那里的宫殿都由黄金做墙基、白银做墙壁，宫殿内金碧辉煌。在那里，文明发达的程度令人难以想象。那里既有设备完善的港埠和船只，也有能够载人飞翔的物体。随着时间的推移，这个王国的势力超出了欧洲，伸向非洲大陆。然而，一次大地震摧毁了亚特兰蒂斯，它从此沉落海底，消失无踪。

以"亚特兰蒂斯王国"为原型和摹本、目标和依据,柏拉图在建构"理想国"时可做到有迹可循、有法可依、有理可据。与之相似,以教育理想、教育信念为依据,在认识和运用"教育之道"时便会有明确的方向与目标。有鉴于教育理想、教育信念之于教育原理的指导价值,可见虽然同作为教育之"道",但教育理想居于教育原理之上和之前。倘说教育原理是具体的、可为人们普遍认识与了解的教育之道的话,教育理想则是宏大的、反映人们远期规划和长期目标的教育之道,二者在本质、形式、存在方式上具有显著差异。

基于上文有关"哲学之道"与"日常之道"的区分,兹认为以知识、理论等方式存在的教育原理、教育制度等当属于"日常之道"的范畴,毕竟教育活动是社会生活的重要组成部分,教育活动蕴含丰富的、不可取代的生活价值。相比之下,教育理想、教育信念、教育信仰、教育追求、教育使命等更适合被放置于"哲学之道"的范畴,毕竟教育理想是宏观的、抽象的,其难以具象化,不易为人们普遍理解与运用。倘论何种教育之道更符合与贴近"道"的本原内涵,则当属作为理想或信念而存在的教育之道。然而遗憾的是,现代教育发展呈现出重"日常之道"而轻"哲学之道"的特点和趋势。作为传统文化的重要概念以及构成国人性格与气质的精神底蕴,"道"不应当主要被作为世俗日常的道理,而应首先和主要被作为人们追求与向往的精神境界、人格气质和人生意境等。以精神、意境与"道"相关联既符合古今人们对于"道"之内涵的界定,有助于彰显中国文化以"道"为核心的思维路径和精神样态;也能反映"道"文化之于世俗生活的引领与指导价值,有助于"道"思想的传承、传播与发展。

作为中国文化的原点,本体内涵与价值是"道"的原初意旨,对于教育之"道"的理解与把握,不可仅停留于或过多执念于"日常之道"的层面,而是应该扩大与升华教育之道的能指与所指,关注哲学之道之于教育发展的意义和价值。

第三节 教育之"道"的词源学释义

探究教育之道就是探索教育之所以为教育的本质、属性、特征和意义。教育之"道"是"道"的具象化,"道"的最初含义和本源精神事关教育发展。

一 古汉字"道"之初义

"道"最早见于金文,被书写为𝍠。金文𝍠由三部分构成,即𦍋、𦣻、止。𦍋形似十字路口,意为"四达之衢"。"衢"是街道,"四达之衢"可被理解为四通八达的道路。《尔雅·释宫》:"一达谓之道路,二达谓之歧旁,三达谓之剧旁,四达谓之衢。"[①]𦣻上方的两条曲线代表人的头发,下方部分形似人的"眼睛",𦣻代指"人"。𦍋与𦣻相结合,代表"人处于十字路口"。至于"人"与"十字路口"的关系,则用止表示。止即"止",意为"停住不动",其与𦣻和𦍋共同构成"人在十字路口处止步不前"的意旨。金文的𝍠可被综合表达为:金文𝍠 = 𦍋(行,四通的大路)+ 𦣻(首,代表观察、思考、选择)+ 止(止,行走)。𝍠中更多体现的是"道"作为"道路"的意旨。《说文解字》说:"道,所行道也"[②],表明的正是"道"之"道路"意。

随着文字的不断发展,金文"道"的字形与字义也不断发生变化,人们赋予"道"更加丰富的内涵,即增加爫、⺕和曰三种结构,由此金文"道"变而成为𨗉的字形。爫和⺕共同表示"手"或"爪"。在古文字中,"爪"和"手"是"手"的两种不同形态,"覆手曰爪"[③],曰是"曰",意为"说明"。与𝍠更多表明"道路"或者"人在路上止步不前"不同,𨗉传递出更为丰富和深厚的意旨。𨗉中所含意旨具有较强的画面感,可被形象化地体认和表述为:"一个人在十字路口不知该去往何方,于是停在那里踟蹰不前。这时,过来另一个人,他用手拉着这个迷路的人,告诉他该往哪个方向走。"显然,𨗉中蕴含着"一个人为另一个人引路"的意旨。这也是"道"之"导"的内涵,"导"即"引导""指引"。

经由后期的不断演变,"道"字逐渐发展成为当前的字形,并具备多

---

① 周大璞:《训诂学初稿》,武汉大学出版社2013年版,第210页。
② 张丰乾:《训诂哲学》,巴蜀书社2019年版,第23页。
③ 许威汉、陈秋祥:《汉字古今义合解字典》,上海教育出版社2002年版,第1051页。

样化的内涵与意旨。

二 古汉字"道"之再释

"道路"和"引导"作为"道"的早期内涵，二者之间看似独立实则颇具关联。"道路"之"道"为人们的行走提供可能性，毕竟人只要行走在路上就会有无限的可能和希望，会遇见和经历诸多美好和难忘的事物。诚然，一个人走在路上也会遇见各种艰难险阻与坎坷磨难。金文"道"中之⿰虽然意为"四通八达的街道或道路"，但其代表的是充满可能性的、不可预见的未来。由此，虽"道路"看似只是极普遍的事物，但古人在造字之初便赋予"道路"特定的内涵与意旨，它不仅指脚下的实在之"道路"，也指存于人们思想与心灵中的"思路""心路"。有"路"就有希望和方向，"道"中充满着未知与可能，关乎和由乎人们的身心，它不仅是脚踏之"路"也是"思路"与"心路"。鲁迅的"走的人多了，也便成了路"既指出"路"由人们摸索与踩踏而得的事实，亦揭示出"路"由人们的认同和向往"交织而成"的真谛。比如"阳关大道"和"羊肠小道"之所以一者为人们趋之若鹜，另一者为人们避之不及，究其根本原因在于人们之于"路"的态度、观点和认识决定着人们是否"行走"于其上。古汉字作为先民思想的载体与精神的寄托，其中满含智慧和哲思，彰显着古人之于未来生活的美好向往与真切期待。

以金文⿰之"道路"以及"人在道路上行走，继而止步不前"的内涵为基础，后来的⿰不仅续写⿰中的故事，而且赋予这个故事以美好的结局。众所周知，迷路之人难免彷徨与焦虑，心中有目标却不知从何起步、从何落脚、向何处去的真实体验和困境当为大多数人所经历。局促之际，迷路之人大概最期待的就是有人前来引导。概或由这种生活的体验或常识入手，古人在创造和运用文字的过程中，将自身的生活经验和期待诉诸于文字表达之中。金文的⿰就是一个较好的例子——"正当这个迷路之人一筹莫展、万般焦虑之际，另一个人来了。他拉住迷路者，告诉迷路之人正确的方向"。由这种意义上讲，"道"既充满无限可能，又敞开与指向乐观结果。可见，金文⿰蕴含着人们之于自我、他人和生活的积极态度与美好寓意，摹写出真实的生活场景，包含着无限的生命可能，蕴含着丰富的人生哲理，彰显出浓厚的生活旨趣和美好的人生期待。

概而言之，古汉字中的"道"自始便蕴含着极度深刻的哲思和智慧，它既是现实中人无所不踏入的"道路"，指向一种普遍的人生境遇和经历；又是人们行走于"人生之路"的灯塔和向导。"道"之延续、延绵的"道路"意义指明人们前进的目标与方向，为人们发展提供无尽的可能和机会。"道"之"指引"或"引导"内涵为人们持续行走在"道"中提供强大的心理支持。在"道"中，人们互相鼓励、帮扶是"道"之"引导""指导"的基本内容，借此人们愿意相信与期待"莫愁前路无知己，天下谁人不识君"的理想愿景。由此具备指引和引领之意的"道"，人们不必担心迷失方向和自我，而能够坦然行走于人生的路途之中，满怀决心和期许地一直走下去。

三 古汉字"道"之教育义

以"道"之"道路"与"引导"本义及其中蕴含的积极价值为参照，教育具有与"道"近乎相同的意旨。道家学派代表人物老子以"水"喻"道"，将直观可感的自然之"水"与普遍适用的形上之"道"相对应，提出"上善若水"的"道论"。"上善若水。水善利万物而不争，处众人之所恶，故几于道。居善地，心善渊，与善仁，言善信，正善治，事善能，动善时。夫唯不争，故无尤。"（《老子》第八章）道如水，水善则道善。在道家老子看来，"道"之善体现在"不争"，而"不争"之"道"的根本特点在于"自然"。"道"的自然既表现为存在样态与方式的自然而然，也表现为"道"与事物关系的自然而然，还表现为"道"之作用方式的自然而然。

"道"之自然性既可以"道路"作比，也可以"教育"作比。"道路"的存在形态是自然的，表现为人人可以自顾自地行走于其上，乃至全然忘却脚下的实体之路。与之相似，"教育"的存在样态也是自然的，表现为教育始终伴随人类生存发展的全部历史，是人们自发形成的活动，对个体与社会发展具有原发性的意义与价值。古往今来，人们对于教育既有褒奖也有批判，人类教育事业的发展既有高光时刻也有极为暗淡的时期，人们对于教育始终处于批判、反思与重建的循环之中。历史业已证明，教育作为一项社会活动有其存在的必然性和必要性，其不会因人的主观态度的改变而减弱或失去本义。抑或说，无论社会发展进步的程度几何，也无论人类发展面临着怎样的未来、机遇或者挑战，更无论人们对待教育抱持怎样的观点和态度，教育注定是与人类社会同行并存的活动或事业，教育的这种存在的自然性和必然性由教育自身的本质所决定。

在以"道"为核心要义的道家思想中，"道"与事物间关系的自然性表现为"道"不干涉他物发展，为避免对事物发展带来不必要的影响，"道"处于内在与潜隐的状态。这种"道"与事物关系的自然性既可以古文字"道"的意旨为论据，也可以教育的本质或人们之于教育的希冀为依据。古汉字中的"道"有"引导"之意，那个"引路者"扮演的是"向导"而非"同路人"的角色。抑或说，在关键时候显现自身而非总是如影随形是"道"之"引导"的本意。古汉字"道"中的"引路人"不在其他时候出现，而只在人迷路的时候出现，此既表明其存在的普遍性，又表明其发挥作用的自然性。倘若这个引路人一直如影随形，那么即便其在关键时刻发挥向导作用，则其意义和价值也远远比不上一直隐藏自身却在关键时刻现身显得饱满和诚恳。在教育中，教育与事物关系的自然性主要指向教育活动与教育中人（尤其受教育）之间的关系。理想的教育具有"随风潜入夜，润物细无声"的功效，教育活动应当是"及时雨"、雪中"炭"、干涸时的"甘霖"以及在人们一筹莫展之际的"向导"。强调教育活动在人们发展过程中的"向导"职责，是对任意、随意、强制与干涉人之发展的教育理念与实践的否定和批判，旨在凸显教育之于人们身心发展的自然影响。这种之于理想教育的描绘和期待可由"自然主义"教育理论和实践中找到其丰富的内涵与意旨。

"道"作用于事物的方式具有灵活机动性，这种机动灵活性与"道"顺应事物之自然密切相关。"道"作用方式的特性既可以在古汉字"道"中寻得，也可由现实教育中得见。古汉字"道"之"引导"义本具有灵活机动的蕴意，否则其便不是"引导"，而是带有强迫意味的"规定"。古汉字"道"中的"引导者"运用的引导方式是"手牵"和"口说"，为明确告诉迷路之人前进的方向，引导者综合运用手部动作和口头语言，整体呈现出一种"拉着迷路之人，边走边说"的画面和场景。由此，"道"之灵活而自然的引导方式的内涵可见一斑。相应地，理想的教育方式也是灵活机动的，诸多古今通用的教育理念和教育观点，如"随人分限所及""因材施教""求同存异"等均表明教育方式应基于和顺应教育中人身心发展需求的观念,而人之身心发展的多样化需求,也使得理想的教育方式必然具备灵活性。

综合而言,"道""教育"和"教育之道"的属性、内涵、特征、意义及其之间的关系,皆可在古汉字"道"中寻得。古今教育智慧经由古汉字的联结而获得融通彼此的可能性,古今教育理论与思想间的沟通在古汉字处获得实现。在对古汉字"道"之教育意旨的解读和引申中,教育之"道"获得其内在依据与实践标准。

第二章

古汉字中的教育之"人"

意大利哲学维柯曾说:"值得注意的是在一切语种里大部分涉及无生命的事物的表达方式都是用人体及其各部分以及用人的感觉和情欲的隐喻来形成的。例如用'首'(头)来表示顶或开始,用'额'或'肩'来表示一座山的部位……人把自己变成整个世界了。"① 苍茫宇宙中的"人"是既渺小又伟大的存在。早期阶段的人渺小到对自然力不知不识,因对自然界近乎完全的依赖而生发出之于自然界的无限敬畏和尊崇。那时的人身处自然之中而心处自然之下,人对自然力毫无抵抗力,任何一场自然灾害都有可能造成个体或族群生存发展的危机。然而,人在本质上是伟大的。作为自然宇宙的成员,人从未轻看和放任自身,从未在强力的自然面前真正妥协和低头。人始终将自身作为衡量外物的重要标准,始终致力于探索突破与超越自我的可能方式,始终竭力找寻自我主宰的方法,始终将自身作为宇宙中独一无二与至关重要的存在。早期人类虽处于自然力的支配之下,却从未真正放弃和让渡属于自身的任何权利和机会。在强力的自然界面前,人们不断突破和超越外在束缚与自身局限。基于这种突破和超越的本能、意志、信念和行动,人不断确立自身在自然界中的角色和位置,并在一定程度上成为自然的主人或代言人,从而以万物之灵的身份居于自然丛林之中,不断见证和体验着自然与社会发展的兴衰沉浮,持续扮演着宇宙自然大化流变的"火炬手"和"领路人"的角色。

---

① [意]维柯:《新科学》,人民文学出版社1986年版,第465页。

第一节 "人"的本质属性阐释

"人"是最复杂的存在，古今中外汗牛充栋般的"人学""人论"从未将"人"言说透彻。哲学、心理学、政治学、社会学、经济学、历史学、生物学、文化学、教育学中的"人"各不相同。甚至可以说，有多少种学科专业就有多少种关于"人"的界说。诚然，虽然关于"人"的问题从未被说明白，但古往今来，人们也从未停止过探寻"人是谁"的步伐。在众多有关"人"的理论中，人们总能够找到特定时空内相对具有普遍适用性的"人"论，并以此作为看待自我、他人、社会及其他事物的重要参照和标准。比如，于国人而言，传统文化中有关"人性""心性"等的人学思想，即奠定了认识"人是谁"的基本思路和主要内容。近世马克思主义关于人的学说亦提供给人们理解"人是谁"问题的合理维度与答案。可以说，已有和将有的思想观念中蕴含着不可尽数、不能尽知的"人"论，将"人"同时作为生物性存在和精神性存在是古今中外的共识。

一 作为万物之灵的"人"

一撇一捺是谓"人"，两笔而成的"人"是作为整体的、混沌的"一"之后的最初存在，是原初混沌之"一"的亲历与见证者。中西方历史上有关"人"的论述，首先以"神话"的形式登场。中国古代神话故事中有很多创世英雄，比如"盘古""女娲""后羿"等。这些具有开创天地之本领与功绩的英雄以"人神合一"的形象存在于史料和人们心目中。参见"盘古开天辟地"神话传说中有关"盘古"的描述，可见"盘古"首先是人的形象，其所不同于人的地方在于其拥有"超人"的能力，担负"超人"的使命。这种"超越"于"人"的能力赋予"人"以"神性"。古代神话故事中对于"人神合一"的英雄形象的塑造，一方面表达出原始先民欲意冲破自然束缚的冲动和决心；另一方面彰显出人的神性思维、神性人格和神性追求。"神性"实则可与"灵性"相呼应，人之所以能够成为"万物之灵"，究其根本在于人拥有其他物类不具备的"神性"。

人是万物之灵，人之灵性体现为自本自根的神圣性。这种灵性或者神圣性既是人的本质，也是人在天地中自立的前提条件。与现代人更多将"天地"视作自然天地不同，古时的"天地"之于人们而言是最神圣之所在。生长于天地之中的"顶天立地"的人，亦是一种独特的存在。人的出现改变了自然的原初样态，具有"惊天破地"的伟大意义。立于天地之中的人，面对无尽的未知和可能，不断地生出恐惧、疑惑、失落、惊慌等的情绪体验。他困顿与困惑至极，不由地仰视头顶的苍穹和俯视脚下的大地发出种种嗟叹和感慨。人对于自身、外界、自然、宇宙等的疑惑多不胜数，哲人屈原在《天问》中向"天"发出多个终极诘问。

由早期神话反映出的人之神圣性，到屈原"天问"中人与天地交流沟通的内在冲动，以及古典文献中关于"天子""圣人""神人"以及"天人合一"关系等的论说，可明确得见人与天地间始终处于即此即彼的关系中。作为自然界的特殊物类，"人"生于、长于自然，无论与作为自然的"天地"还是具有神性以及人格化的"天地"都始终有着割舍不断的关联。康德在《实践理性批判》一书的结尾中说道："有两样东西，人们越是经常持久地对之凝神思索，它们就越是使内心充满常新而日增的惊奇和敬畏，我头上的星空和我心中的道德律。"① 头顶的星空代表着"自然律"，那是一种古老而神秘的智慧，是一种由古至今始终存在的、永恒不变的自然真谛；"心中的道德法则"是"道德律"，它是人们正确前行的导引，是经由人类漫长生存经验与生活实践综合而成的"共同法则"。事实上，即便在科技与文明高度发达的现代社会，"天地"的神圣性也总会与"人"的神圣性照面和相遇，促使人们生成一种别样的思想感受和精神体验。尤其当身处奇幻绚烂的自然场域中时，人们似乎完全摆脱世俗之人的状态，而与所处的环境融为一体，回归到那个原初混沌的自我，沉浸于神圣自然而引发的神圣经历和神圣体验之中。事实上，现代人在面临困惑与困顿抑或沉浸于极度的喜悦与欢愉之中时，仍旧会不由自主地发出"天啊""苍天呐"的诘问、惊呼和慨叹。可以说，虽然世事变迁，但这种蕴含于人本性中的灵性或神圣性从未曾消失。在这种灵性或神圣性的加持下，人得以经由天地的滋润和化育而扩充自身的自

---

① 郭立田：《康德〈实践理性批判〉文本解读》，黑龙江大学出版社2018年版，第100页。

然灵性，从而具备通天达地的精神和理想，得以在自然天地之中自强不息、修己安人与代代承续。

二 作为凡夫俗子的"人"

道家《庄子》中的"号物之数谓之万，人处一焉"（《庄子·秋水》），指出人是万物之一；道家《老子》中的"域中有四大，人居其一焉"（《老子》第二十五章），认为人能够与道、天、地并称，赋予人参天地之变、化育万物的属性与职能。在古今文论中，人既是"神圣"的万物之灵，也是平凡的世俗常人，神圣性与平凡性综合构成完整意义上的人性。在诸多神话、史料和文献中，人的神圣性和凡俗性总是处于矛盾的关系之中。比如西方神话中的"亚当与夏娃偷吃禁果"，中国神话传说中的"牛郎与织女的爱情"和"七仙女下凡"等，均淋漓尽致地呈现出人之神性与世俗性之间的冲突。在诸此神话故事中，到底是做一个"神人"还是做一个"凡人"或"俗人"的取舍和选择总是撕扯人的内心，让人处于彷徨与徘徊之中。

人在精神层面是指向神圣性与超越性的，中西文论中具有神圣性的"圣人""真人""神人"等既是人们精神超越的理想目标，也指引着人们不断通达与实现自本自根的灵性或神圣性。相比于能够通天达地的精神之人，世俗生活层面的人是真实的、具有七情六欲的肉身凡胎。千姿百态的世俗之人总是摆脱不了一个"俗"字，有所区别之处往往只在于"俗"的程度之深浅而已。孟子曾明确说过"食色性也"（《孟子·告子上》）；道家老子虽有对"五色令人目盲，五音令人耳聋，五味令人口爽，驰骋畋猎令人心发狂。难得之货令人行妨"（《老子》第十二章）的警戒与批判，却也没有绝对否定人的欲望。诚所谓"性相近"，任何时代的人都既是自然造化的产物也是世俗生活的主体。神圣性是人的内在本质，世俗性也是人之为人的根本属性。或许正是由此世俗与神性交织的人性出发，人世间的风光才变幻莫测与绮丽绚烂。

相较于道德圣人与精神高人，现实中的大多数人容易沉醉于事物的表象，容易为名物所累。世俗之人看重世俗之物，他们宁愿在权力的争斗中节节败退，也不远离权力的纷争做真实的自我；他们擅长创造各种"人设"以获取、维护和巩固自身利益；他们在各种场合中游刃有余的目的在于实现世俗价值；他们喜欢在觥筹交错中忘记自我，以至于似乎真的忘记了自我。世俗人之"俗"近乎极致和不留余地，以至于人们甚至将"世俗"作为自我价值实现的全部标准，将"世俗"作为功成名就的根本方法，将"世俗"作为扬名立万的终极标志。《红楼梦》中跛足道人的"好了歌"可谓完全唱出世俗之人的生存样态。"世人都晓神仙好，惟有功名忘不了！古今将相在何方？荒冢一堆草没了。世人都晓神仙好，只有金银忘不了！终朝只恨聚无多，及到多时眼闭了。世人都晓神仙好，只有娇妻忘不了！君生日日说恩情，君死又随人去了。世人都晓神仙好，只有儿孙忘不了！痴心父母古来多，孝顺儿孙谁见了？""好了歌"出自《红楼梦》首回，其奠定《红楼梦》的叙事基调和故事底蕴，具有非同寻常的意义。由此"好了歌"道尽世俗的特点来看，《红楼梦》完全可被视作一部包罗万象、蕴意深刻的世俗小说，其中道说的无不是世俗之人与世俗之事。据曹公记载，甄士隐听到跛足道人的"好了歌"不免发问道："你满口说些甚么？只听见些'好了''好了'。"跛足道人答曰："你若果听见'好了'二字，还算你明白。可知世上万般，好便是了，了便是好。若不了，便不好；若要好，须是了。我这歌儿便名'好了歌'。"①甄士隐自然能够明白跛足道人的"好了歌"，于是为"好了歌"作注道："陋室空堂，当年笏满床。衰草枯杨，曾为歌舞场。蛛丝儿结满雕梁，绿纱今又糊在蓬窗上。说甚么脂正浓、粉正香，如何两鬓又成霜？昨日黄土陇头送白骨，今宵红灯帐底卧鸳鸯。金满箱，银满箱，展眼乞丐人皆谤。正叹他人命不长，那知自己归来丧！训有方，保不定日后作强梁。择膏粱，谁承望流落在烟花巷！因嫌纱帽小，致使锁枷杠，昨怜破袄寒，今嫌紫蟒长。乱哄哄你方唱罢我登场，反认他乡是故乡。甚荒唐，到头来都是为他人作嫁衣裳。"② 这首"好了歌"和"好了歌注"可谓唱尽众生百态和俗世万象。

风光无限好的世俗社会中充斥着形形色色的世俗之人，他们既狂放不羁、放浪形骸、桀骜不驯、玩世不恭、粗顽鄙陋，却也文质彬彬、温文尔雅、气宇轩昂、一身正气；他们有的沉迷于花街酒巷，有的醉心于

---

① 宫梅娟、王玲：《〈红楼梦〉诗词赏析》，济南出版社2019年版，第17页。
② 宫梅娟、王玲：《〈红楼梦〉诗词赏析》，济南出版社2019年版，第18页。

诗词歌赋，有的遗世独立不问世事；他们时而豁达时而狭隘，时而拘谨时而开放，时而啜泣时而浅笑，时而隐忍时而强悍，时而勇敢时而懦弱，时而古板时而灵活。由这千姿百态的世俗之人构成多姿多样的人世社会，万千俗人在变幻莫测却又令人留恋的世俗社会中轮番上演着一幕又一幕的爱恨情仇与生老别离。

第二节　教育中"人"的身份、职能及其关系

教育中的人既有一般人的共性，又有自身的特殊性。教育中人的唯一或关键标签是"教育"而非"社会""政治""经济"等，身负教育属性的教育中人主要指的是身处教育之中、心存教育之事、力为教育之行的人。

一　广义教育中的"人"

由广义教育的角度而言，教育中的人并非有其特指性。儒家孔子的"三人行，必有我师焉"（《论语·述而》）既表明教育活动的无处不在，也表达出教育场所的开放性，其并未对教育做出明确限定。由此意义上，可以说"三人行，必有我师焉"表达的是广义教育的内涵和场景。在这种场景中的教育中人实则也是一般意义上的人，其并非鲜明地具有"教育"的属性和标签。然而，"三人行，必有我师焉"（《论语·述而》）的广义教育内涵将一切人都视作教育人，其虽泛化了教育人的本质与特点却具有极为重要的意义和价值。其中，首当其冲的便是孔子肯定人人受教育的必要性，将教育作为事关人们身心发展的重要事项。由"三人行，必有我师焉"的观点出发，人人实则都可以成为教师或学生。彼时彼地的教师在此时此地可能成为学生；在某一方面具有专长的人能够成为教师却也可能因其短板而成为学生。

广义教育中"人"之身份、角色等的未定性与未知性使得教育与社会生活之间的界限变得模糊。这种广义教育之于教育中人身份泛化的结果主要体现在以下方面。其一，社会生活中的任何场景都有可能成为教育场景，从而具有教育意义，发挥教育价值。如，"子在川上曰：不舍昼

夜"(《论语·子罕》)。其二,社会即学校,在社会这个"大校园"里,人们学到的是有关社会生活的知识与技能,这也是何以"三人行,必有我师焉"的内在意旨。抑或说,"尺有所短,寸有所长",人们需要时时处处留意,择其"长"者而学之。其三,生活是教育内容,生活知识和技能可经由有意识地主动学习获得。其四,社会中人都是教育主体,人人都既有可能成为教师也都有可能成为学生。进一步分析,"三人行,必有我师焉"之后的"择其善者,而从之;其不善者,而改之。"(《论语·述而》)则明确表明人们主动与自觉学习的重要性。抑或说,社会中处处皆学问,面对数不尽的知识学问,人们的学习既要积极主动,即勤学好问、敏而好学,又不可不加甄别、毫无主见,而是应当有目的、有计划地提升自我。这种教育主体理当自觉与能动学习的观点,实则是人之主体能动性向教育之人延伸的必然结果。抑或说,由于人本是积极能动的存在者,故而在教育过程中要注意运用和发挥这种主体能动性,以便最大限度地促使自我经由接受教育而获得理想发展。

可以说,站在广义教育的角度理解教育中人并不能发现"教育中人"与"一般人"的本质差别,教育中人更多就是需要经由参与社会生活而获得发展与提升的一般意义上的人。然而,教育中人的泛社会性并不足以消解广义教育的教育意涵和价值,也不足以成为人们诟病广义教育不具针对性和指向性的理由。历史地看,相比于专指学校教育的狭义教育,广义教育的历史更为绵长悠远。人类教育的最初和最一般形态,本质上是一种"人—人"交往活动。广义教育中人的角色和身份既是自然选择的结果也是人类教育发展的必经阶段,广义教育中的人是狭义教育之人具有"教育"标签和属性的早前状态。现实地看,在学校教育事业不断发展壮大的现代社会,广义教育的内涵与价值从未因学校教育的繁荣而损伤与沦落。生于和长于社会是人之宿命,由此必然的宿命出发,人们在社会生活中积极信奉与践行"三人行,必有我师焉"的教育真谛,实则是人长久与持续发展的根本方式。

概而言之,广义教育中的人是指一切需要和有待通过教育获得进步与发展的人。广义教育中的人没有年龄、职业、身份等的限定;没有孰为教师,孰为学生的规定;没有怎么教、怎么学的限定;没有教育内容的确定性设定;没有教育活动场域的限制。广义教育中的人,是你、是我、是他，是积极认同和践行"三人行，必有我师焉。择其善者而从之，其不善者而改之"的人。

二 狭义教育中的"人"

狭义教育主要是指学校教育。随着时代的发展，学校开始出现。学校的出现限定教育活动发生与开展的场域。随着社会分工的需要和学校教育的发展，以教书育人为本职工作的教师开始出现。有专门教的人，就有专门学的人；有专门学的人，就有专门教的人，教师身份与学生身份的确立和发展相同步。鉴于当前学校教育事业的相对独立性，如果不做特殊说明，所谓的教育中人主要指"教师"和"学生"，或者"教育者"和"受教育"，二者作为教育主体是"教育中人"的核心成员。之所以将"教师"和"学生"作为主要或核心的"教育中人"，原因在于学校教育中还有一部分并不直接从事"教书育人"工作的人员，他们往往承担着教育管理、教育服务等工作。然而，将教育管理和教育服务人员称为"教师"亦有其合理性，毕竟学校教育工作的形式、内容、目的等均不离"教育"，都以"教书育人"为根本宗旨和目的。然而，为避免研究对象泛化和边界模糊等问题，按照教育研究的一般共识，本节所论狭义教育中的"人"主要指学校中的"教师"和"学生"。

在广义教育尤其孔子"三人行，必有我师焉"的教育观念中，"黄口小儿"可以成为"白发老翁"的"老师"。然而，这种广义教育中的场景在学校教育中实则难以得见，其背后的重要原因在于狭义教育或学校教育中的"人"是被严格限定的。这种对于"人"的限定并非指对教育中人之思想、认识、思维、观念、精神等的束缚与限制，而是指在年龄、身份、职责、使命、义务等层面具体规定教育中人，严格地将教育中人划分为"教师"和"学生"。同为教育中人，"教师"和"学生"既有共通处，也有本质差别。相比于二者之间的共通处，差别是用以确立和维持教师与学生身份的重要方式和标准，真正体现学校教育与广义教育差别的也是"教师"与"学生"在身份、角色、心理、职责等层面的差异。古代韩愈的《师说》明确规定教师的职责和使命。"古之学者必有师。师者，所以传道受业解惑也。人非生而知之者，孰能无惑？惑而不从师，其为惑也，终不解矣。"① 教师的职责与使命是"传道受业解惑"，不能"传道受业解惑"的不是教师。诚然，韩愈《师说》中也明确体现出"广义教育"的内涵，比如，"生乎吾前，其闻道也固先乎吾，吾从而师之；生乎吾后，其闻道也亦先乎吾，吾从而师之"。然而，《师说》之于"传道受业解惑"的教师职业责任和使命的规定却也在相当程度上传递出一种局限与特定的教师观。与之相似，宋代朱熹对学生的学习职责和内容也予以明确规定。朱熹《大学章句序》的"人生八岁，则自王公以下至于庶人之子弟，皆入小学，而教之以洒扫应对进退之节，礼乐射御书数之文"②，明确规定了学生在不同年龄阶段的学习内容。事实上，通观史书、经典和文论中的"教师"和"学生"，浮现在人们眼前的往往不是模糊、边界不清的教师与学生形象，而更多甚至全部是在职责、身份、角色等层面"泾渭分明"的两类教育主体。

历史是相似的也是延续的，自有学校教育始，教师便主要是指那些德高望重、阅历丰富的长者或老者，学生主要是指尚未成熟与亟待成熟的年幼者。这种自古已有的师生观，揭示出教师与学生间不可逾越和抹平的差异或差距，并被不差分毫地体现于各个历史时期的学校教育之中。诚然，当前开放化、多元化、网络化、智能化的教育理论和教育实践的确印证了韩愈"弟子不必不如师，师不必贤于弟子"的观点，然而教师之所以能够为"师"的根本在于其思维、眼界、见识、阅历、知识、能力、技能、常识、智慧、经验等的优势，教师之长是其能够成为教师的关键之所在。有鉴于此，当前人们倡导的民主平等的师生关系更多指向师生在人格、尊严方面的平等性，而非忽视和否定师生差异，指向师生之间的"等同"或"相同"。抑或说，广为人们称颂与期待的教育民主和教育平等非但不能以消除教师与学生之间的差异为手段，反而需要诉诸师生差异而获得实现。

相较于广义教育中的人，学校教育中的人各有职责与使命，各有发展的目标和方向。在学校教育的场域与范畴中，教育中人得以呈现出微观而具体的面相，具备与担负独特而清晰的本质、内涵、职责与使命。

---

① （唐）韩愈：《韩昌黎文集校注》（上），马其旭校注，上海古籍出版社2018年版，第50页。
② 束景南：《朱子大传》，商务印书馆2003年版，第818页。

第三节 教育之"人"的词源学释义

一般意义上的人进入教育领域尤其进入学校教育的领域和范畴后便拥有"教育人"的标签。古汉字"人"的基本内涵是什么？古汉字"人"是否有其教育意旨？由对古汉字"教"和"育"的解析中能否得见"教育中人"的相关内容？有哪些古汉字可被用于指称教育中人，其本身是否具有教育意旨？对这些问题的回答有助于密切古汉字与教育之间的关系，可为人们理解与把握教育中人提供新的视角和思路。

一 古汉字"人"之解析

章太炎在谈及"人"在古汉字形成与发展中的价值时提及："抑言语者本不能与外物混合，则表象固不得已。若言雨降，风吹，皆略以人事表象。"① 人之于万物的理解和认识以对自身的认识为方式与途径，将万物人格化是早期先民认识宇宙自然的一般方法。诚如姜亮夫谈及汉字精神时所言："整个汉字的精神，是从人（更确切一点说，是人的身体全部）出发的，一切物质的存在，是从人的眼所见、耳所闻、手所触、鼻所嗅、舌所尝出发的（而尤以'见'为重要）……譬如一切动物的耳目口鼻足趾爪牙，都用人的耳目口鼻足趾爪牙为字，并不为虎牙立专字，不为象鼻、豕目、鸡口、驴耳、鹗目、鸭趾立专字，用表示人的祖妣之且匕作兽类良性的差别……汉字不是用物的特征表某一事，只是用'人本'的所有表一切，这还不是人本而何？"② 甲骨文的"人"形似"人形"，被表述为ϡ。从字形上看，甲骨文的"人"像是一个人的侧面形象，包含人的头、躯干、四肢，是对人之形体的全面摹写。甲骨文的"人"整体呈弯曲或躬身状态，似可表明早期之人被动与约束的角色和地位。这种"躬身"的形态在金文"人"中进一步加强，金文之"人"被表述为ϡ。金文出现于西周时期，西周极为重视礼乐文化，"躬身"之人的形

---

① 章炳麟：《訄书详注》，徐复注，上海古籍出版社2000年版，第394—395页。
② 姜亮夫：《古文字学》，浙江人民出版社1984年版，第69—70页。

象与社会中人的"躬身作揖"的动作及情状相符合，或可直接反映出西周重礼乐的文化和社会现象。

　　将甲骨文尤其金文中"躬身"之"人"的字形与西周时期"制礼作乐"的社会文化相关联，可发现"躬身作揖"之"人"中蕴含着浓厚的教化意旨。众所周知，人与动物的根本区别在于人是文化和精神性的存在，人之灵性、神性全出乎和由乎人的精神性与文化性。西周时期，礼乐文化盛行，礼乐制度与文化构成人们生存发展的全部人文与制度环境，成为人人都知晓与践行的生存法则和发展标准。可以说，礼乐教化是西周时期教育的全部内涵和根本特征，它贯穿和渗透于社会生活的方方面面，蕴含和体现在衣食住行、言行举止的一切细微层面。作为制度与文化而存在的"礼乐"顺应人之为人的内在需求，成为人们进一步摆脱蒙昧状态的根本途径和有效方式。倘说西周时期的"尊礼崇乐"是政治统治策略，有其政治统治的功效与价值的话，不可否认的是彼时的礼乐教化也极大满足了人们精神提升和超越的内在需求，为人们全面而深刻的认识自我、他人及其与世界之间的关系提供了一个卓然有效的知识框架和实践体系。

　　历史地看，作为一种宏大的制度与文化设计，"礼乐"之所以能在短时间内迅速发挥出巨大的政治和社会治理效用，并促成人人"尊礼崇乐"的社会风尚，究其根本原因在于礼乐文化顺应人的发展需求。抑或说，人们之于自我发展的迫切期待与礼乐文化蕴含的教化意旨之间"一拍即合"，以至于礼乐制度经由一种文化制度而可一变成为人人自觉遵守与践行的自然律，人们自觉地在思想、行动上接纳与实践之；再变而可渗透至人们的日常言行和风俗习惯，由制度或文化层面的"礼乐"观念或思想而成为无孔不入的"礼乐"环境或氛围，与人的发展和生活开展产生深刻、深层的互动和交融。礼乐文化的"化人"功能极大地满足了人们的生存与发展需求，以至于人们在对"人"进行表达与书写时并未将其抽离出礼乐的环境和背景，而是自觉将其放置于礼乐文化和环境之中加以衡量与呈现。由是，蕴含与彰显浓厚教化或教育意旨的"躬身作揖"的金文之"人"经此而出。

二 "教"和"育"中的"人"

"人"是教育的首要和根本因素,教育是"人在做""围绕人""为了人"的社会活动,教育不能脱离"人"而存在。古汉字中的"教"和"育"最早出现于殷商甲骨文中。在甲骨文中,"教"字被表述为🖹。甲骨文的"教"由三部分构成,分别是爻、𢎜和攴。其中,爻意为"算数",可被理解为教的内容;𢎜是"子"的甲骨文写法,意为"孩童",是"受教"之人,可被理解为教育对象或直接理解为"学生";攴即"攴",形似一个人手里举着一根鞭杖。由爻、𢎜和攴的内涵而言,甲骨文的🖹可被表述为"一个手持鞭杖的人教小孩子学算术"。显然,这个手持鞭杖的攴代指的是"施教人",可被理解为"教育者"或"教师"。在甲骨文🖹字中明确存在两类教育主体,即"教育者"和"受教育者"。

随着文字的不断发展,"教"的内涵也不断丰富和扩充,但未发生变化的是"教育中人","教育者"和"受教育者"始终是构成"教"字的关键结构。许慎的《说文解字》中有言:"教者,上所施,下所效",由人组成的"教"本质上是一种人—人之间的交往活动。《尚书·舜典》有言:"汝作司徒,敬敷五教在宽。"① "司徒"是身兼教师职责的官员,"五教"即五种教育类型或教育内容。"谨庠序之教,申之以孝悌之义"(《孟子·梁惠王上》)中的"庠""序"是起源于夏代的学校,以养老和道德教育为主要职能。可见,古汉字"教"的"教育""教化"内涵和价值的彰显与实现需要诉之于人的实践活动,即人与人间的沟通与交往,更确切地讲需要诉诸教师之教与学生之学间的联合互动。

甲骨文"育"写作🖹。罗振玉《增订殷墟书契考释》引王国维的观点说:"象产子之形。从人与从母从女之意同。以字形言,此字即《说文》育字之或体毓字"②,认为"育"即"毓"。"毓"的本义为"生育",郑玄注解《周礼·地官·大司徒》中的"以蕃鸟兽,以毓草木"曰"毓,古育字。"③ 相比于甲骨文🖹,🖹由两部分构成,即𢎜和𠫓。𢎜和𠫓均指"人",

---

① 崔铭、周茜:《中国古代文学经典导读》,商务印书馆2019年版,第38页。
② 刘悦、古敬恒:《汉字中的生活百态》,齐鲁书社2018年版,第299页。
③ 罗竹风:《汉语大词典》(第7卷),上海辞书出版社2008年版,第827页。

从字形上看，🧍像是一个腹部隆起的人的形象，它代指的是一类特殊的人——孕妇；古和💡都是"子"，只是在形态上有所差别，皆意为"孩童""婴儿"。由"孕妇"和"子"两种不同角色和身份的人构成的甲骨文"育"，其最初含义是"孕妇生孩子"。本义为"孕妇生孩子"的育不仅描述出生活中的真实场景，也蕴含着"引导"和"培养"的深层意旨。

众所周知，生孩子的过程重在引导，古希腊苏格拉底的启发诱导的"引导法"正是对"接生孩子"场景的抽象化表达。孕妇生孩子虽是一个自然而然的过程，但往往离不开有效的"引导"。这种引导一方面体现为"接生之人"对"孕妇"的引导，但最根本的在于"孕妇"与"婴儿"之间的沟通与交流。抑或说，是"婴儿"和"孕妇"之间的相互作用与协作共同促成"孩子降生"的结果。事实上，无论是孩子在孕妇体内抑或降生到人间，孕妇与孩子之间实则始终处于"教育者"和"受教育者"的关系之中。作为母亲的🧍自发现这个小生命之始便自觉担负起"教师"的职责，恪尽职守地践行为人母者、为人师者的职能，期待着小生命的降临，担负孕育和培育小婴儿成人与成才的使命。与之相似，这个古则自出现之日起便既是🧍的孩子，也是🧍的学生，在🧍的养育和培育下逐渐长大与成熟。"拊我畜我，长我育我。顾我复我，出入腹我。欲报之德，昊天罔极"（《诗经·小雅·蓼莪》）表达的正是对于父母生养、教育之恩的感激之情。由对甲骨文"育"的解析中，可得见"人"是构成"育"字字形与字义的全部内容，"教育者"和"受教育者"作为教育主体的内涵可在甲骨文"育"字中直接寻得。

概而言之，甲骨文"教"和"育"中明显蕴含着"人"的因素，教育中的"人"在古汉字"教"和"育"中均获得直观呈现。古人在造字之初便赋予教育以"属人"的核心内涵与特性，从根本上确证着教育中"人"之于教育活动的意义与价值。

三　其他有关"人"的古汉字及其教育义

教育中人主要指"教师"和"学生"，"学生"多指未成年的、有待发展的青少年儿童。人人都经历儿童期和青少年期，诸此时期往往蕴含着人之为人的根本品质和诉求。在此特选择古汉字中的"儿""童"二字，结合古文献中有关此二者的词源学释义，具体解读蕴含其中的教育意旨。

"儿"的甲骨文书写为🜚。🜚的下半部分是"人",上半部分突出孩子张大的嘴巴和尚未长全的牙齿,书写极为形象生动。🜚下半部分的𠂉说明"儿"本是一般的"人",而在𠂉之上突出"张大的嘴巴"与"未长全的牙齿"则表明🜚的特殊性,即其作为有待发展的人的本质特性。《说文解字》曰:"儿,孺子也。"① 孺子之"孺"由"子"+"需"构成,说明"儿"是人的起始与早期状态,是尚未发展完成的、需要成人照顾与养育的一类人。

甲骨文"童"🜚由🜚、🜚、🜚三部分构成。🜚形似"站在地上的人"的形象;🜚即"目",儿童的眼睛最明亮,最能反映真实的内心,甲骨文"童"中的🜚突出儿童灵活、机灵、纯洁的"眼睛";学界对🜚的理解较多样,较为公认的是以🜚为"辛"。"辛"即"辛劳",很多学者由🜚代指的"辛"入手,认为🜚表达的是小孩子受惩罚、被刑拘、被枷锁束缚的状态。结合古代的"儿童观",此种观点确有历史依据。然而,🜚的结构在甲骨文中较为常见,且其多被作为富有"灵性"和"神性"事物的造字结构。比如,被视为祥瑞、神圣、灵性之物的"帝""凤""龙"中皆具🜚的结构。由此意义上,🜚又似乎在表明"儿童"天赋的自然神性、生而就有的善性和作为万物之主的灵性;🜚上有🜚似乎是指儿童心眼明亮,目之所及皆美好,目之所触皆灵动;在🜚之上放置🜚和在🜚之下放置🜚,也似乎意在彰显出儿童敏锐感知天地的觉察力和通天及地的灵性。由此意义上解读🜚反倒更符合原初本然的儿童观,且能与现代儿童观之间相互关照。关于"童"之灵性、神圣性和自然性的观点也可由《老子》中有关"赤子"的描述中寻得。"含德之厚,比于赤子。毒虫不螫,猛兽不据,攫鸟不搏。骨弱筋柔而握固,未知牝牡之合而朘作,精之至也。终日号而嗌不嗄,和之至也。知和曰常,知常曰明,益生曰祥,心使气曰强。"(《老子》第五十五章)"赤子"或"童"天赋自然灵性和神圣道德,具有感召自然和万物的能力,具有原初自发的生存本能和发展能力,具有成人欠缺的可贵精神和天然德性。

"儿""童"作为人之初始状态是人成长与发展的必经阶段,儿童身上蕴含发展的一切本质、潜力和可能性。相比于成人,儿童是柔弱的,

---

① 赵越:《词汇研究》,吉林大学出版社2017年版,第60页。

他们需要被照顾、被呵护；儿童是单纯的、幼稚的，他们的情绪和情感转换不定、变幻莫测；儿童是敏感的，他们对于外界具有敏锐的觉察力；儿童是富有灵性的，他们能感受与拥有成人难以企及的情感和意境。古汉字"儿""童"的内涵和意旨，与当前教育中的"儿童"全然相通。诚如蒙台梭利所言："伴随着国家、时代、教育和风俗的变化，成年人多少有些新的变化，但今天的孩子像几千年前的孩子一样，那种无变化的永恒性，以孩子的形式诞生在连绵不断的人类家庭里；今天，它仍像亘古时代那样新鲜、温柔、淳朴和甜蜜。这种生活常青的原因是，孩儿是自然创造的，而成年人的大部分则是由自己双手创造的。"① 任何时期的儿童都是稚嫩、单纯、美好、灵动的代名词，都赋予世界和生活别样的意义和价值，都时刻提醒着成人重本重根和不忘初心。

　　古人在创造"儿""童"字形和字义之际便将"儿童"视作一类特殊的"人"，便赋予"儿童"在"教育"中的特殊身份、角色与位置。古汉字"儿"和"童"中蕴含的智慧有其丰富的教育价值，其不仅为人们解答"儿童是谁"提供原始依据，也为人们回答"教育中的对象是谁""教育中人的特殊性在哪里""如何看待教育中人"以及"如何以教育促成教育中人的发展"等问题提供极为重要的参照标准与合理答案。

---

①［意］玛丽亚·蒙台梭利：《蒙台梭利幼儿科学教育方法》，任代文译，人民教育出版社2001年版，第405页。

第三章

古汉字中的教育之"理"

"理"常与"道""天""地"等名词连用，构成"道理""天理""地理"；常与"事""物"连用构成"事理""物理"；常与"心""情""义"连用构成"心理""情理""义理"；常与"公""原""伦""真"连用，构成"公理""原理""伦理""真理"；常与"想""论""路"连用，构成"理想""理论""理路"；常与"想""念"连用，构成"理想""理念"。对于"理"，人人都不陌生。"理"是人世生活的根本法则和关键依据，离开"理"，人们失却生存发展、为人处世的依据和凭借，社会生活、人际交往、自我修养等的观念与行为将缺乏有效的规定与指导。

第一节 "理"之内涵与境遇

"理"的内涵经历了一个漫长而曲折的变化过程，由最早被用以表明"纹理""原理""道理"；到逐渐具备形上蕴意，被作为终极存在和价值本源；再到人们综合运用其形上和形下两种内涵，"理"始终伴随着中华民族文明的发展进程，始终是国人生存发展的根本依据和内在准则，也始终为国人的自我修养、人际交往与世俗生活的开展提供源源不断的智慧养料。可以说，中华民族是最讲"理"的民族，中华文明是最有"理"的文明形态。

一 "理"之内涵及其演变

由文化、学术的角度而言，"理"概念最早出现于战国时期，彼时之

"理"主要指"原理""道理"。道家《庄子》对"理"多有论述:"圣人者,原天地之美而达万物之理"(《庄子·知北游》);"判天地之美,析万物之理"(《庄子·天下》);"万物殊理,道不私也"(《庄子·则阳》)。由《庄子》"万物殊理,道不私也"中对于"道"和"理"的描述,可见"理"主要是指"道理"和"原理"。"万物"有"万理",事物生长发展秉持的"理"各不相同。在作为"道理""原理"被运用之外,"理"也被用以指称事物或自然规律。比如,韩非子的"凡理者,方圆、短长、粗靡、坚脆之分也,故理定而后可得道也。故定理有存亡,有死生,有盛衰"①(《韩非子·解老》),指出"理"是用以指称事物方圆、长短的概念,只有在获得关于事物长短、方圆的基础上才能探寻事物更深层的本质与规律。诚然,事物之"理"并非具备绝对确定性,而是不断变化与演进。以早期文论为依据,可见早期阶段的"理"普遍被赋予形下与多变的内涵,主要用以表明多样化的原理、道理与准则。

"理"作为重要概念或理论普遍进入国人视野是在宋明理学发展时期。宋明理学家将"理"与"道"并列,赋予"理"以鲜明的形上内涵。在宋明理学家的文论中,"天道"和"天理"之间具有极为相似的意旨。抑或说,理学兴起之后具有本体和终极意义的"帝""天""道"被"理"替代,宋明理学定义的"理"成为那个形上的终极存在。程颐说:"理则天下只是一个理,故推至四海而准。须是质诸天地、考诸三王不易之理"②;"吾学虽有所受,天理二字却是自家体贴出来。"③ 这种"理"的哲学内涵被朱熹进一步解释为:"宇宙之间,一理而已。天得之而为天,地得之而为地,而凡生于天地之间者,又各得之以为性……自未始有物之前,以至人消物尽之后,终则复始,始复有终,又未尝有顷刻之或停。"④"理也者,形而上之道也,生物之本也;气也者,形而下之器也,生物之具也"(《朱文公文集》卷五十八《答黄道夫》)⑤。宋明理学家重视的"循环不已""无所适而不在"的"理"与道家《老子》中

---

① (战国)韩非子:《韩非子》,岳麓书社2015年版,第54页。
② 潘富恩:《程颢 程颐》,陕西师范大学出版社2017年版,第36页。
③ 冯达文:《宋明新儒学略论》,巴蜀书社2016年版,第78页。
④ 姚进生:《朱熹道德教育思想论稿》,厦门大学出版社2013年版,第73页。
⑤ 蒋维乔:《宋明理学纲要》,吉林出版集团股份有限公司2017年版,第273页。

"周行而不殆，可以为天地母"（《老子》第二十五章）的"道"并无二致。

宋明理学将"理"作为"一"，作为天地本源和价值起源的观念可谓"理"文化的重要转折。自宋明理学以至于当前，"理"始终作为具有普遍意义的真谛为人们自觉遵循、理解和运用。"理"是那个恒常的"一"，人们常说"理无二致"，认为天底下的"理"是相同、相似和普遍通用的，坚信"有理走遍天下，无理寸步难行"；"理"是那个唯一的"一"，现实中人相信"真相只有一个"，并由衷地捍卫与践行"真理"；"理"是普遍适用的，人们常以"理"作为衡量自我和他人的共有标准，由此人们能够"心同此情，情同此理"，能够在"道理""情理""义理"的高度上理解与解决现实问题。可以说，"理"之内涵的演变表征着国人文化、文明、思想、精神的发展历程，"理"涵养与滋润着国人的心性和品格，赋予中华文明和国人以独特的精神光华和文化特质。

二 "理"之现实境遇

前文谈及"古汉字中的教育之'道'"时对作为形上存在的"道"作过简要论述。生活中"道"与"理"连用而构成的"道理"被人们普遍运用，以至于较少有人将"道"和"理"区别对待，而是更多认为"道理"是指工作、生活中的"原理""法则""规定""规范""原则"等，是"道"和"理"的简单结合。这种较为普遍的理解"道理"的思路虽然代表着人们的普遍共识，但不可不谓"降低"了"道理"的"档次"，具有将"道理"世俗化之嫌。从根本与长远的角度而言，将"道理"更多或仅仅作为与生产生活直接相关的原则、原理、规律、方法等实则具有极为消极的影响。这种消极性主要体现在两方面，即弱化"道理"的权威性和神圣性；助长人们的功利主义心态和行为。

由文化与历史的角度看，"道"和"理"都是富有深厚文化蕴意和价值的概念，二者既非可以被直观描述和表达的事物，也非可经由抽象、想象等思维方式与研究方法全面把握的对象。"道"和"理"在各自理论发展的高峰期都被作为终极价值和本体存在，它们是宇宙的起源、天地的根本、万物之"母"。换言之，没有"道"和"理"就没有"人"。由具有形上属性和终极意义之"道""理"合并构成的"道理"绝非仅具有形下世俗内涵，也绝非可直接被人体认、理解与运用的简单概念。当前人们之于"道理"的普遍理解和运用虽有其直观可见的现实效用，但"道理"本身的权威性和神圣性在人们的意识和思想中被极度弱化和消减，甚至完全消失。"道理"之于人们而言更多只是被动认同与实践，或者机械认同与实践的对象，人们很少基于自身之于"道理"的信任、热爱、尊重而真正的认同与践行之。人们对于"道理"的被动性和机械性由其根本上讲在于"道理"神圣性的消减与消逝。试问有多少人是基于以下两种心态认同与践行"道理"的？"既然别人这么做，我也只能这么做"；"只能或最好照着制度规定以及他人的样子去做，否则还能怎么做"。诸此两种观念在现实生活中应当较有"市场"，其集中反映出人们之于"道理"的真实态度。"道理"之于人们而言更多是器物、工具，通过运用"道理"有所获得是人们认同与践行"道理"的根本取向。在权衡利弊的前提下，倘若对"道理"的遵行并不能够促成理想结果的达成，那么背弃"道理"也无妨，毕竟"道理"只是一种"原理""原则"，这种"道理"行不通就换种"道理"，不得已时也可以不讲"道理"。人们对于"道理"的认同与践行不是基于对"道理"权威性、神圣性的认同，而更多是基于对"道理"之"用"的关注与期待，这种对待"道理"的功利主义心态与当前整个社会功利主义蔓延和泛滥的状况正相对应。"道理"在现代人心目中几乎不具有本体意义和终极价值，而更多只是多样化的、多变的世俗工具。早前环绕在"道""理"周边的"圣光"在当前几乎消失殆尽，以功利为根本追求的现代人既不理解也容不下任何"不功利"的事物。

在功利主义的视野、立场和取舍标准下，以"功利"对待和"改造"一切"不功利"的人和事成为重要事务，成为人们通达"成功"的必经之途，以及衡量人们成功与否的根本标准。

第二节 教育之"理"的本质与特性

教育之"理"是一般意义上的"理"在教育领域的具体化。山水草木各有"纹理"，万事万物各有"事理"，人情世事讲究"情理"，教育作为一项社会事业或社会活动同样有"理"。杨倞注解《荀子·正名》的

"形体色理以目异"曰:"理,文理也。"① 唐代孔颖达注解《周易·系辞上》中的"仰以观于天文,俯以察于地理"曰:"地有山川原隰,各有条理,故称理也。"② 前文在涉及教育之"道"的相关内容中,为区分教育之"道",将教育的"理想""信念""信仰"等作为"形上"教育之"道",将教育的"原理"划入"形下"之"道"的范畴。在此,以"理"的形下内涵对应前文将教育"原理"作为"形下"之"道"的观点,特以"教育原理"作为教育之"理"的核心内容,专围绕"教育原理"展开对教育之"理"的解读与阐述。

一 "原":教育之"理"的本质

由字面意思理解,"原"即"原本""原初""原有""原先""原来",其指向事物的原初形态、本来面貌、原有内涵等。"探究事物之原因,追究事物之根源。摸清事物之底细,弄清缘由之全面。全程跟踪之调查,对症下药之手段。原原本本之状态,以求事物之了断。"③ 由"原"字构成的词语,如"原材料""原生态""原发地""原住民"中亦可得见"原"之"原本""原初""初始""早先"等的内涵和意旨。当"原"遇上"理","理"之属性和意旨会发生根本性的改变。"理"是"道理""原则""规律","原"规定与限定"理"的属性和特征。在"原"的规定下,"理"不再是一般意义上"理",而是有其明确的指向性,即"原初""根本"的"理"。以此类推,作为教育之"理"的教育原理指的是教育之根本、原初的"理"。由此意义上讲,不是所有的教育之"理"都可被称为"教育原理",只有那些具有"根本"和"原初"内涵、意义与价值的教育之"理"才可被称为"教育原理"。由"原"处理解"原理"和"教育原理",则教育原理与一般的教育理论之间具有明确的界限。教育原理一定是教育理论,教育理论却不一定是教育原理。只有符合"原"之标准的教育之"理"才能够称之为教育原理。以"原"作为衡量"教育原理"的标准则"教育原理"只能是那些包含、

---

① (清)王先谦:《荀子集解》,中华书局2008年版,第416页。
② 赵荣:《中国古代地理学》,山东教育出版社1991年版,第25页。
③ 李子丹:《成语诗歌全集》(下),黑龙江人民出版社2017年版,第2319页。

反映与体现教育根本内涵、原初属性、原本意旨等的教育理论。已有或现有的教育理论即使对教育发展具有卓越的功效和影响，也并非一定可被称为教育原理。

在经历物质文明和精神文明的高速发展后，现代社会较为流行"还原"。城里的人向往原生态的乡村生活；依山傍水、鸡鸭成群、秋收冬藏的原始生活方式成为人们定义自我人生的重要标准；饮食开始喜好"粗粮""清淡""蒸煮"的"原味"；日出而作、日落而息的原始作息规律成为现代人"养生"的重要内容；稍年长的人总是会想念原来的故人和原先经历的事情；每个人谈起自己的"原籍"都会满怀感念之情；"追根溯源"逐渐成为现代人重要的思维方式和行动准则，诸如理论研究者、问题解决者总想问个究竟、弄个明白，以求得事情的"原委"；人人也都试图洞察人心而看清他人或事物的"原貌"。何以人们如此看重"原"，究其根本"原因"在于"原"中有"真相"。教育原理作为教育之"理"的核心内容，其中蕴藏与揭露的正是教育的"真相""真理"和"真义"。教育之"真"综合体现在教育的内涵、本质、起源、规律、价值等诸多层面，而诸此层面也是作为一门学科与专业的"教育原理"的关键内容。诸多有关教育的文论和著作皆以"原"作为论说和描述教育的起点与目标，体现出浓厚的溯源或探源的理论特点和研究特色。

概而言之，教育原理作为教育之"理"的重要内容，主要回答的是"教育从何而来""什么是教育""教育要干什么""教育能干什么"等根本性问题，它奠定教育存在与发展的理论基础，是其他教育思想的立论基础与教育实践的理论依据。以"原"作为教育之"理"尤其"教育原理"的特色和标准，体现出教育认识、教育实践、教育研究等的专业性，倡导的是一种"求真""重本"的专业态度和专业精神，旨在由"教育"之"真理""真相""真谛""真义"出发而认识和实践"教育"，从而真正发挥教育之于个体、国家、社会的积极价值。

二 "教育"：教育之"理"的特性

"原理"之"原"作为规定"理"的标准具有普遍适用性。任何事物都有其"原意""原貌"。教育之"理"的"真相""真义"固然重要，但倘若偏离或脱离"教育"的范畴寻求教育之"原"，则所得之结果不仅"失真",也会失去"教育"属性,以"教育"度量之则不免"假之又假"。教育之"理"区别于其他"理"的关键之处在"教育",是"教育"赋予"教育之理"区别于其他领域的"理"的根本属性和内涵。抑或说,归属于"教育"范畴,具有"教育"属性、特征、价值等的"理"才能算作"教育之理",才能更进一步被判定是否属于"教育"的"原理"。

众所周知,较之于其他领域和行业,教育与社会生活的诸多层面均有密切关联。就教育内涵的界定而言,人们一般将教育作"广义"和"狭义"的区分。由广义教育的角度看,教育与社会生活之间的界限极为模糊。然而,不可否认的是,专指学校教育的"狭义教育"与社会生活间的界限也并非清晰。学校教育明显受到诸多外在因素的影响,诸如将政治、经济、文化、人口、环境等作为学校教育的重要影响和制约因素,将家庭、家长、社区等纳入学校教育应当密切联系与紧密合作的对象范畴。事实上,无论在学校抑或社会生活中,教育活动都无处不在,甚至生活中极不起眼的某个细节中都蕴含着教育的成分和因素。在现实生活中,"教育"时刻都在发生:家庭生活中父母教育孩子,商场里售货员和顾客之间友善的交流,菜市场里诚信的卖菜大叔,课堂上民主平等的师生关系等。教育意义的普遍性、教育活动的广泛性、教育作用的隐秘性以及教育影响因素的多样性等必然使得教育之"理"与其他行业或领域的"理"之间具有错综复杂的关联。比如,以"教育的起源说"为例,较具代表性的"生物起源说""心理起源说""劳动起源说"根本上吸收的是生物学、心理学、马克思主义学说的理论观点。再比如,在学前教育理论中,"语言发展的关键期"是"2岁左右",这明显是参照心理学的研究成果;劳动教育中对于劳动教育概念、内涵、目的、价值等的论说深受马克思主义劳动观的影响;教育哲学中有关教育理想的预想和建构则与较具影响力的哲学流派或哲学思潮密不可分,体现出浓厚的由哲学而教育哲学的理论特点。可见,教育之"理"从来不是完全独立的,教育之"理"的探究、建构总要吸收与借鉴其他领域的"理"。"他山之石,可以攻玉",借鉴与吸收外来的"真理""真义"是任何活动和事业长久发展理当也必须采用的方式。

然而,无论"他山之玉"的价值几何,教育之"理"的属性是"教育"而非其他,这是教育之"理"万世不易之属性,是确证教育之"理"的根本标志。"学道须当猛烈,始终确守初心。纤毫物欲不相侵,方得神凝气定。动静不离中正,阳生剥尽群阴。龙降龙伏鬼神钦,行满便登仙境。"① 元人王惟一《西江月》中"始终确守初心"对于理解和践行教育之"理"的"教育"特色当具直接启发意义。在当前文化与价值多元、异质文化间相互交锋与交融的时代背景下,维护与巩固教育之"理"的教育属性和教育特色是确保教育事业长期、稳定发展,以及深度促成教育个人与社会价值的重要工作。

第三节 古汉字"理"之教育意旨

古汉字"理"的字形、字义是理解"理"之属性、内涵、特征、功用的源头与根基之所在。"理"字的最初形态既为比对古今之"理"提供理论可能,也呈现出"理"之本原面貌和早先内涵,可为人们理解和把握"理"之内涵的发展与演变提供根本依据。"理"的早期内涵是什么?古汉字"理"中蕴含哪些启发性的哲思?是否可由古汉字"理"中解读出教育意旨?古汉字中的教育之"理"有哪些,它们的早期书写和表达方式若何,其中是否蕴含教育启思?对于诸此问题的解答综合构成本节的重点内容。

一 古汉字"理"之内涵解析

"理"字最早见于金文大篆,书写方式已与今日极为相似。"理"由"王""里"两部分构成,本义是"玉石的纹理",《说文》:"理,治玉也。从玉,里声"②;后引申为顺着玉石的纹理切割玉石,"顺玉之文而剖析之。"③ 当前人们常谓的"按照道理做事"与"顺着玉石的纹理切割"的早期"理"义直接相关。

---

① 王树强、冯大建:《龙文:中国龙文化研究》,南开大学出版社2012年版,第237页。
② 王玉新:《汉字认知研究》,山东大学出版社2000年版,第157页。
③ 汤可敬:《〈说文解字〉今释》,岳麓书社1997年版,第45页。

"理"中之"里"是声部,"王"是表明"理"之内涵的关键结构。"王"是指事字,甲骨文中的"王"被表示为𠂇,是权力的象征。由字形看,𠂇像是一个正立于地上的"大";由对𠂇的直观感受而言,𠂇中传递出一种伟岸、高大、权威的形象与情感。甲骨文𠂇由"大"和"一"组成,而"大"和"一"都具备浓厚的哲学意旨和价值。"大"字的哲学内涵不易由字形中直观得见,相较于其他象形字,"大"字的抽象程度更甚。甲骨文"大"的内涵极为广大,它是对极度宏大、宏伟事物或对象的抽象性的、概括性的描述与表达。

古代汉语中的"大"常被用以表示宏大的格局、宏伟的气象、崇高的品格、深远的意境等。道家老子用"大"表达观点道:"大方无隅,大器晚成,大音希声,大象无形"(《老子》第四十一章);"大直若屈,大巧若拙,大辩若讷"(《老子》第四十五章)。有此"大",则"音""象""声"脱离一般所谓声音、形象、响动的范畴,而成为神圣与伟大的象征,代表近乎完美的状态和意境,具有崇高而深远的意蕴。不独道家将"大"作为"道"的代指,提出"大道""大象"等概念与观点,儒家的"大"同样代指一种恢宏、深远的格局和气度。如"大哉乾元,万物资始,乃统天"(《易传·彖传·上》)中的"大"描述的是"天"之恢宏气象和作为万物之母的深厚底蕴。此外,"大"与"人"相结合而构成的"大人"亦非主要指人在体形、年龄上的"大",而主要指人在经历、阅历、气度、格局、思想、精神层面的"大"。儒家语境下的"大人"等同于道德典范——"圣人""君子",人之"大"主要指大格局、大胸襟、大气度,"大人虎变,小人革面,君子豹变"(《易经·革卦》)。可见,甲骨文𠂇中的"大"主要指不同寻常的气度、格局、境界等,其内涵与指涉难以被精确描述而只能更多经由感受与领悟的方式寻得。

与"大"之深远意涵相似,甲骨文𠂇中的"一"同样有其高深的哲学内涵。"一"在中国传统文化中是一个极具象征意味的汉字。"一"在古代被视作宇宙本源、价值起源和终极存在,《老子》的"道生一,一生二,二生三,三生万物"(《老子》第四十二章)将"一"与"道"并称,赋予"一"起源和始基的角色和地位。其他肯定"一"之哲学起源义的观点还有:"泰初有无,无有无名,一之所起,有一而未形"(《庄子·天地》）；"天一，地二；天三，地四；天五，地六；天七，地八；天九，地十"（《周易·系辞上》）；"天一生水，地二生火，天三生木，地四生金。地六成水，天七成火，地八成木，天九成金，天五生土"（《尚书大传·五行传》）；"天本一而立，一为数源，地配生六，成天地之数，合而成性，天三地八，天七。地二，天五地十，天九地四，运五行，先水次木，次土及金"（《易纬·乾坤凿度》）等。

由具有深远蕴意的"大"和"一"而构成的"王"字，自造字之初便被赋予特殊的内涵。结合有关"君王""圣王""王道"的观点，"王"之意蕴可与古代统治者的身份、权威、地位、作用等直接贯通。古代的"王"是权力和权威的象征，是"天"之子，是"人"中之"神"，是能够"上承天意"之"大人"。作为"理"的表意结构，甲骨文"王"之宏大而抽象的意旨是"理"具有终极存在、万物之母、价值起源内涵与指涉的关键依据。经由对"理"的"追根溯源"式的探究，"理"之于个体社会的深远意义可于一定程度上再次获得澄明与彰显。

概而言之，古今人们对于"理"的追随、认同和践行是一种历时久远的文化现象。在文明的源头处，"理"已经成为至关重要的法则与标准，对人们的生存发展具有决定性的意义和价值。

二　古汉字"理"的教育义阐释

"理"之于人的意义和价值决定其在教育中人、教育活动和教育事业发展中的不可或缺性。"理"中之"王"的形上内涵赋予"理"哲学意旨，在文化发展与传承的时间长河中，"理"长期甚至始终被视作根本原则、最终依据和最高标准。古今人之于"理"的积极认同与践行也确证着"理"之亘古不变的意义与价值。由"理"字造字之初的权威、神圣、主宰性可推而得出教育之"理"的神圣性和权威性。这种对"理"之本质、内涵和属性的掘发，一方面有助于人们之于教育之"理"重要性的体认与认同；另一方面则为教育理论研究者和践行者"正名"，可激发人们探寻与获得"教育之理"的兴趣和志向，从而为教育理论的丰富与完善提供更多机会和可能。

"理"之所以能够作为价值起源和终极存在，与宋明理学家之于

"理"的形上化赋义之间具有密切关联。在形上意义上,"理"与"一"都指称一种颠扑不破、不分时空、周边适用、恒常久存的状态。由此形上之"理"出发,教育之"理"即教育之"道","道"与"理"在形上层面的合二为一,适用于对"教育之道"和"教育之理"互通关系的描述。教育之"道""理"是那个唯一、永恒的教育"真理",它指向"教育之为教育"的根本之所在,指向教育的终极追求和最高目的。倘要对教育之"理"做清晰界定与描述,则不可不谓难之又难。"道可道,非常道"(《老子》第一章),形上之"道"具有"不可道"的特性,抽象的"教育之道"亦"不可道"。"不可道"不是"完全不能说",而是"不能完全说",其旨在于避免与预防言说之于言说对象本真属性与状态的"损伤"与"切割"。以"理"的形上内涵观照"教育之理",最关键与最有价值处或不在于清晰地描述"理",而在于拓宽和拔高人们看待教育的视野。教育从来不只是世俗事务,教育的神圣性不仅在于其之于社会、文化、政治、经济以及社会中人的推动和促进作用,更在于其"育人成德""化人成圣"的超越性意旨和出世价值。概或也正是基于对"神圣"教育之"理"内涵与价值的体认,古往今来的仁人志士多从内心深处受到教育的感召,自觉担负传承和弘扬教育之"道""理"的光荣使命,为教育事业鞠躬尽瘁,用生命和灵魂谱写感天动地的教育史诗。相较之下,"理"中富含权威性、主宰性的"王"则可与形下之"理"相对应,表明人们遵行"原理""事理""规律""原则"等的合理性与必然性。事实上,任何社会形态中的"理"都有权威性,"理"与"法"之间的密切关系在根本上巩固和保障"理"之引领与指导的权威地位,确保人们在生活中普遍性认同与践行"理",并因此促成有序与稳定的人世社会。由权威的"理"出发,教育之"理"同样具备权威性,这体现为教育中人理应无条件、主动、自觉、积极地认同与践行教育之"理"。

  众所周知,但凡能作为"教育之理"被诉诸文字或理论的,几乎都是经由教育实践检验后的教育"真理"。面对业已被证明的教育智慧,人们更多需要做的是主动、自觉地认同与实践"真理",否则非但弱化与消解自身发展的机会与空间,亦有可能为此付出不必要的代价。教育之"理"往往具有普遍可信性,人们尤其教育中人积极认同、遵守与践行作为"理"的教育规律、教育原则等,是促成自我良性发展的根本方式。

第四章

古汉字中的教育之"物"

"物"是构成自然、人生以及人本身的重要因素。由根本上而言，"人"是万物之一，是一种特殊的、有灵性的"物"。相比于动物和植物，人虽然是精神、思想性的存在，但在形体、生命方面与动植物间的相似性也表征人的"物"性本质。尤其人之生老病死与动物生发兴衰的一致性或相似性，也在极大程度上表明"人"与"物"之间的必然关联。可以说，作为一类特殊的"物"，人的生命形态、生存方式等无一例外与"物"相关，"物"是构成人之生存发展的条件和环境。人作为"万物"之一天然具有"物性"，脱离"物"的世界，人失却生存发展的根本依据与全部可能。

第一节 "物"与"人物"关系阐释

人是"物"，生活中人们常说"人物"；"物"构成人之生产与生活的重要环境，人们常说"物质环境"；"物"是人们用以建构和表征自我的重要对象，人们常说"造物"；"物"是构成人生存发展的重要因素，如"物质""物料""物体"。由人类社会文明发展的悠久历史来看，人的发展与进步时刻离不开"物"。作为"物"的特殊存在形式，人在"物竞天择"的进化历程中冲破和克服种种困难险阻，从而立于天地之间，获得"万物之灵"的角色和地位。在人类发展史上，"物"始终是衡量人类文明程度的重要标准，"物质文明"不仅标志着生产力水平，也标志着人类文明和文化发展的水平与状态。

一 "物"之内涵

"物"的内涵十分丰富,除人们普遍知晓的"物质""物体"等含义外,"物"还具有多种内涵。《汉语大字典》:"按:'物'之本义为杂毛牛。"① 王国维认为"物"意为"杂毛牛","古者谓杂帛为物,盖由物本杂色牛之名,后推之以名杂帛。"② "杂毛牛"即毛色不统一、具有多种颜色的牛。对于这种解释的论证可由诸多文献和文句中得见。《诗·小雅·无羊》中的"三十维物,尔牲则具"意指"牛羊具有三十种毛色,足够祀神灵"。随着"物"之内涵的发展,经由对"杂毛"的引申,"物"开始具备"牲畜"之意。《周礼·地官·牧人》中"牧人掌牧六牲而阜蕃其物,以共祭祀之牲牷"③ 的"物"主要是指用来祭祀的"牲畜";孙诒让《周礼正义》中"物犹言种类也……凡牲畜,区别毛色,各为种类,通谓之物"④ 的"物"可被视作对"牲畜"的统称。后来,在"牲畜"的基础上,"物"又被用来指称"动物"。

"物"之"杂色"不仅指向"牛",抑或说"物"不仅有"杂色牛"的内涵,亦有"花色多样的帛"即"杂色帛"的意旨。"帛"是一种质地较好的布料,多为贵族享用。王国维在《释物》中明确指出"物"之"杂色帛"的含义。《赐高丽莫离支及吐谷浑等大首领爵赏制》记载唐玄宗赏赐高丽首领道:"赐宅一区,马四匹,物六百段"⑤,其中"物六百段"中的"物"并非指动物、牲畜,而是指花色不同的布帛。在谈及"物"之"杂色帛"的引申义时,有学者认为"物"进一步具有"杂色旗帜"的含义,并引《周礼·春官·司常》的"通帛为旜,杂帛为物"以及《释名·释兵》的"杂帛为物,以杂色缀其边为燕尾,将帅所建,象物杂色也"作为引证,指出以"物"之"帛"的内涵为依据,由于"帛"与旗帜是相同或相似的质料,故将"物"作为旗帜的原材料或者旗

---

① 汉语大字典编辑委员会:《汉语大字典》,四川辞书出版社2010年版,第2117页。
② 王国维:《观堂集林》(外二种),河北教育出版社2003年版,第142页。
③ 陈戍国点校:《周礼·仪礼·礼记》,岳麓书社2006年版,第29页。
④ (汉)刘安著:《淮南子全译》(上),许匡一译注,贵州人民出版社1993年版,第298页。
⑤ 汉语大字典编辑委员会:《汉语大字典》,四川辞书出版社2010年版,第2118页。

子的称谓当具合理性。①

除具有"杂色牛""杂色帛""牲畜""动物""旗帜"等含义外，"物"还具有一层较易为人们普遍理解的内涵，即"物"常被人们视作客观事物、环境等。如"物以类聚，人以群分"便是将"物"视为客观事物，与具备主观性的"人"之间形成鲜明界限。这种将"物"作为客观"物体"的观念不独在当前普遍存在，在古代也较常见。宋代文豪苏轼在《赤壁赋》中说道："自其不变者而观之，则物与我皆无尽也"②，将"物"与主观的"我"相对照，表明"物"作为客观事物的内涵。以作为"客观事物"的"物"为依据，人们也多将"物"视作客观环境、客观条件等。《史记·屈原列传》的"新沐者必弹冠，新浴者必振衣，人又谁能以身之察察，受物之汶汶者乎!"③ 意为"刚洗过澡穿戴衣帽时，总要弹一弹帽冠上的灰尘，抖一抖衣服上的杂质，谁又愿意让污浊的东西弄脏干净的身子呢"。其中之"物"表面指脏乱的"事物"，实则暗指不堪与污浊的"环境""氛围"等。又如，范仲淹《岳阳楼记》中的"不以物喜，不以己悲"中的"物"也主要指的是人们身处其中的社会环境与文化氛围。

古时人们将"物"作为"物体""事物"与当前人们之于"物"的理解几近一致，"物品""物件""食物""货物"等皆为日常概念。在当前语境中，将"人"视为"物"亦十分常见。由哲学、文学、历史的角度而言，"人"的确是"物"之一，所不同之处至多在于人较之于动植物具备思维、语言与精神。日常生活中"以物代人"的现象比比皆是，比如当一人对另一人极度不满时会愤然称其为"东西"。口语中的"东西"是"物"的统称，"东西"本身也是"物"，将人视为"物"和比作"物"的现象蕴含与揭示出"物"与"人"之间的相似与相通处。

"物"之内涵及其演变为人们认识与理解"物"提供多重可能，为人们理解与把握"物性"与"人性"提供启示，为人们如何做人、做事提

---

① 辞书研究编辑部编：《辞书研究》（第5辑），上海辞书出版社2001年版，第135页。
② （清）张伯行选编，肖瑞峰点校：《唐宋八大家文钞》，上海古籍出版社2019年版，第214页。
③ 洪成玉：《古汉语常用同义词疏证》，商务印书馆2018年版，第466页。

供指导和借鉴。

二 "人"与"物"之关系

人是"物"的一种,与动物、植物共为宇宙自然的重要成员。然而,人是"超物"的存在,即人超越"物"的范畴,具有精神、思想、意识、语言,能够创造、传承与传播文化与文明。人之为人的根本属性不在"物"处,而在于"超物"的特性。

人对于"物"的超越是生存发展的必然要求,仅仅停留在"物"的层次,而不在思想、意识、精神等领域获得进步与提升,则人类与动植物没有本质的差别,人之为万物之"灵"的根本依据不复存在,人也不能称之为"人"。人与物天然并生,没有人就谈不上物,没有物也不存在"人"的称谓与指涉。由人与物之间的关系看,"物"之价值的发挥与彰显离不开人对物的发明与运用。在人类出现伊始,人本能地知晓可借助于器物促成自身的生存与发展。人类文明的进步与发展时刻伴随着人之于"物"的创造、改造与运用。马克思谈及"劳动"时指出:"动物仅仅利用外部自然界,简单地通过自身的存在在自然界中引起变化;而人则通过他所作出的改变来使自然界为自己的目的服务,来支配自然界。这便是人同其他动物的最终的本质的差别,而造成这一差别的又是劳动。"[①] 马克思"劳动创造人"的观点中明确体现出"人通过劳动创造和改变物"的观点。诚如前文所说,"物"既指客观的物体,也指客观的环境、条件等。自然界和人类社会始终是人们赖以生存的环境,其之于人而言属于"物"的范畴。人类的发展进程与人对"物"的"改变""改造""改善"等的"劳动"过程相伴随。在改变和改造"物"的过程中,人们不断确证自我存在的意义与价值,不断改善物质生活条件,不断提升生产力水平,不断促成自我精神、思想、意识、境界等的生成与提升。由此意义上讲,生活在"物"之中的人既依赖也主导"物"。

人对"物"的"主导"与"主宰"取决于人的主体能动性,人之为人的根本在于人具备主体能动性,是一种主动、自由的存在。由人的主

---

① [德]马克思、恩格斯:《马克思恩格斯全集》(第26卷),人民出版社2014年版,第768页。

体性出发，人天然具备运用、改造、创造"物"的意识和能力，人对于"物"的"主宰"是天赋能力和自然正当的权利使然。以对"造物主"意志的尊重和遵循为原则，理想状态下的"人—物"关系是人"主宰"物，表现为人通过运用、改造、创造"物"而积极发挥"物"的价值和功用，从而达成理想的发展目标。由此出发，不仅作为个体的"人"与"物"之间的关系如此，所有人都应该主动经由运用、创造"物"而构建人类社会、国家乃至宇宙自然完满和谐的"人—物"关系，此亦即道家庄子所谓"物物而不物于物"（《庄子·山木》）的理想状态。

然而遗憾的是，"人"作为主体性存在却总是时常身陷"物"的沼泽，总是受到"物"的奴役，总是身处"物"的旋涡，总是甘受"物"的摆布，总是无法摆脱"物"的魔咒和梦魇。"物"这一本应服务和辅助于人类进步的因素，时常蛊惑人们的心志与行为，从而致使人们成为"物"的奴隶和婢使，导致人们成为"物"的帮凶和同伙。关于"物"主宰"人"的理论和现实，古今中外文论中有着数不尽数的表述，且业已形成之于诸此现象和形式的否定性批判的主流趋势。《管子·心术下》的"君子使物，不为物使"，指出真正有"道"的人会恰当利用外界事物，而不会被外界事物牵制，表明"人役物"而非"物役人"的"人—物"关系。先秦道家代表人物庄子有着与管子几近相同的见解，《庄子·山木》的"物物而不物于物，则胡可得而累邪"也是针对"人为物役"的社会现实，表达并揭示出一种倡导和构建"以人役物"的正当"人—物"关系的主旨。《庄子》中对于"合道"之事物和人物形象的描写则以巧妙的方式表明人们挣脱"物"之束缚和藩篱的愿望和寄托。"北冥有鱼，其名为鲲。鲲之大，不知其几千里也；化而为鸟，其名为鹏。鹏之背，不知其几千里也；怒而飞，其翼若垂天之云。是鸟也，海运则将徙于南冥，——南冥者，天池也。《齐谐》者，志怪者也。《谐》之言曰：'鹏之徙于南冥也，水击三千里，抟扶摇而上者九万里，去以六月息者也。'野马也，尘埃也，生物之以息相吹也。天之苍苍，其正色邪？其远而无所至极邪？其视下也，亦若是则已矣。且夫水之积也不厚，则其负大舟也无力。覆杯水于坳堂之上，则芥为之舟，置杯焉则胶，水浅而舟大也。风之积也不厚，则其负大翼也无力。故九万里，则风斯在下矣，而后乃今培风；背负青天，而莫之夭阏者，而后乃今将图南。蜩与学鸠笑之曰：'我决起而飞，抢榆枋而止，时则不至，而控于地而已矣，奚以之九万里而南为？'适莽苍者，三餐而反，腹犹果然；适百里者，宿舂粮；适千里者，三月聚粮。之二虫又何知！"① 庄子《逍遥游》中的"大鹏"代表着一种超然自由的形象，其与现实中为物质名利所累之人形成鲜明反差，也给诸此之人带去强烈的心灵冲击。"情同此心，心同此理"，那些在生活中被名利蒙住双眼、迷住心窍的人，大概也欲意冲破物质欲望的"牢笼"，挣断声色名利的枷锁，一如"大鹏"般振翅高飞、自由翱翔吧！

毋庸置疑，"物"作为物体、条件、资源等具有积极的实用价值。拥有充足的物质，人们能够衣食无忧；反之可能食不果腹、衣不蔽体。然而，物质的丰盛并不必然对人的发展产生积极影响。"物"从来都更多地被视为人生存与发展的基本条件和保障，确证与衡量人之发展程度的根本因素和关键标准从来不主要是"物"之数量，而更主要是人之精神、境界的水平与程度。然而，历史与现实生活似乎始终在上演一幕又一幕"人为物役"的相似剧目，且这种情况在现代社会有愈演愈烈之趋势。由此，如何理性地看待"物"以及构建理想的"人—物"关系已然成为摆在现代人面前的重大课题。

第二节 "物"之教育哲思与启示

教育之"物"是构成教育活动的重要因素，离开教育之"物"，教育活动缺乏必要的材料、环境与条件。古今人们在界定和论述教育要素时，从未将"教育之物"排除在外。无论由古汉字"教"中的"攴""子""爻"，抑或教育三要素中的"教育者""受教育者""教育内容"与"教师""学生""教育内容"中，均可得见"物"之必要性。只有在教育之"物"存在的情况下，"教育者"和"受教育者"之间才具备产生关联的可能和开展活动的介质。如同"物"与"人"之间自本自根的关联性，教育之"人"与教育之"物"间的关联是构成教育活动乃至教育本身的必然条件与根本因素，否则不仅教育活动无法开展，教育之为教育的本

---

① 杨柳桥：《庄子译注》，上海古籍出版社2012年版，第1页。

质也将被消解。结合有关"物"的界定,教育之"物"不独指作为实体的教育设施设备、器物用具,也包括教育环境、教育氛围。然而,本节的重点并非在于详细描写教育之"物",而是由教育之"物"的特性出发,探究教育"物"性的边界,以期为人们理性地认识教育以及更大程度地发挥教育之"教育性"提供启示与借鉴。

一 "塑造的教育"的意涵阐释

作为一项社会性事务,教育中充斥着数不尽的"事物",诸如教育设施设备、教育场所、教育环境、教育氛围、教育条件等。作为教育的基本形态,教育活动从未脱离"物"的领域,总是与"物"产生关联,并受制于"物"的程度与水平。比如,在物资欠缺的年代,教学的媒介与手段主要是粉笔、黑板;在当前物质充裕的条件下,复杂多样的教育之"物"综合促成形式与功能多样的教育活动。可见,教育之物从来都是事关教育成效乃至成败的关键因素。

教育领域中的"物"不仅包括物质实体,也包括具备主观能动性的"物"——教育中人。如前所论,人是"物"的一种,人之生物属性和动物之间并无本质差别,教育中的教师和学生作为教育之"人"亦具"物"的属性和特征。既然教育中充斥着"物",就连教育中"人"也具有"物"性,那么是否可以说教育是"属物"的?答案是否定的。教育并非"属物"而是"属人"。教育的"属人"性不仅在于教育是"人为"的、"为人"的、"围绕人"的,也在于教育的目的是"成全"人。

在教育理论研究中长期占据主流地位的是"教育塑造人"的说法,倘若不仔细思量,人们往往很难看出该观点的纰漏之处。然而,只要稍加琢磨就能发现该观点的问题之所在。"教育塑造人",人是可以"塑造"的吗?只有先回答"人是可以被塑造的吗"这一问题,才能够确定"教育"是否可以"塑造"人。显然,"教育塑造人"的问题在于"塑造"二字。众所周知,教育定然对人产生作用和影响,教育对人之发展的作用复杂而多样。然而,当用"塑造"作为联结"教育"和"人"的中介时,则鲜明体现出视人为"物"的观念。毋庸置疑,历史和生活的经验无时不在昭示着"物"的"可塑"性。作为创造和使用"物"的主体,人们总是可以经由对"物"的"塑造"而使"物"满足自身的需求。哪怕是在生产力水平极为落后的原始时代,人们也知道将木棒削尖之后再用来追捕猎物。人对"物"的"塑造"是一种自然本能,"物"被人"塑造"是"物"的天然宿命。"教育塑造人"中鲜明体现出的"教育中人属物"的角色和境遇颇具写实主义的风格与特点。将"塑造教育中人"视为教育活动的内容、方式与目的,是古今教育一直甚为关注的主题。现实地看,虽然这种观点随着人们思想的改变和提升而不断被界定与调整,但当前的教育仍在较大程度上停留于"视人为物"的状态。法国教育家保罗·弗莱雷曾阐释"银行储蓄式"①的教育理念。这种教育的突出特点是将"知识"灌输与传授视作教育活动的重中之重,教师无须顾及学生的需求和反应,只需一股脑地、生硬地将知识灌输至学生,然后在特定时间再将"灌"入学生头脑中的知识"拿出来"。为形象化地表述这种教育理念和行为,保罗·弗莱雷以"存款者"和"提款机"比喻教师和学生。"存款者"不断地将货币存入"提款机",一味地认为货币存储的越多越好;当存款者需要花钱的时候,再机械地将货币从提款机中取出来。显而易见,在这种"银行储蓄"式的教育中,非但学生被看作"物",教师也变成"物"。保罗·弗莱雷之于"银行储蓄式"教育的否定性批判中揭示出一个至关重要的教育真谛:人本质上不是"物",人不可以像"物"般被"塑造"。然而,古往今来的教育从未间断地从事着"塑造"的工作,无论是社会、学校、家长抑或教师,人们几乎都在极尽能事地"塑造"儿童,试图全力打造一个"好孩子""好学生"的通用模板,而后强使孩子们获得"塑造"。

二 "成全的教育"的价值澄明

相较于"教育塑造人"的说法和观点,以"教育成全人"来联结"教育"和"人"似乎更加合理。"物"是可以"塑造"的,人只能"成全"。"成全"的教育将教育中人更多看作"人"而非"物"。这种观念下的教育中人是积极、主动、自觉、能动的存在,而非被动和消极的等待者、观望者、徘徊者和妥协者。由这种对"人"之主体性的珍视和重视出发,教育方能真正发挥引领和引导的功用,人之意义与价值的生成

---

① 于伟:《教育哲学》,教育科学出版社2015年版,第201页。

和获得才更具深远与长远的指向性。

"教育成全人"并非新观点，也不是由笔者首次提出。这个提法的奇妙之处在于人人实则都可经由审慎思索和温情体验表达出与"教育成全人"相类似的观点。相比于"教育塑造人"中传递出的冷漠、机械的情感体验，"教育成全人"是令人动容和发人深思的。吴国平先生曾在《中国教育报》中发表过"成全是教育的应有之义"的观点，其中有句话可谓道出教育中人的心声。"教育其实是人或人类的另外一种由我们自己创造并普惠众生的阳光雨露。不同于动物、植物等万物生灵，它们只要沐浴在大自然的阳光雨露中，就会孕育、生长、成才并绽放精彩生命。而作为有思想、有情感、有道德的高级动物，人的充分、自由的生长发展，离不开教育的浇灌。"① 与动物和植物一样，人需要大自然的阳光雨露；与动物和植物不同，人需要教育的滋润和灌溉。教育之于人的滋润与灌溉可为人之发展提供必要的辅助力量，人之真正的生长动因只能来源于自身。"好雨知时节，当春乃发生"，大自然不着痕迹地成全花草树木的通则，同样适用于表述教育与人的关系。

"成全"的教育看重人的主体性，是将人作为"人"看待，而非将人视为"可塑之物"。"物"可以被设计、被"塑造"，"人"则既不能被"设计"也不能被"塑造"。"成全"的教育重在帮助人成为自己想成为的样子，而不是迫使人成为他人设计与塑造的对象。"成全"的教育重视与相信人之发展的自主、自觉、自动性，而非认为只有在他人和外界的规定和约束下，人才能够获得理想发展。拥有与践行"成全"教育理念的人，从来不会脱离人的主体性看待与实施教育活动，而是时刻注意充分发挥人的主观能动性，将人的发展建基于需求、情感、理智的内在而综合的作用之下，从不剥夺人之主体性"显现"和"在场"的机会与可能。"成全"的教育本质上是"以人为本"的教育，其重点关注人的主体性。"成全"的教育是经由"成全"教育中人而成就教育事业的社会职能，而非相反。"成全"的教育是引导、温情、适度的，而非主导、理智、无度的教育。"成全"的教育对人充满期许和期待，在"成全"的教育中固然会有"人有悲欢离合，月有阴晴圆缺，此事古难全"的遗憾和

---

① 吴国平：《成全是教育的应有之义》，《中国教育报》2018年4月11日。

失落，但更有"但愿人长久，千里共婵娟"的向往和愿景。"成全"的教育将教育中人视为有待发展和提升的"人"，并以各种方式"成全"教育中人的发展，而非将教育中人看作可经由"塑造"而"成形"的"物"。诸此是"教育成全人"的基本内涵，也是其区别于"教育塑造人"的根本之处。

除经由阐释"教育塑造人"和"教育成全人"两种观点，揭示古今教育"视人为物"的整体特征之外，也可由对诸多教育现象的剖析中呈现教育"重物"的特征与趋势。比如，将物质的丰富程度与教育效果直接相关，将教育中的物质资源作为评价教育发展水平的关键指标，过分重视物质奖励的激励作用，过度运用"重物质，轻精神"的绩效考核标准等。诸此皆在不同程度上反映出"重物轻人"的教育现实，对于了解现实教育的境况以及人在教育中的真实处境具有直接的借鉴与启发意义。

第三节　古汉字"物"的教育智慧解析

人是"物"中人，"物"乃人之"物"。人因"物"而获得生存与发展的外部环境和基本条件，"物"因人而具有生命属性和现实价值。过往和当下时光中的"物"既综合构成"物"的历史，也在"人"之发展中扮演不可或缺的角色；隐藏在"物"之纹理和结构中的思绪和情感，既赋予"物"以人性化特征，也促成了"人物合一"的艺术高境；"物"中彰显的人道精神和人文关怀是光辉人性既遥远又真实的见证；古今诗词文论中的人物关系持续反映和诉说着有关人的故事。无论是"物是人非事事休，欲语泪先流"（宋·李清照：《武陵春·春晚》）的落寞和凄凉，"去年元月时，花市灯如昼。月上柳梢头，人约黄昏后。今年元月时，月与灯依旧。不见去年人，泪湿春衫袖"（宋·欧阳修：《生查子·元夕》）的伤情与感怀；抑或"去年今日此门中，人面桃花相映红。人面不知何处去，桃花依旧笑春风"（唐·崔护：《题都城南庄》）的回望和感叹，"朱雀桥边野草花，乌衣巷口夕阳斜。旧时王谢堂前燕，飞入寻常百姓家"（唐·刘禹锡：《乌衣巷》）的转折与改变；还是"咬定青山不放松，立根原在破岩中，千磨万击还坚劲，任尔东西南北风"（清·郑燮：《竹石》）的豪迈坚韧，"物"始终与人相依相随，人始终需要"物"

的陪伴和见证。人与物的关系如此，教育中人与物的关系亦复如是。

一　古汉字"物"之本义

甲骨文"物"的书写方式为𤘌。由字形上看𤘌的下半部分是"牛"字，上半部分形似牛头顶上的花纹或毛发。𤘌的造字本义与"牛"相关，人们多以"杂色牛"即"毛色多样的牛"解读之。"牛"作为一种体形庞大的动物，自古以来都发挥其特有的"牲畜"功用。比如，在祭祀的时候，"牛"常被作为重要的祭品；在农耕的时候，牛是犁地耕种的好帮手；农闲时，牛是人们的好朋友，是人们的"固定资产"。一个流传许久的神话故事中的人物——"牛郎"以"牛"命名，表明原始农耕社会中"牛"与人关系的亲密性。牛郎的"牛"终其一生都在为牛郎这个"人"所拥有，牛之于牛郎而言是唯一的"财富"、是陪伴者、是帮手，以至于牛郎在最窘迫之际离不开牛的陪伴和安慰，甚至连牛郎的妻子都是"拜牛所赐"。牛郎之于牛而言是主人、是服务的对象，以至于就连牛死后也要为牛郎"出力"。牛郎与牛之间的故事，是对"人—物"关系的浓情书写。在这种将"牛"人格化的神话故事中，蕴含着"人不离物"和"物不离人"的"人—物"关系论，表达出人与物之间相伴相随、彼此成就的自然原初关系。

甲骨文"物"中的"牛"是义部，"勿"是声部。将"牛"作为"物"的关键内涵，直接折射出早期的"人—物"关系，表达出"物"是可被人们使用的工具、器物的观点。在古代农耕社会，"牛"是庄稼人农忙时最得力的"助手"。徐建中曾引"犁田派"的观点道："上面的字形符号像农具'耒'的形状，耒器旁的几点，表示耒器翻起的泥土；下面是个'牛头'（牛头代表牛），整个字形表示用牛犁地。"① 可见，将"物"与农耕工具联系，在设备、设施、用具、器物等层面理解"物"，是有据可考的早期观点。诚然，将"物"之初义理解为"杂色牛"与"用牛犁地"之间确有差距，但两种主流解读之间也具有相通之处，即二者可在"工具""事物"处互通。抑或说，无论是"杂色牛"还是"犁地的牛"，都是可供人们主宰和运用的对象、手段和工具。

---

① 徐建中：《汉字里的国学常识》，中国商业出版社2016年版，第130页。

概言之，以"牛"作为"物"的指意结构，蕴含并揭示出丰富的"物"之内涵以及多样化的"人—物"关系。这具体表现为：由"牛"是物体、事物、人作用的"对象"可得见以"牛"为指事结构的"物"亦有物体、事物、活动对象的内涵和意旨；由"牛"与"人"之间的密切关系可得见"物"与"人"之间亦具关联性；由"人"主宰与驱使"牛"可得见人是运用、使用、改造"物"的主体；由"牛"帮助和辅助"人"开展各项活动可得见"物"之于人具有重要的意义和价值。

二 古汉字"物"之教育义

教育之"物"是"物"的特殊形式，是教育活动得以开展的基本条件，作为"物"而存在的教育设施、设备、环境等为教育活动的开展提供物质保障和心理支持。

（一）教育之"物"应为"好物"

如同"物"普遍具有"事物""工具""物体"的内涵，教育之"物"主要指关乎教育活动的设施、设备、器物等。随着生产力水平的不断提升，教育之"物"的类型、数量、性质、功能等呈现持续增加和上升的趋势。当前教育设施设备的数量和质量，对比之前获得明显提升。可以预见的是，未来的教育之"物"会比当前更为多样和先进。毋庸置疑，教育之"物"的不断增加与提升促成了教育活动或教育事业的持续发展，教育之"物"的数量和质量对教育过程和教育效果发挥直接而重要的影响。在教育之"物"的"加持"下，教育事业获得突飞猛进的发展。古今教育发展的历史一再向人们展示着一个客观的事实：教育之"物"之于教育的发展功不可没。

教育之"物"虽专指教育中的、与教育有关的"物体""物质""工具"等，但教育之"物"的最初本质是"物"。教育之"物"首先具备的是一般"物"的属性，之后才具有特殊的教育之"物"的属性。一般"物"与教育之"物"间的包含与被包含关系，使得教育之"物"具备"教育"和"社会"双重属性，且"社会"属性在先，"教育"属性在后。之所以强调教育之"物"的"社会"属性，原因在于教育之"物"更多甚至绝大多数不是出自"教育"而是"社会"。比如，学校教育中的诸多教学设施更多是对兼有经济效益和文化育人效果"产品"的直接使用或二次"改造",而非专门根据教育需求和需要设计与生产。这种选择和使用教育之"物"时以"物"为先而"教育"次之的观念与行为,在现实教育中并不鲜见。比如,迎合教育发展的信息化需求与趋势,各类企业纷纷从事教育器械、设备、平台的研发、设计与制造工作。在教育设施设备的研发—设计—生产—使用的流程中,"教育"更多处于"被高悬""被搁置""被屏蔽""被忘却"的境遇,而"物"代表的产出、效率、收益等成为显性因素受到人们的重视和追捧。再比如,在教育教学设施设备的选择方面,学校购买与使用的设施设备往往与利益挂钩。采购方为从中得利,要么选择与购买"熟人"的设施设备,要么选择与购买那些"凑合"的设施设备,甚至不将设施设备的"教育"属性和功用纳入选择的标准范畴,而是更加看重"教育"之外的短期经济效益和利益攫得。

无论是"人"抑或"物"都有好与坏、优与劣的区分,教育之"物"的特殊之处在于其"教育"属性。教育之物是专与"教育"产生关联的事物,其蕴含与彰显的是教育的特点和内涵,承载的是教育的意义与价值。倘说日常之"物"质量之好坏之于人们生活开展至关重要的话,教育之"物"的品质、质量等更加关乎重大。由于教育活动事关个体与社会发展,故而对教育之"物"的研究、设计、开发、制造、使用等更应持守与慎重,绝不可因盲目追求经济效益而忽略教育之"物"的"教育"属性与价值。

(二)教育之"物"重"精"

丰富多样的教育之"物"改变了教育活动内容单调和形式单一的弊端,带来了多元化的教育活动,赋予教育事业发展更多的动力和可能性。然而,任何事物的发展都要讲求"度","物"并非越多越好,而是贵在"精"。

事物之"精"既在于外形、内容等的"精妙""精巧""精准""精工",也在于功能与价值的"精深""精奥"。珍贵的事物往往是少而精的,古今诗词歌赋中赞咏的"美人"与"美物"无一不稀有而难得。由于"美人""美物"之"少见",故其"美"更显难能可贵,人们视其为"天人""天物";由于"美人""美物"之"精致",故而能于凡人、俗物中脱颖而出,给人以美的感受和体验。宋玉的《登徒子好色赋》可谓将"美人"之"美"描写到了极致,"增之一分则太长,减之一分则太短,著粉则太白,施朱则太赤"①,恰到好处的"美"一分不多、一分不少;天下不仅少有此种美貌之人,更少有这种在粉饰上如此"精致"以至于近乎完美之人。以"美人"比"美物",则"物"之美不仅体现为形态、颜色、结构之美,也美在其内涵、功能与价值。事实上,"物"之所以获得人们接受和认同的一个重要原因在于"物"与人之内心的"精准"对接。抑或说,为人们普遍喜爱和接受的"物"往往无论在外形、内涵还是功能上都能极大满足人们的需求和期待。比如,何以"乐高"产品能够由数不胜数的同类"物"中脱颖而出,持续占据市场的高位,究其根本原因在于"精"。乐高产品的"精"既包括产品设计、产品结构的精妙、精巧,更在于其功能的精准性及其带给人们的精彩体验和感受。"乐高"积木之于孩子而言既是可以充分发挥和运用想象力、创造力的对象,也是承载着孩子思想和行动的"环境"。这种意义上的"乐高"积木虽然是"物",却具有"超物"的意义与价值。可见,"物"不在"多",而在"精",精巧、精妙、精致、精彩的"物"之于人们的积极影响远甚于杂而无意、多而无趣之"物"。

由"物"之"精"的益处着眼,教育之"物"理当具备"精"的特点和品质。对比其他领域的"物",教育之"物"应当"精致又精"。教育活动虽是人的活动,却不可重现与复制。教育中人经由对教育之"物"的运用而促成的观念、行为等之于人的影响具有长远性与深刻性,粗糙的教育之物之于教育中人更多产生消极与负面的影响。教育之"物"只有具备"精"的品质才能与教育中人的内在需求和发展目标精准对接,才能够促成更优化的教育过程与效果。

---

① 范之麟:《全宋词典故辞典》(上),湖北辞书出版社2001年版,第371页。

第 五 章

古汉字中的教育之"技"

迅猛发展的现代技术几乎触及社会生活的各个层面,教育领域亦然。按照广义教育的概念,社会生活中的信息传播、媒介使用本身或许并非直接与学校教育相关,但却潜移默化地发挥着教育作用,即便将教育范围缩小到学校,教育场所和教学过程的各个环节亦无不充斥着技术的身影。运用技术促进教育的发展既是顺应时势之需,也是现代教育发展的必经之途。

第一节 古汉字"技"之本义探究

"技"最早见于金文,共由两部分构成,分别是 和 。 是"手",是"技"的指意部分, 即"支",为声部。由指事的 ,可见"技"是"手部的动作",确切地讲是"人用手做事情"。这种对于"技"的解读,实则与人们之于"技"的最初印象以及早期"用技"的方式和特征高度吻合。早期人类正是凭借灵活而勤劳的双手,创造出人类发展的奇迹。将"手"作为"技"的关键点,以"手部动作"对应"技"的运动或作用过程,是对古人用"技"状态的真实摹写,反映出古人极高妙的智慧。众多描述与论述"技"的古文也以对手部动作的描写反应人的技术或技艺水平。如道家《老子》"三十辐共一毂,当其无,有车之用。埏埴以为器,当其无,有器之用。凿户牖以为室,当其无,有室之用"(《老子》第十一章)中具有重要功用的"车""器""室"无一不是人们"手"工作业的产物。相比之下,《庄子》中的"匠人"也无一例外是"手工家"。"庖丁为文惠君解牛,手之所触,肩之所倚,足之所履,膝之所踦,砉然向然，奏刀騞然，莫不中音。合于《桑林》之舞，乃中《经首》之会。文惠君曰：'嘻，善哉！技盖至此乎？'"在"解牛"之后，庖丁"释刀"对曰："臣之所好者，道也，进乎技矣。始臣之解牛之时，所见无非牛者。三年之后，未尝见全牛也。方今之时，臣以神遇而不以目视，官知止而神欲行。依乎天理，批大郤，导大窾，因其固然，技经肯綮之未尝，而况大軱乎！良庖岁更刀，割也；族庖月更刀，折也。今臣之刀十九年矣，所解数千牛矣，而刀刃若新发于硎。彼节者有间，而刀刃者无厚；以无厚入有间，恢恢乎其于游刃必有余地矣，是以十九年而刀刃若新发于硎。虽然，每至于族，吾见其难为，怵然为戒，视为止，行为迟。动刀甚微，謋然已解，如土委地。提刀而立，为之四顾，为之踌躇满志，善刀而藏之。"在听闻疱丁的一席话后，文惠君曰："善哉！吾闻庖丁之言，得养生焉。"① 以古代文论中的施技过程为参照，可见这种将"手"与"技"密切相关的造字意旨，与古中国是为农业和手工业社会的历史状况不无关联。

在有关古代生活的神话传说和民间故事中，除体现出鲜明的"农耕"社会背景外，主要就是以"手工"作为社会生产的基本样态，故事中的角色往往多具有"农人"或"手工业者"的身份。相比于"农人"的春耕、秋收、冬藏，手工业者的"手"是活动的直接工具，比如"纺织""编织"皆是直接用手创造作品，而"纺织""编织"本身又可被归于技术或技艺的范畴。事实上，即便从生活经验出发也可明确得见，蕴含浓厚意旨和巧妙技术的"手工"作品是用以承载与见证悠久中华文明的重要载体。古今文论中描写手工"纺织"的歌诗颇多，择选几首用以形象化地说明"手"之于"技"的重要意义。如，"日暮堂前花蕊娇，争拈小笔上床描。绣成安向春园里，引得黄莺下柳条"（唐·胡令能：《观郑州崔郎中诸妓绣样》）；"田蚕事已毕，思妇犹苦身。当暑理絺服，持寄与行人"（南北朝民歌：《子夜四时歌·夏歌》）；"春月采桑时，林下与欢俱。养蚕不满百，那得罗绣襦"（南北朝民歌：《采桑度》）；"小麦青青大麦黄，原头日出天色凉。妇姑相呼有忙事，舍后煮茧门前香。缫车嘈嘈似风雨，茧厚丝长无断缕。今年那暇织绢着，明日西门卖丝去"（宋·

---

① 杨柳桥：《庄子译注》，上海古籍出版社2012年版，第27—28页。

范成大：《缲丝行》）。可见，手工业者的绣花、纺布、编制、织绢等活动均离不开"手"。事实上，即便不以"农业""手工业"之于古时生活的重要影响作为理解"技"的参照，而以此两种身份之外的人的活动理解"手"与"技"之间的必然关联，亦会得出相同的结论。比如，古时所论琴棋书画的技艺无一离不开"手"。唐代白居易《琵琶行》中"千呼万唤始出来，犹抱琵琶半遮面。转轴拨弦三两声，未成曲调先有情。弦弦掩抑声声思，似诉平生不得志。低眉信手续续弹，说尽心中无限事。轻拢慢捻抹复挑，初为霓裳后六幺"中便有对手部动作的直接与具象描写。其中，"转轴拨弦三两声"和"低眉信手续续弹"以及"轻拢慢捻抹复挑"意为"她低着头随手连续地弹个不停；用琴声把心中无限的往事说尽。轻轻地拢，慢慢地捻，一会儿抹，一会儿挑"。可见，《琵琶行》中对"手"部动作的描写不可谓不细致入微，不仅体现出融情于音的高妙技艺以及浓厚的审美情愫，也可被视为对"以手施技""以心应技""心手合一"技术活动的微观摹写。

"以手施技"是技术活动的本质特征，古人将"手"作为"技"的指意结构，其中蕴含着普遍而客观的道理，体现出古人极为深刻的智慧和哲思。按照传播学家 M. 麦克卢汉"媒体是人的延伸"[①] 的观点，笔是手的延伸，轮是足的延伸，书是眼睛的延伸，广播是耳朵的延伸，每一种新媒体的出现都是对人体的延伸。事实上，媒体是"技"的一种，"技"也是"人"的延伸。随着生产力的发展和生活水平的提高，"手"不再直接作为技术活动的唯一工具，越来越多的事物成为工具或媒介被运用于技术实践，并进一步促成种类、品质更为多样与高超的技术产品。

第二节 "技"与"人"之关系阐释

"技"是人为的，也是为人的。《老子》有言："三十辐共一毂，当其无，有车之用。埏埴以为器，当其无，有器之用。凿户牖以为室，当其无，有室之用"（《老子》第十一章）。技术自古以来与人们的生产生活密切相关，任何时代的人都离不开技术。鉴于人与技术关系的密切性，

---

① 胡德海：《教育学原理》，甘肃教育出版社 2016 年版，第 232 页。

认识人在技术时代的位置与处境,是人们合理运用技术以及最大化地发挥技术功用的前提。

一 "技"中之"人"

在技术迅猛发展并对人们产生普遍与深刻影响的现代社会,理性认识"人"在"技术"中的不利处境,似乎比褒奖技术带给"人"的利好更为重要与迫切。

技术快速发展直接导致的局面是技术泛滥与技术滥用。技术价值中立的观点虽遭到诸多学者的质疑,但毫无疑问"各取所需"是人类使用一切工具的共有特征和目的。"技术毕竟是人有目的的创造活动,在技术项目的选择、开发等方面必定反映着某种价值尺度。"① 离开人的创造活动,离开人对技术的价值赋值,技术的价值无从谈起。换句话说,人的思维力、活动力、想象力及创造力是带来技术泛滥以及技术滥用的共有原因,舍去人的主体性,价值不可能成为衡量技术的标准。技术本为人操控和掌握,其并非能够主动与人互动。然而遗憾的是,现代人与技术"照面"的过程严重缺乏人与人之间交流的脉脉温情。由此意义上,技术活动主体必须时刻把握"度",否则便有可能导致技术失却积极功用性,致使技术远离促进、辅助、指导等的应用价值,而对人们的生活造成阻碍甚至带来危害。

人们之于技术泛滥和技术滥用恶果的斥责,并非直指技术本身,而主要体现为对技术蒙蔽人性的批判。纵观古今中西文论,人们对技术可能蒙蔽人性早有体认。英国汉学家李约瑟著有《中国科学技术史》一书,他在书中对道家和道教的科学技术思想与实践予以大篇幅论述,指出道家及道教在科学技术方面的成就。然而,通观道家原始经典《老子》,却可发现其中满含之于"技艺"的谨慎心态。《老子》中未有直接认可或抨击"技艺"的言论,而只对可能产生淫技的"智"予以否定性批判。"智慧出,有大伪"(《老子》第十八章),王弼注解曰:"任术用明"②,认为人们为达到目的任意运用法术和智慧,从而在用"技"的过程中戕

---

① 徐良:《技术哲学》,复旦大学出版社2004年版,第135页。
② 王弼:《老子道德经注校释》,中华书局2008年版,第43页。

害自然人性，导致人变得奸伪和虚假。此似可作为《老子》对"滥用"与"妄用"技术的批判。此外，由《老子》"小国寡民"理想社会中"有什伯之器而不用……虽有舟车，无所乘之；虽有甲兵，无所陈之"（《老子》第八十章）的生活方式亦可得见道家之于科技的谨慎态度。"什伯之器""甲兵"皆指称兵器，不用兵器则无害；不乘"舟车"则无有交易，进而无争。老子并非愚而不知技术之用，而是深刻意识到技术可能戕害人之自然本性的实质，担心技术蒙蔽和阻碍人之"善"性的彰显与发展。

作为对老子思想倍加推崇的哲学家，西方海德格尔的技术批判思想亦体现出浓厚的人道主义精神与人文关怀。海氏对于工具性、计算性思维的批判，并非否定技术本身及其创造性价值，毕竟技术极大地改善与提升了人们的生产方式和生活质量。海氏批判的重点在于技术的猖獗、肆虐，阻碍人心灵以及精神的自由发展。当前人们之于技术的反思性批判越发清晰与有力，诸多学者致力于以不同理论为工具揭示技术弊端，为现代人的"技术狂热"心态"降温"。"今天，技术不以人的意志为转移得到了迅猛的发展，无人能够知晓未来世界的模样，人被技术和各种自动化机器逼迫，每一种新技术的出现又给人施加压力，给人增加新的束缚，困扰着人，人们的位置越来越窄。"[1] 恩格斯说："文明时代所产生的一切都是两重的、双面的、分裂为二的、对立的一样。"[2] 技术与人之间的微妙关系，需要依靠人掌控，而技术对于人的"反客为主"的主宰性，使得人极有可能面临被"异化"的危机。人运用智慧创造技术，然而科学技术迅猛发展的一切后果由人承担，这种"人技关系"不可不谓发人深省。理性地批判技术，清醒地认识人在技术世界中的位置和角色，理应成为合于"度"地运用技术的根本前提。

二 "技"的功用与价值

"人"的特殊性在一定程度上决定"人为"且"为人"的技术具有

---

[1] 那薇：《道家与海德格尔相互诠释：在心物一体中成其人成其物》，商务印书馆2004年版，第135页。

[2] 《马克思恩格斯选集》（第4卷），人民出版社2012年版，第77页。

多重价值。现代人之于技术的依赖心理和行为，既为生活带来富足和便利，也有可能对精神境界的提升造成阻碍。在现代社会中，技术价值序列的合理与否是衡量技术时代"人"之发展的必要标准，为人发明与运用的技术一般具有两类价值。

一方面，技术具有工具价值。技术的工具价值表现为对人类生活的辅助、指导与促进作用。人与技术交往、照面的过程，既是人操控与利用技术的过程，也是技术不断显现自身与发挥功用的过程。在人与技术"照面"和"互动"的过程中，技术被自然而然地赋予工具价值。拥有工具价值的技术，在被人使用的过程中处于被"对象化"的位置，这体现为"人在劳动活动中借助于生产手段作用于自然物，改变它的形态，使之适合于人类生存发展的需要"①，此处所谓的"手段"即包括技术在内。正是技术的工具价值而非其他，使得技术无须为"技术滥用"的后果"买单"，这也是技术价值中立观的理论基础。在现代社会，富含工具价值的技术，极大地提高与提升了生产数量和生活质量，有助于人们更加客观、理性、深刻地认识与把握自我、社会、自然、宇宙以及各者之间的关系，是推动人类生存发展的不可或缺的方式与手段。

另一方面，技术具有精神价值。精神价值为人独有，人的一切活动的目的在于涵养与提升人格、精神、理想与境界。舍此，人的活动无有终极取向。运用技术丰富生产资料、提高生产效率、提升生活质量是古今人们改善生存环境和生活水平的重要途径。然而，人们发明与运用技术的目的绝非停留在世俗生活层面。从本质上讲，人是为着自身充分与和谐的发展，为着成就理想的自我、社会等，而发明、创造、革新与运用技术。《庄子》中"庖丁解牛"的寓言虽详细描述"庖丁"解牛的施技过程，但"合于《桑林之舞》，乃中《经首》之会"与"提刀而立，为之四顾，为之踌躇满志，善刀而藏之"（《庄子·养生主》）中传递出的自豪、满足、愉悦的审美感受与体验，直指施技主体的精神高境，这才是庄子真正欲意表达的主旨。可见，人之于技术的运用以及技术工具价值的实现和发挥，仅是人自我实现的阶梯、手段与途径，人们之于外在束缚的超越以及个体精神自由的实现才是运用技术的终极诉求。

---

① 陈志尚：《人学原理》，北京出版社2005年版，第160页。

第三节 对教育技术的反思性批判

教育与社会生活在诸多层面具有同构与同步性。"教育的实践层面与社会的一切领域都会发生密切的联系。"① 现代技术不仅是社会生活的表征,亦体现于学校教育的各个领域与环节。

一 教育技术的意义与价值

与社会生活的"效率性原则"相符,蕴含社会价值的教育活动需要顺应与适应快节奏、高效率的现代社会环境。从某种意义上,教育技术在一定程度上正是高效率社会之于教育的一般要求,是教育顺应时代与社会发展的产物。

从本质上讲,教育技术具有"教育"和"技术"双重属性。然而,在现实的教育生活中,教育技术更多彰显与发挥技术的实质与职能,这主要表现为教育生活的技术化。教育生活的技术化合于"技术"属性,却在相当程度上偏离"教育"本质。事实上,人们之于教育技术的批判主要针对的便是教育生活的技术化。这主要体现为对技术主导下教育目标的精确化,教育过程的模式化,教学设计的程式化,教学方法的强设计性,教学评价的定量化等问题的反思性批判。在教育生活技术化的样态中,教育是技术的附属物,技术是教育的主宰者,技术仿佛成为一类无所不能的方式、手段乃至目的。教育技术化内含"技外无他"的理念,在这种观念中,最大化地发挥和实现教育技术的现实功用成为促进教育与社会发展的不二方式和途径。

诚然,现代教育技术也受到人们的普遍认可。依托教育技术,教育活动与教育事业得以有序开展与稳步推进。以技术的普遍性、实效性作为促进教育职能实现的途径既是教育适应社会的体现,也是教育发挥现实功用的重要条件。尤其在疫情时期,现代教育技术之于教育事业的发展功不可没。通过现代教育技术实践,教育中人及时"止损";依托现代教育技术,特殊时期的教育事业具备全新的形式和格局。在教育技术的

---

① 金忠明:《教育十大基本问题》,上海教育出版社2008年版,第147页。

加持下,当前教育活动的主要形式既有全面依托教育技术的在线学习,也有传统的部分依托教育技术实践的课堂教学形式。可以说,现代教育技术实践的价值与意义已经得到人们的普遍认同。

二 教育技术中"人"的处境

虽然技术有其积极意义和价值,但现代人之于技术的推崇和依赖有可能反向导致"人"的隐退,致使人在社会生活中面临与身处"不在场"的境况。在技术时代,深入分析教育中人的位置与处境,是应对与解决技术时代教育问题的重要内容和方式。

在教育生活中,学生既需要学得基本的理论知识,又需要将知识转化为服务生活的工具,进而促成精神生活的提升。为加速与提升知识获得的速度与质量,教育中的各个环节均被精心设计,以促使学生在结构化、程式化的教育模式中达到"为学日益"(《老子》第四十八章)。然而,这种对教育内容、环境、方式乃至学生心理、思想等的精心与精密设计、调控、改变与把握,虽其目的在于顺应与迎合学生的需求和期待,但并不必然实现教育的个体发展目的,尤其是并非必然促成学生内在思想的发展与精神品质的提升。在学校教育中,学生被限制在严格的时间分配、严密的课程计划与教学设计、有限的人际活动中,除自觉、主动、有意识的达到学业标准以外,学生还需在各种显性与隐性的规则、条规之间"穿梭"。外在于学生身心的制度设计与道德规约在指导学生发展的同时,极有可能造成学生本真状态的丧失。"现在的孩子遇到的一个重要的问题,就是越来越多地被技术化的、人为的、人造的现代世界所围裹,他们越来越找不到也感觉不到生命的原初的自然,他们生命的视野先行就被封闭。"[①] 对于生命自然的遗忘以及对外部环境的迟钝,将导致学生个性特征的弱化。与之相似,对于系统性知识的学习,亦有可能遮蔽学生的本真天性,致使学生的发展偏离本心而处于"异化"状态,成为技术设计的产物。"'非本真状态'和'丧己于物'都是日常生活中个体独立人格的丧失,是人的自我异化的形式,它虽是不可避免的,却是不应

---

① 刘铁芳:《教育生活的永恒期待》,湖南教育出版社2010年版,第151页。

该如此的。"① 教育中的学生需要适应多样化的外部环境，设计后的环境实则成为学生不得不以非自然状态应付的对象。学生被各种"不必要"的环境裹挟，受知识、技能的"胁迫"，疲于体认与洞察自我，何谈自我实现。虽然被各种技术设计层层包裹的学生看似处于"中心"位置，但事实上或许已经严重偏离自我本质。马克思曾说："人以一种全面的方式，就是说，作为一个完整的人，占有自己的全面的本质。"② 作为个体全面发展的必要途径，被技术"包裹"的教育到底能在多大程度上促进学生主动、自觉地认识并占有自我本质，此的确值得人们深思。

对比其他社会活动，教育活动的特殊性集中体现为对象的特殊性，即教育是培养"人"的社会活动。"以人为本"作为现代社会生活的核心理念，放至教育领域是指以"教育中人"为本，尤其要以"学生"的发展为本。以学生的发展为本，则必须关注学生的精神发展。作为社会人，学生有精神需要且天然具备发展自由精神的可能性与强大潜力。"人的精神需要和追求的实质是处于现实中的人力求超越现实，克服现实的缺陷，摆脱现实的束缚，让身心得到解放和自由，让情感得到宣泄和升华。这就是在人与自身的意识和意志关系中存在的'超越法则'。"③ 由于这种存诸一切人身上的"超越法则"能够不断指引学生"向上""向内"发展，故而顺应并助力于学生"超越法则"的运用与实现是教育之"上善"。

现实地看，人们在教育技术实践过程中对学生精神生活的忽视，与人们看重技术的现世功用而忽视自我精神境界的提升之间并无二意。重视以教育技术促进学生知识学习的教育理念与实践，从反面揭示出教育技术使用者之于学生精神生活的忽视与漠视。在学校教育尤其中小学课堂教学中，教育技术实践者仍旧极度看重知识的"授—受"活动，将学生的学习活动视为一种可被设计、可通过外部技术调节与掌控的过程；仍然力图通过井然有序的教学环节、精心设计的教学模式、精细化的教学方法等实现规范与指导学生学习活动的目的；仍旧看重反复的机械练

---

① 于伟：《现代性与教育》，北京师范大学出版社 2006 年版，第 224 页。
② ［德］马克思：《1844 年经济学哲学手稿》，人民出版社 2018 年版，第 234 页。
③ 张曙光：《生存哲学——走向本真的存在》，云南人民出版社 2001 年版，第 302 页。

习之于知识的巩固作用；仍然倾向于不假思索地认同教学评价之于教育活动、学生身心发展等的决定性作用。"教育本身在扩展人的非自然性时，往往会带来人的内在和谐的破坏，心智的幸福往往是与生命体的某种痛苦为代价的，教育其实并不一定增进我们作为生命体本身的内在富足——如果教育不能有效地处理知识与身体之间的紧张，而实际上，我们今天的教育已在越来越多的扩大这种紧张。"① 过度关注知识学习、忽视学生精神生活的现象，在当前频繁运用教育技术的学校教育中仍旧普遍存在。有鉴于此，教育技术之于人的意义与价值已然成为现代人不得不深刻思考与回答的问题。

三 教育技术实践的理性维度

现代教育技术的实践主体主要是教师与学生，教师主要是教学技术的实践者，学生主要是学习技术的实践者。教育技术实践活动预期目标的达成，要求技术实践主体既懂教育又懂技术，既是把握与遵循教育原理的"教育人"，又是掌握和运用技术的"现代人"。从教师的角度出发，教师只有把握与遵循教育原理才能施以更加符合受教育者身心发展需求的教育活动；只有熟练掌握教育技术，才能够通过运用教育技术快速而高效地实现教学目标。从学生的角度看，学生只有掌握与遵循教育原理，才能真正把握自我发展的节奏和步调；只有熟练运用各种学习技术，才能最大限度地提高学习效率。"技与道可以相通，这对于今天陷于技术与人文对立之泥坑的现代技术而言，是一个得救的福音。"② 教育技术实践者在把握与遵循教育原理的前提下，运用教育技术促成高效而优化的教育活动及结果，既是教育技术实践者必备的素质和能力，也是关乎教育技术实践成败的根本因素。

教育技术实践绝非运用技术机械传递教育内容的冰冷过程，教育技术担负的教育使命使得教育技术实践理当饱含与传递默默温情。在运用教育技术的过程中，为弥补"应用至上"和"效率至上"的偏颇，技术实践主体需要以"自适"的心理、思想与精神对待教育技术；以感性的

---

① 刘铁芳：《教育生活的永恒期待》，湖南教育出版社2010年版，第169页。
② 吴国盛：《技术与人文》，《北京社会科学》2011年第2期。

方式消除技术实践主客体之间的情感隔阂；以自身的精神魅力与人格特质拉近硬性技术与柔软人性之间的距离；积极用心地创设自由而宽松的技术实践环境。

首先，以自适的思想精神对待教育技术，要求技术实践者葆有主体能动性与鲜活生命力。技术实践者既非教育技术的机械使用者，更非教育技术的附庸与仆役，而是技术的主导与掌控者。在教育技术实践中，技术实践主体必须以清醒而理智的态度与方式对待教育技术；必须以主动而积极的状态和行为成为教育技术的主人；绝不能为教育技术左右，绝不能沦为技术价值实现的工具。

其次，教育技术实践者以感性的方式消除技术实践主客体之间的情感隔阂，积极构建"人—教育技术—人"之间的和谐关系与融洽氛围。教育技术的意义与价值由人赋予，教育技术实践者的情感状态关乎教育技术价值和功用的实现程度。教育技术实践中"人—技—人"的交往活动与传统的"人—人"交往活动区别明显，以技术作为"人—人"交往的中介，在相当程度上弱化了情感的纽带功用，拉远了技术实践主客体之间的心灵距离，容易使教育技术主体间的沟通交流变得机械而迟钝。有鉴于此，教育技术实践主体拥有感性与柔和之情感，抱持柔软与慈爱之心灵，是打破技术阻隔心灵沟通以及实现教育技术育人功用的根本保障。

再次，教育实践主体以自身的精神魅力与人格特质淡化硬性技术与柔软人性之间的距离，要求教育技术实践主体赋予技术实践过程以人性色彩。在教育技术实践中，拥有精神魅力与人格感召力的技术实践者，对教育技术实践的过程与结果具有深远影响。他们能够通过形象生动的语言、优雅端庄的教态、独特的教学风格和灵动的教育智慧等，促使结构化、程式化、扁平化的教育技术实践充满浓厚的情感和丰富的想象力，从而使得教育技术实践过程引人入胜，教育技术实践效果事半功倍。

最后，教育技术实践者用心创设轻松而自由的技术实践环境是发挥外部因素的教育作用，促使教育中人获得积极心理体验及良好精神状态的重要方式。在教育技术实践中，轻松而自由的环境能在一定程度上缓解技术实践主客体的紧张情绪，可为技术实践活动的顺利开展提供积极的心理支持及教育氛围。

第四节 合伦理的教育技术及其构建路径

马克思曾说过：技术的进步以人的道德沦丧为代价，理性地认识教育技术，关注教育技术的伦理性之于教育中人以及教育事业的发展具有重要意义。构建合伦理的教育技术及其实践是弱化教育技术的"技术"机械性与强化教育技术实践"人性化"特征的重要方式，现代人的发展需要诉诸合伦理的教育技术实践。

一 以技术伦理学为理论参照

对于教育技术伦理指向的具体表述可以技术伦理学为借鉴，技术伦理学作为一门相对成熟的学问，对于人们认识教育技术的伦理性大有裨益。

对于技术与教育技术的比较性认识，是依靠技术伦理学体认教育技术伦理性的前提。教育技术与一般意义上的技术不同，技术改造的对象是"物"，属于"物质改造"活动，目的在于把一种事物改造为另一种事物，进而促进人的生存与发展；教育技术的对象是活生生的"人"，虽其活动的目的亦在于促进教育中人的生存发展，但人之为人的本性是教育技术不必也不能"改造"的。从此种意义上讲，教育技术的伦理指向首在"不伤人"。不伤人即不伤人之身心，教育促进人发展的使命与价值决定着教育技术必须发挥保护与促进学生身心发展的功用，否则教育技术的合理合法性将自动消解。

至于教育技术伦理为何，技术伦理学学者尤那斯提出的"责任原理"[①]或可助于人们认识教育技术的伦理性。在尤那斯看来，"责任原理"并非操作性原理，而是存于操作者的意识层面，是技术活动的指导思想。循此理路，教育技术的伦理性可被视为存于教育技术使用者意识层面的有关教育技术活动的指导思想。其具体可被表述为：教育者在使用教育技术的过程中，时刻抱持对于学生发展的责任意识，关注技术活

---

① 陈其荣：《当代科学技术哲学导论》，复旦大学出版社2006年版，第628页。

动之于学生心理、思想、精神等的影响，有意识地杜绝教育技术阻碍学生精神发展的可能性，积极以教育技术作为促进学生身心发展的手段和途径。概而言之，以揭露技术弊端与技术批判为主要内容之一的技术伦理学，是教育技术伦理学的"上位概念"，可为教育技术伦理学概念体系与理论框架的构建提供直接而有力的借鉴与指导。

二　提升技术实践者的素养

技术的中立价值决定技术伦理的存有与否与掌握技术的人密切相关。在教育中，教育技术使用者是决定教育技术伦理指向的关键因素。在学校教育中，教育技术的使用者首指教师，作为教育技术实践的主要群体，教师是决定教育技术是否具备伦理性的关键因素。

教师之于教育技术掌握与运用的熟练程度是教育技术实践具备有效性的前提，而教师之于教育活动、教育技术、学生等的态度和观念则是教育技术是否具有伦理性的关键。在教育过程中，教师的态度与观念是运用教育技术开展教育活动时价值取舍的重要依据。"技术至上"的教师关注的是技术的效率与实效性，而非教育技术之于学生精神、情感、价值、态度等的影响。此类教师易因过度认同与强调技术的主宰地位，而忽视学生的身心发展。"唯技术是从"的教师，在教学活动中倾向于依靠各类"模板""框架""结构"等构建教学过程，过度关注知识的传授与习得，漠视学生自由、独立天性的发展。相比之下，拥有较高素养的教师往往抱持"学生至上"的教育理念，他们能够理性认识教育技术，倾向于关注与促进学生内在情感与自由精神的发展，能够主动规避与预防硬性技术之于学生发展的消极影响，对教育技术抱持理性观念。

概而言之，教育技术的伦理性是人之道德素养的直接折射与呈现。作为教育技术实践主体，教师的素质与修养既事关教育技术伦理性的有无，也直接决定教育技术实践的过程与效果。

三　关注受教育者的精神生活

现代教育借助数字化、网络化、智能化、虚拟化的教育媒介和方式，力图在各个环节和领域促进学生的发展。借着技术工具的便利性，学生得以方便、快捷地获取学习资源，即时性地满足学习需求。不可否认，教育信息源数量和范围的增加与扩大是教育技术带给教育中人的"红利"。然而遗憾的是，在现代社会，苏格拉底的"知识即美德"似乎已然失效。基于对知识并不必然造成人之良性发展的体认，人们之于知识崇拜的批判实为常见。教育学家刘铁芳曾指出："知识的教化往往会改变自身的自然……知识本身也是一种负荷，是身体的一种沉负。"① 著名技术伦理学学者尤那斯在《责任之原理——技术时代伦理学的探索》中指出："知识曾被看作是人类生活的手段，但在我们这个文明中，它随着人类的滥用，已经逐渐变成了灾祸与不幸。"② 在技术时代遏制盲目崇拜知识的观念和趋势，已然获得人们的普遍认同。

与知识的获得相比，学生精神涵养的提升是教育的另一宗旨和目标。从根本上说，态度、情感、价值、思维、精神等"潜在素养"之于学生发展具有更为深远而广泛的影响。教育技术作为促进学生发展的方式与手段，理应促成学生精神境界的提升与精神生活的丰富。"教学在任何时候所真正指向的都是，或者说应该是儿童精神世界的扩展。"③ 现今教育关注学生精神生活的提升与丰富，与我国传统文化传达的旨趣正相符合。先秦时期作为中国文化的"源头"，其时的文论充分反映出人们之于精神自由的向往。道家《老子》主张"道人合一"，将人视作万物之灵，认为人居于"天地"之中，在宇宙中占据重要位置。"道大、天大、地大、人亦大，域中有四大，而人居其一焉。"（《老子》第二十五章）道家将"人"作为"域中四大"之一的根本原因，正在于人具有"灵性"，可在精神层面与自然天地沟通与交流。以《老子》思想为基础，庄子进一步将人的自由精神予以淋漓尽致的表达。《庄子·逍遥游》中扶摇直上的"大鹏"，正是人们追求精神自由的象征。与之相似，原始儒家亦重视人的自由精神。虽然儒家思想体现出鲜明的"入世"性，且之于精神自由的向往并非如道家般执着，但二者的异曲同工之处在于均将人之精神、道德的发展作为一切活动的最终目的。虽然孔子主张"礼乐"，倡导"人伦"，认可等级尊卑，认为人有"君子""小人"之分，但是诸此理论的

---

① 刘铁芳：《教育生活的永恒期待》，湖南教育出版社2010年版，第167页。
② 朱葆伟、赵建军：《技术的哲学追问》，中国社会科学出版社2012年版，第310页。
③ 刘铁芳：《教育生活的永恒期待》，湖南教育出版社2010年版，第33页。

出发点皆在一个"仁"字。孔子之于"君子""小人"的划分统一以人的道德素养和精神面貌作为衡量与判定标准。可见,儒、道思想的最终取向皆主要在于"向内"扩充、发展、提升人的精神,而非主要"向外"重视物质生活的富足。诚然,外在环境的改善在儒、道学者看来亦不可或缺,否则孔子不会有"庶—富—教"(《论语·子路》)的言论;老子也不必担心"田甚芜、仓甚虚"(《老子》第五十三章)的不堪境况,毕竟"仓廪实而知礼节,衣食足则知荣辱"(《管子·牧民》)。可以说,相比于生活的安逸与富足,儒、道两家更重个体精神境界的提升,并无一例外地向往"天下皆圣人"的理想社会,此为古今学者之共识。

以古时教化思想为依据,可见关注教育中人尤其受教育者的精神生活不仅是教育的重要内容和目的,更可为人们美好生活和理想生存样态的获得提供根本保障,此是何以强调与重视教育技术伦理性的根本原因。

第 六 章

古汉字中的教育之"事"

"事"主要指人类社会的现象和活动,发生过的被称作"往事";正式与正规的被称为"正事";多样而细小的被称为"琐事";关系重大的是"大事";影响不大的是"小事";被人说出来的是"故事";藏在心里的是"心事";性质良善的是"好事";性质恶劣的是"坏事";令人不解的是"怪事";使人难堪的是"丑事";一起工作的是"同事";公司的管理层是"董事";故意找茬是"滋事";耽误活动进程是"误事"。世上的"事"成千上万,但无一例外是"人事"。教育之事即教育之"人"的教育活动与教育现象。以"事"为起点,经由探寻与解读"事",揭示教育之"事"乃是本章之"事"。

第一节 "事"的内涵与价值

作为一个相对独立的概念,"事"与"言""理""情"密不可分。没有"言","事"无法显现自身;没有"行","事"难以发挥现实功效与价值;没有"理",天下的"事"便缺少章法;没有"情","事"失却其独有的蕴意和色彩。

一 "事"与"言"

"事"乃人类社会的现象和活动,"人"是"事"的主体,是作为"活动""现象"的"事"的施动者。离开"人"的主体能动性,无有"事"之存在。人之主体能动性体现为,人能由意识、观念、心理、行为等层面生发、表达与实施各种各样的"事"。存在于个体意识、观念、心理等层面的"事"往往较难为他人知晓与把握，它以"心事"的形式和状态存于人的思维与内心深处，更多直接为本人所体认与理解，甚至即便"心事"的"主人"也时常难以理清与表达心中之"事"，以至于"事"在心中不断发酵，不得不借由其他"事"而得以显现。"无言独上西楼，月如钩。寂寞梧桐深院锁清秋。剪不断，理还乱，是离愁，别是一般滋味在心头。"（南唐·李煜：《相见欢》）当"事"遇到"言"，则再复杂的"事"也有可能被"说"出一二。无论何"事"，人们往往都可以通过"言说"的方式予以不同程度的表达。比如，"别有一番滋味在心头"的这一番"滋味"是心中之"事"，它虽没有被明确地"说"出来，但人人似乎都明白这番"事"。又比如，"欲说还休"中"欲说"的对象是"事"，它也没有被说出来。之所以不说，或许是"不能说""不敢说""不便说"，也或许是"无须说""不值得说"，更或许是"说不清楚""说不明白"。然而，虽没"说"却胜似"说"，经由"欲说"而又"休"的过程，大概之"事"便不得而知。再比如，"胡说乱道"的对象也是"事"，且说的是虚假、不实、妄有、编排之"事"。这种"事"便不再主要存在于"说者"的心中，而是被予以夸张和形式化的表达。然而，人们因听得真切竟信以为真，进而"就事论事"，似乎已经全然看清说"事"之人的本意与知晓"事"的性质。

可以说，思考、言说的对象皆为"事"，"事"在诸此"无声"与"有声"、"可见"与"不可见"的"言说"中被赋予特有的属性和特征。抑或说，语言在人类生活中扮演不可或缺的角色，语言促成人的自我表达以及与他人之间的沟通交流，其与"事"之间具有不可分割的关系。

二 "事"与"行"

"事"不仅被"说"，更被"做"。人类社会发展进步的历史说到底是持续"做事"的历史。人作为主体性存在，天生具备经由行动而改变自身处境的本能和潜质。"世上无难事，只要肯登攀"，实施主动积极的行为就有破除万难的可能，就能实现发展与进步的预期目标。世上之"事"多不可数，"说"固然是"人事"的本性，但相较于"说"，"做"更重要。诚然，"说"本身即是一种活动，可被纳入"做"的范畴。然而，此处之"做"主要是指与"言"相对的"行"。众所周知，在中国文化与国人观念中，"说得好，不如做得好"。"古人学问无遗力，少壮工夫老始成。纸上得来终觉浅，绝知此事要躬行。"（宋·陆游：《冬夜读书示子聿》）踏实勤勉地做事才是真正促成理想"人事"结果的根本途径。"九尺高台，起于累土。千里之行，始于足下"（《老子》第六十四章），任何"好"事都不会自动出现，而都是"尽人事"的结果。做事固然重要，做"正事""好事"更重要。"做好事"是指做对自己和他人都有益处的事；"做正事"既指做"正经"的事，也指做"正确"的事，做"好""正"之"事"是社会生活的普遍原则和做人的基本标准。古往今来，"但行好事，莫问前程"作为一种行为准则或要求，是人们"做事"的指导原则和理想追求；"为人不做亏心事，半夜不怕鬼敲门"之于人们具有莫大的自我慰藉功用；"好人有好报"为人们坚持做好事提供价值向导和内在驱动；"人在做，天在看"则是人们监督与督促自我"做好事""做正事"的重要依据。

诚然，无论做什么事，"得法"实为重中之重。做的法子恰当适宜，事情便容易做成；反之亦然。"读书切戒在慌忙，涵泳工夫兴味长。未晓不妨权放过，切身须要急思量。"（宋·陆九渊：《读书》）读书这"事"贵在"得法"，任何事情皆如此。"工欲善其事，必先利其器"（《论语·卫灵公》），选对做事的途径和方式，则做事的过程与结果事半功倍。

三 "事"与"理"

"事"是人之"事"，古今围绕"人"而生发的论题数不尽数而又复杂难解。人心、人情、人性、人伦等说到底都是"人事"，都与"事"之间具有千丝万缕的关联。比如，"剪不断，理还乱"（南唐·李煜：《相见欢》）中饱含对于千头万绪、纷繁复杂之"事"的不解、无奈和慨叹。世事难料、千回百转的"人事"时常将"人"置于无可奈何、束手无策的境地，以至于人们欲以"置之不理"的态度化解之。然而，世上之事真正能以"不理"了之的可谓少之又少，大多数事情都需要人们亲自处理和解决。这大概也是人们感叹"难得糊涂"之可贵的原因之所在。"人生不相见，动如参与商。今夕复何夕，共此灯烛光。少壮能几时，鬓发各已苍。访旧半为鬼，惊呼热中肠。焉知二十载，重上君子堂。昔别君未婚，儿女忽成行。怡然敬父执，问我来何方。问答乃未已，驱儿罗酒浆。

夜雨剪春韭，新炊间黄粱。主称会面难，一举累十觞。十觞亦不醉，感子故意长。明日隔山岳，世事两茫茫。"（唐·杜甫：《赠卫八处士》）①由人事之复杂难料处时刻可见人力之无奈与弱小，不仅很多"人事"远超人之洞见和能力，甚至面对看似微乎其微的事，人也往往无能为力。然而，人性之可贵与可赞之处正在于对"人事"不竭地解答与探索。"欲穷千里目，更上一层楼"（唐·王之涣：《登鹳雀楼》）；"千淘万漉虽辛苦，吹尽狂沙始到金"（唐·刘禹锡：《浪淘沙词九首》）；"路漫漫其修远兮，吾将上下而求索"（楚·屈原：《离骚》）；"俱怀逸兴壮思飞，欲上青天揽明月"（唐·李白：《宣州谢朓楼饯别校书叔云》）。明知世事难料、世事无常，却仍要在这"无常"之中探出必然之规律和恒定之理法，此正是人性之可贵与可佩之处。

以"理"应"事"是古今人们对待"事"的共识。抑或说，凡事讲求一个"理"字，是古今人们为人处事的通用准则以及判定自我与他人行事为人合理与否的根本尺度。诚如韩愈在《谢自然诗》中所说："人生有常理，男女各有伦。"② "事"有"理"则有区分、取舍、评价、判断之标准和依据，人世生活才有章法和规矩，人事开展才有规律和方向。

四 "事"与"情"

人之"事"永远承载与传递着"情"。人之情既细腻委婉，也博大豪迈。情感细腻者如红楼梦中敏感而惹人怜惜的黛玉，常因感念草木之衰微与零落而泪染襟衫；情感婉约者如宋代词人笔下情窦初开以及等待良人归来的闺阁佳人，因思念意中人常不免悲伤感怀、孤影自怜；情感博大者如范仲淹"先天下之忧而忧，后天下之乐而乐"以及杜甫笔下"安得广厦千万间，大庇天下寒士俱欢颜。……吾庐独破受冻死亦足"的浩然之丈夫；情感豪迈者则是那些坚信"长风破浪会有时，直挂云帆济沧海"和"苦心人，天不负，卧薪尝胆，三千越甲可吞吴"的具豪情、拥壮志之人。

人从来不曾脱离情感而存在，人永远是性情中人，人之感性决定

---

① 傅东华选注，董婧宸校订：《杜甫诗》，商务印书馆2019年版，第95—96页。
② 黄钧、龙华、张铁燕等校：《全唐诗》，岳麓书社1998年版，第231页。

"事"与"情"之间具有天然、自本自根的关系。"人皆有不忍人之心。先王有不忍人之心,斯有不忍之政矣。以不忍人之心,行不忍人之政,治天下可运之掌上。所以谓人皆有不忍人之心者,今人乍见孺子将入于井,皆有怵惕恻隐之心——非所以内交于孺子之父母也,非所以要誉于乡党朋友也,非恶其声而然也。由是观之,无恻隐之心,非人也;无羞恶之心,非人也;无辞让之心,非人也;无是非之心,非人也。恻隐之心,仁之端也;羞恶之心,义之端也;辞让之心,礼之端也;是非之心,智之端也。人之有是四端也,犹其有四体也。有是四端而自谓不能者,自贼者也;谓其君不能者,贼其君者也。凡有四端于我者,知皆扩而充之矣,若火之始然,泉之始达。苟能充之,足以保四海;苟不充之,不足以事父母。"(《孟子·公孙丑上》)人生而有情,事与情之间相互交织与融通,情中有事,事中有情,二者共同构成纷繁多样的"事情"。既是"事情","事"中总有"情",无"情"不是"事"。无论是"说事"抑或"做事",总逃不开"情"字。"事"因人而起,由人而道说与实践,人有"情"则"事"有情。"杨柳青青江水平,闻郎江上唱歌声。东边日出西边雨,道是无晴却有晴。"(唐·刘禹锡:《竹枝词二首·其一》)诗中所说与所做全是"事",也全由"情";"事"中有"情",因"情"成"事",全在一句"道是无晴却有晴"。"明月几时有,把酒问青天。不知天上宫阙,今夕是何年?我欲乘风归去,又恐琼楼玉宇,高处不胜寒。起舞弄清影,何似在人间?转朱阁,低绮户,照无眠。不应有恨,何事长向别时圆?人有悲欢离合,月有阴晴圆缺,此事古难全。但愿人长久,千里共婵娟。"(宋·苏轼:《水调歌头·明月几时有》)诗人既说"事",又抒"情";"情"既在"事"里,也在"事"外;既在"事"初,也在"事"末;既隐含在"心事"中,也表现在"行事"中。

"人事"总是脱不了一个"情"字,亲情、友情、爱情是千古之"事"的核心;伤情、悲情、乐情是千古之"事"的格调;传情、抒情、载情是千古之"事"的功能。有此"情","事"才有生命力与活力,才有光华与色彩,才具备值得琢磨、推敲、寻味、实践等的"属人"意旨与价值。

第二节 教育之"事"概述

教育本为"事",教育是人从事的一项社会活动和社会事业。此处所谓教育之"事"指的是教育现象和教育活动,由于"人"是"事"的主体,故而教育之"事"主要指的是以教育中人为主体、与教育中人相关的现象、活动与事务。

一 教育之"事"的特点

对比于社会生活中的"事",教育之事亦具备"分散""多样""复杂"等特征。然而,作为一项具体而专门的活动,教育有其区别于一般"人事"的根本特性,即"教育性"。教育性既是教育作为一项活动的本有特性,也是教育活动区别于其他活动的本质特性,还是表征和标志教育之"事"的核心内容和关键标准。

众所周知,任何"事"都有目标和指向,从事商业活动旨在促成经济目标;从事文化活动主要指向文化传播、传承、创新等目标;从事政治活动主要指向政策制定、政治管理、政治决策等目标。与一般意义上的"事"相似,教育之事具有政治、文化、经济、人口、伦理、环境等的多重功能。然而,教育之事的根本特性能且只能是"教育"。抑或说,教育之"事"虽有社会活动的一般功能,且在某种程度上体现出与其功能相符的特点,但教育之"事"的本质特性是"教育性"。舍此,教育之"事"将与其他领域的现象、活动、事务相混淆,教育之"事"的合理性与相对独立性将不复存在。

教育之"事"的"教育"特性具有两方面的含义。其一,教育之"事"必须具有的属性是"善"性。"善"就是"好",教育之"事"的"善"的特性,要求教育之"事"是"好事"。所谓"好事",笼统地讲是指对自我、他人、社会都有益处的活动和事务。所谓"好"的教育之"事"则指对教育中人、学校、教育事业发展乃至家国社会都有益处的活动和事务。这是在较宽泛的层面上论述"好"的教育之"事",这种"好"具备全面、整体与宏观性。对教育之事"善"性的具体与深入理解,可经由对具体教育教学活动性质的把握而得。一项教育教学活动,根本上是为满足个人的利益，还是整体的利益，抑或二者兼具；是为满足管理者的利益，抑或教师的利益，还是学生的利益；是具有短期效益，还是长期效益；是经济、政治的利益居多，还是文化、教育的利益居多，诸此皆可为衡量与判定教育之"事"是否以及在多大程度上具备"善"性提供标准和依据。其二，教育活动与事业的使命在于促进个体、群体、家国、社会乃至宇宙自然的"发展"，教育之"事"必须具备的属性是"发展"性。在教育中，教育中人以及数不尽数、微观具象的现象、活动和事务无一不具有"发展"的属性与职能。教育中"人"显然具备发展性，"发展"是人类活动共有的趋势和目标。以促进人之发展为首要目标的教育之"事"，其发展性首先体现为顺应与促进教育中人的身心发展。为促进教育中人身心健康、自由、和谐、充分与全面的发展，教育之"事"必须与教育中人身心发展的需求"精准对接"。一节课堂教学、一次课外活动或者一次社会实践活动的设计与实施都需要建基于教育中人尤其受教育者身心发展的需求、特点和水平之上。

概言之，教育之"事"的本质、属性与功能，根本上由"人"赋予和成就。为促成教育之事的"教育"使命和功效，人们尤其教育中人无论在什么情况下都应该始终秉持"教育"宗旨"做事"，时刻不能忘记与忽略教育之事的"教育"特性。

二 教育之"事"的类型与内容

教育中的"事"虽局限于"教育"范畴，指由"教育中人"从事的、与教育中人相关的现象、活动与事务，但其数量、种类、性质也具有复杂多样的特征。且不说教育活动与社会生活间的密切关联必然导致教育之"事"繁杂多样的事实，即便仅是"学校教育"中的现象、活动、事务也难以被尽数理解与把握。

倘若按照不同的维度对学校教育之"事"进行划分，则学校教育之事至少具有以下类型。其一，以学校中的教育之"人"为划分标准，可统一将学校教育之"事"分为"教师之事"和"学生之事"。由于学校教育中被称为"教师"的并非全是从事一线教学工作的"老师"，还包括行政与管理人员。倘以此为标准，则可将学校教育之事扩而分为"学生之事""教师之事""管理者之事"。其二，以学校教育活动的领域为划分标准，学校教育之事可分为"学校内的教育之事"和"学校外的教育之事"。需要说明的是，学校教育之事并非仅指存于"学校"场域中的现象与活动，社区活动、户外活动、社会服务工作等也是学校教育的重点领域和重要内容。其三，以学校教育活动的时间为划分标准，可将学校教育之事分为"课堂教育之事"和"课外教育之事"。"课堂教育之事"主要指的是发生在"课堂"中的现象与活动；"课外教育之事"则指的是发生在"课堂"之外但属于学校教育领域以内的现象与活动。其四，以学校教育主体主要从事的工作为划分标准，学校教育之事可划分为"教学之事"（主要包括学生的"学之事"与教师的"教之事"）；"科研之事"（主要以教师为主体）和"管理之事"（主要由教辅人员和行政人员从事）。其五，以学校教育主体的主要职责为划分标准，可将学校教育之事分为"分内之事"和"非分内之事"，比如教师的本职工作是"教学"，教师做好本职工作首先体现为"上好课"。在"分内之事"做得不到位、不合格的情况下，倘将主要时间和精力花费在其他领域则可被称为"不务正业"。相应地，剥夺教师做"分内之事"的权利，以及通过强力分配教师"非分内之事"而影响教师从事其"分内工作"的，则既是越界的，也是不尊重教师职业和教育事业的体现，甚至会违背法律与制度规定。最后，以"全面发展"的目标和内容为划分标准，则教育之"事"可分为德育之事、智育之事、体育之事、美育之事、劳动教育之事若干范畴。

教育之"事"的种类、数量、性质等很难被予以详尽而全面的描述，各种教育之"事"间也具有密切的关联。概或由此意义上，人们常说"教育之事无小事"。

三 教育之"事"的功用

古往今来，人类社会发展进步的根本和唯一途径是"做事"。人作为万物之"灵"，为人处事是生存的根本方式与生活的基本样态。离开"事"，人之主体能动性没有施展的空间，人之发展与进步的可能性会自动消解。"事"为人的生存发展提供基础而全面的条件，古今之人都相信"付出才有回报""一分耕耘一分收获"的道理，都积极经由"做事"而"成事"。

教育活动或事业的全部功能与目的在于"促进发展",既促进个体的发展,也促进社会、国家、民族的发展;既促进生理的发展,也促进心理的发展;既促进智力的发展,也促进精神、品格、境界的发展;既促进政治、经济的发展,也促进社会文明程度、伦理状况以及精神建设水平的发展。作为社会事业,教育之"事"虽指向教育中的具体之"事",但也分有教育事业的职责与使命。抑或说,为实现教育事业的个体与社会功能,教育之"事"必须具备与教育事业相类似的功用。诚然,二者的区别之处在于教育的功用是宏观的,教育之"事"的功用则相对具体。比如,以"促进发展"的教育事业的整体使命为依据,教育之"事"中的"德育""美育""智育""体育""劳动教育"各自担负不同的职能。人们致力于通过"德育"促成道德、素质、人格、境界的提升;寄希望于"美育"培养人们感受美、体验美、创造美的审美观和审美能力;诉诸"智育"促成智力、思维、认知、判断能力的发展;将培育身心健康之人的教育理想寄托于"体育";将培养爱生活、爱劳动、勤劳勇敢之人的教育理想交付于"劳动教育"等。在宏观"五育并举"的基础上倡导"各育"间的融合与沟通,以实现教育事业"促进发展"的功用与价值。可见,教育之"事"虽有大小之差与轻重之别,但具有共同的目标与方向,即"促进发展"。教育事业"促进发展"的使命要求教育之"事"无论大小轻重均应以贯彻与落实教育事业的使命为前提依据、根本内容和最高标准。

概而言之,以"促进发展"为标准,旨在促进人与社会发展的活动与现象是教育之"事",不以促进人的发展为目标和取向的"事"不能称之为"教育"之"事"。

第三节　古汉字"事"及其教育意旨

倘说"人"是构成人类社会的关节与骨骼,"事"则是人类社会的"血肉"。有"事",人类社会才有"内容"和"活力",才具备发展与进步的条件与可能。相应地,作为促成教育事业和教育中人发展进步的关键因素,多样化的教育之"事"可与人们身心发展的多样化需求正相对应,从而使人的全面发展成为可能。"事"最早的含义是什么?是否可由

"事"的早期含义中得见教育意旨？能否在"事"的早期字形与字义中得出有关教育的启思？此是下文重点阐释的内容。

一 古汉字"事"之初义

"事"的甲骨文为🗚，由三部分构成，分别是🗆、🗡和🗶。🗆即"口"，🗡形似"权杖"，🗶即"又"，意为抓、持。由此三者，🗚的最初含义是"传达朝廷命令并监督实施"。甲骨文🗚"传达朝廷命令并监督实施"的含义，与古代官吏的职责几近相同，这也是古汉字"吏"与"事"之原初字形和字义完全相同的原因之所在。《说文解字》曰："事，职也"，"事"之本义是"职业"和"职业者"。古文献中有许多表明"事"之"职"的内容，如《周礼·天官·大宰》中"九曰闲民，无常职，转移执事"的"执"即有"职"意。针对上古文论《尚书·盘庚下》中的"呜呼！邦伯师长百执事之人，尚有隐哉"，孔颖达注解曰"其百执事谓大夫以下，诸有职事之官皆是也"①，由中也可得见"事"之官职、职业、职务等的早期内涵。

对于🗚中的🗡，学界看法颇不一致。有学者指出："对于这个物件的说解不一，有的研究者认为是捕猎的器具，有的认为是旗帜的省略符号，也有人认为是记事用的笔，无论哪种说解，大致都可以理解为做事。"②诚然，倘将🗡解为"权杖"，结合《说文解字》中"事，职也"的说法，确能将其与"官职""职务"相关联。然而，在"捕猎的器具""旗帜""笔"等有关"物"的解读中，🗡无论是哪种事物，都不会对🗚之"事情""活动""事务"的含义产生根本影响。🗚中的🗆重在"说"，用以指称"手"之"抓""持"的🗶是"动作""行为"，指向"做"。🗡上有"口"而下有"手"，表明代表"事物"的🗡是🗆与🗶共同作用的对象。由是，将"口说""手做"加之于🗡之上，则直接构成"说事"和"做事"的内涵。以此为依据，甲骨文🗚自造字之初便蕴含人尽皆知的内涵，即既可被"说"又可被"做"的"说事"和"做事"意旨。

---

① （宋）王安石撰、李之亮笺注：《王荆公文集笺注》（中），巴蜀书社2005年版，第1273页。

② 郑春兰：《魅力汉字》，四川辞书出版社2018年版，第245页。

二 古汉字"事"之教育义

以甲骨文🖎的"说事"和"做事"内涵为依据，教育之"事"也无外乎存于"说"与"做"两个层面。以"说""做"作为衡量教育之"事"的标准，正能与"教育理论""教育实践"相对应。"教育理论"作为一种思想、学说、观点等，主要经由"说"的方式达成；教育实践作为行动，则必须诉之于"做"。古今国人之于"说"与"做"，始终抱持"兼顾"的观点，主张二者之间的融会贯通，并批判顾此失彼与重此轻彼的观念和行为。王守仁曾说道："古人所以既说一个知，又说一个行者，只为世间有一种人，懵懵懂懂地任意去做，全不解思维省察；也只是个冥行妄作，所以必说个知，方才行得是。又有种人茫茫荡荡，悬空去思索，全不肯着实躬行，也只是个揣摸影响，所以必说一个行，方才知得真。此是古人不得已补偏救弊的说话，若见得这个意时，即一言而足。"①"知行工夫本不可离。只为后世学者分作两截用功。"②"说"与"做"、"言"与"行"、"知"与"行"本是一体两面的关系，从来不可被截然分开，这种"共识"集中而直观地体现在甲骨文🖎中。🖎中"说"与"做"的对象都是"事"，三者之间的密切联系集中传递出古人"知行合一"的智慧与精神。🖎中蕴含着"怎么说便怎么做""怎么做便怎么说"的"言行一致"的意旨。此外，🖎之"说""做""事"紧密连接的字体结构，昭示出古人"知行合一"的原始思想与原初精神，这与当前人们普遍讨论的"知先抑或行先"的教育问题，以及倡导的"知行合一"的教育理念之间均能够形成对照，可助力于人们形成合理的知行观念。

在理想状态下，教育理论与教育实践当处于"合一"关系。这种"合一"包括理论对实践的指引与规划，以及实践之于理论的应用与检验两个层面。以理论指引与规划实践，是指人们的教育实践要基于理论、源于理论，而非在脱离、偏离甚至缺乏理论支撑的情况下任意或随意展开。教育事业的神圣性与教育中人尤其学生身心发展的内在需求，需要

---

① （明）王阳明撰，张怀承注译：《传习录》，岳麓书社2019年版，第13页。
② （明）王阳明撰，［日］佐藤一斋注评：《传习录》，上海古籍出版社2018年版，第83页。

诉之于以理论为支撑与引导的教育实践。以实践应用与检验理论，是指教育实践者在依据和参照理论的基础上，通过实践的方式对理论进行检视、追问、验证和反思，深化与扩大理论之于实践的指导和促进作用。诚然，倘以"知行合一"为标准衡量社会和教育中的"事"，其结果往往不免令人失望，原因在于教育生活中"言行不一""表里不一"的"人事"不可不谓多不胜数。这种"言行不一"的情况不独体现在日常教育生活中，还体现在极为严肃和正规的"教育理论"与"教育实践"及其关系中。诚如李白《嘲鲁儒》的"鲁叟谈五经，白发死章句。问以经济策，茫如堕烟雾"，知与行、言与行相脱节是现实生活常见之现象。相较之下，教育生活中的知行脱节现象亦较为严重。比如，在道德教育领域，"知行脱节"现象主要表现为：教育中人多能从思想、观念层面体认"道德"，并能将道德观念诉之于语言和文字，然而在实际行动中却很难真正如其"所知"与"所说"的那般实践道德。"上士闻道，勤而行之"（《老子》第四十一章），现实社会中的"上士"可谓少之又少。这种普遍存在于教育生活中的道德理论与道德实践相脱节的现象，对道德环境、道德氛围、道德观念以及道德信念的建构与树立具有较强的破坏与损害作用。

可以说，古汉字"事"的教育内涵丰富而颇富价值，其字形、字义可与当前的教育现实相对应，能为人们理解与践行教育活动提供别样而独特的视角，有助于深化和推动人们的教育观念与教育实践。

三 其他与"事"有关的古汉字之教育义

人"事"之丰富多样赋予包括教育事业在内的人世生活以别样的特征与多彩的内容。在此，特选取古汉字中的"劳""动""智""慧""诗""性"诸字，解读各者原初内涵，以此为基础阐发各者的教育内涵，挖掘诸此古汉字中的原初教育意旨。

（一）"劳""动"

古汉语中的"劳""动"皆具"改变原有状态"和"创造新事物或新状态"的意旨。由"劳，剧也。从力，荧省。荧，火烧冂，用力者劳"①与"动,作也。从力,重声。古文动从辵"②中,可见"劳"的"火烧门,用力者劳"以及"动"的"行走"中皆蕴含着"动作""动作指向"和"动作结果",呈现出经由劳作而获得改变的行动意向。"劳动"——"有劳则动",个体只要勤奋付出、辛勤劳作就能使原有的形式或状态发生"变动"。"改变"是劳动的本质属性,是贯穿于"劳动"本义、劳动过程与劳动结果的核心内涵与根本目的。

人类社会的发展与进步离不开富有改变力和创造力的劳动,人们之于幸福生活的追求与实现离不开积极主动的劳动,劳动促成个体与社会不良处境的改良或改善。"个人怎样表现自己的生活,他们自己就是怎样。因此,他们是什么样的,这同他们的生产是一致的——既和他们生产什么一致,又和他们怎样生产一致。因而,个人是什么样的,这取决于他们进行生产的物质条件。"③劳动不仅改变个体的身心状况、生活方式与生存样态,亦对物质基础、生产关系与社会结构等具有全面的改变与改造作用。依靠具有"改变"功能的劳动,人类与动物之间的模糊界限得以清晰,人类能够享有"万物之灵"的美誉,并获得物质水平的改善与精神境界的提升。然而,在理解与把握劳动的"改变"指向时,需要时刻注意"改变"的标准和边界。劳动"所要改变的是人类世界的不合理与非法性存在",只有那些真正合伦理、合道德、合人性、合规范的"改变",才是合法合理"劳动"的所指与能指。将脱离标准和逾越边界的"改变"作为"劳动"的内涵与指向,会造成人们对"劳动"本质的歪曲与误解。诸如"不劳""徒劳""惮劳""剧劳"等皆可被视作脱离或者违背"改变"标准及界限的劳动过程与劳动结果。

作为教育之"事","劳""动"所具有的"改变"内涵实则揭示出教育活动的本质。教育之于人的根本和全部意义在于促进人的积极"改变"。积极"改变"就是"发展",促进人们的"改变"就是促进人们的发展,"劳""动"原初的"改变"内涵中蕴含着"发展"的实质,与教育之事"促进发展"的取向相一致。

---

① 向光忠:《说文学研究》,崇文书局2004年版,第97页。
② 徐在国:《楚帛书诂林》,安徽大学出版社2010年版,第827页。
③ 《马克思恩格斯选集》(第1卷),人民出版社2012年版,第147页。

（二）"智""慧"

"智"由"知"和"日"两部分构成。"智，或作知"（《集韵·置韵》），古代"智"与"知"互通。段玉裁注解《说文》"知，词也。从口，从矢"① 曰："识敏，故出于口者疾如矢也"②，意指人们思维敏捷，对于认识事物可以脱口而出。篆文"慧"写作🅰️，其中🅱️指"手持扫帚扫地"，🅲️即"心"，最初含义为"清心净虑"。《说文解字·心部》："慧，儇也"③，表明"慧"的聪明、敏捷之意。关于"智慧"，维柯说道："所谓智慧，无非是恰当适度的能力。恰当适度的能力（solertia decori），也就是一言一行都恰当适度……Solertia 就是聪睿、准确、灵敏等能力，decorum 的意思是恰当、合适、适度。"④ 按照维柯的解释，"智慧"既指"聪睿""灵敏"等品质，又同时包含"恰当""适度"的边界与限定。智慧是有"度"的，只有在一定限度内的"聪睿""灵敏"才属于"智慧"，不及或者超出这个"适度"的规定及界限的不是"智慧"。将"智慧"视作一种"恰当""适度"的品质，是早期中西方哲人定义"智慧"的共识。亚里士多德认为，勇敢是懦弱与鲁莽之间的中道，磊落是放浪和猥琐之间的中道；不卑不亢是虚荣与卑贱之间的中道；机智是滑稽与粗鄙之间的中道；谦虚是羞涩与无耻之间的中道。⑤ 在主张"执两用中"的传统儒家和道家思想中，"中庸"和"中和"亦被看作合乎"智慧"的品质与能力。"智慧"理当"适度"的界说与规定，表明"智慧"与"理性"的直接相关性：智慧是一种适度的、恰当的聪慧与敏捷，需要诉之于理性。

"智慧"的形成与发展伴随与体现为人之理性的不断发展。教育作为一项社会事业担负培养和发展人之理性的职责，这尤其体现为"智育"之于人们知识建构、能力养成、思维提升等的作用。然而，关注人们理智的养成和发展固然重要，但理性不是万能的，"智慧"中内含的"理

---

① 臧克和、王平：《说文解字新订》，中华书局 2002 年版，第 344 页。
② 段玉裁：《说文解字注》，上海古籍出版社 1981 年版，第 227 页。
③ 濮之珍：《中国语言学史》，上海古籍出版社 2017 年版，第 84 页。
④ ［意］维柯：《论意大利最古老的智慧：从拉丁语源发掘而来》，张小勇译，上海三联书店 2006 年版，第 27 页。
⑤ 姜丽萍：《中西法律思想源流解读》，黑龙江人民出版社 2006 年版，第 90—91 页。

性"是"适度"的。"适度"的"理性"一方面表明"理性"的重要性；另一方面则指向对"诗性"的重视。对比于"理性"，"诗性"的智慧往往给人以灵动、美妙的体验。由于"诗性"与"美"及"美育"之间具有密切关联，下文会将"诗性"与"美育"相关联，对其专做论述。

（三）"诗""性"

篆文 ᚉ 由 ᚉ 和 ᚉ 组成，"诗，志也。从言，寺声"①，"诗"是人内心情感和意旨的流露。"性"最早的字体为金文 ᚉ，其中 ᚉ 指"心"，ᚉ 即"生"。"性"指人的"本心"或"初心"。"诗性"即"诗的特性"，"诗性"与"诗"密不可分。诗是一种重要的文学形式，"它借助具有节奏感和音乐美的语言，构造具有诗美的意象，表现诗人强烈而凝练的情致。"②对比其他文体，诗在语言、节奏、基调、格式、思维、结构、方法等方面冲破与超越常规语言表达的限制，充满着想象精神、创造精神，富含浓厚的情感和撼人心魄的魅力。这也是西人维柯和近人王国维将诗看作文学表达最高形式的根本原因。诗激荡人们的冲动与激情，触动人们的神经与思维，关照人们的精神与灵魂，摇曳人们的情感与想象。这种富含情感、想象力、感染力，富有跳跃性、独特性、发散性、审美性的诗歌特点，以及古今随物赋形、自由不羁、豪迈豁达、感性灵动、委婉细腻、胸有天地的诗人形象，皆可为人们理解"诗性"提供生动而形象的借鉴与参照。

海德格尔以"诗意的栖居"形容人之生存与发展的理想状态。在海德格尔的语境中，"诗意的栖居"是一个天、地、人、神和谐共处的生存境遇，在此境遇中的人能够获得最大限度地自我实现和自我超越。诗性人生或诗意人生实则对应并指向"诗意的栖居"，人们与自我、他人、自然的和谐共生是构成诗意人生的重要内容。诚然，古今中外人们的生存方式、传统习惯、风俗礼节各不相同甚至大相径庭，但人们的诗性智慧和对诗意人生的追求是相似、相通或相同的。这也是西方海德格尔"诗意地栖居"能够广泛与先秦道家庄子"逍遥""本真""忘我""齐物"等的人生理念相融通的原因之所在。中西贤哲对于诗意人生浓墨重彩的

---

① （东汉）许慎：《说文解字》，岳麓书社2006年版，第51页。
② 王向峰：《文艺美学辞典》，辽宁大学出版社1987年版，第343页。

书写不仅描摹出一幅自然、雅致、清丽的人生画卷,也是人们反观自我人生的绝佳参照。

由此可见,"诗性"中蕴含着丰富的美学意旨,与当前"美育"的内涵、内容、目的之间具有密切而直接的关联。"诗意""诗化""诗性"都可直接与"美"相对应,具有美学和美育的意旨与内涵,能够给人以美的体验和感受,能够激发和养成人们欣赏美与创造美的情感与能力。

第七章

古汉字中的教育之"言"

语言是人类文明之光,它照亮人类前进的方向和路途,解禁被外界和自身束缚与局限的人类,促成人与自我、他人和外界的沟通与交流。语言之于人类社会的重要意义体现在社会生活的各个领域。可以说,没有语言就没有人类社会的发展,就没有人类文明,就没有文化精神的表达、传承与创新,就没有人类赖以生存与发展的根本依据。作为沟通、交流和表达的方式、手段等,语言之于教育意义重大。离开语言,任何教育活动都无法开展,教育也无法成为一项促进个体与社会发展的活动和事业。

第一节 "言"与"不言"的内涵和功用

"言"即"语言"。日常之"言"常指"口头语言","说话"是"言"的早期内涵。然而,语言既可"说",又可"写",还可以经由"无声"的方式传递。"言"并非仅指"口语",也包括可以为视觉直接把握的"书面语言",即"文字""符号"等,还包括可以经由多种感官综合把握的"无声"的肢体动作、眼神交流等。诸此形式与特征各不相同的"言"综合构成人们交流沟通的"语言库",既促成人们交流方式的多样性和灵活性,也促成人世生活的多元性和趣味性。结合当前人们认识与运用"言"的一般情况以及所论主题,此处专门择取和阐释"言"之"言说"义。

一 "言"之功用与局限

关于言说的功用与指涉,海德格尔做过精辟的论述:"话语是对在世的可理解性的'赋予含义的'分解。"① 言说对原本整全的被言说物的"分解"由言说本身的性质所决定。"在通常的认识中,人和万物都被扯碎成可以被言语表达,被概念规定的东西,这样语言就变成了信息。"② 人们常说的"言"是用描绘可言之物的语词对世间诸多可言、可见、可预言、可预见之物予以描述和解释,此种层面的"言"作为对象和工具为人们所运用。由于构成言说的符号、概念本身亦是对象,对象与对象之间的多种连接方式使得大千世界的言说五花八门,故而人们得以言如泉涌、笔下有神。

语言是人表达自我与实现沟通交流的重要工具和媒介。然而,由多重概念和符号组成的用以描述有形与有状事物的语言,仅是人们对现存世界了解程度的有迹可循的反馈。作为认识世界的方式、手段,语言的工具属性造成其本身的局限性,并成为"道言悖反"的原因之一。可见之物可言说,不可见之物如何言说? 确定之物可以言说,不确定之物何以言说? 言说能体现全部吗? 正如庄子所说"道未始有封,言未始有常。为是而有畛也。"③ 道无边界,言无永恒,道不可言,言不尽道。《老子》开篇的"道可道"(《老子》第一章)将"言"看作彰显"道"的方法与工具,而"非常道"则表明"言"作为工具或方法的局限性,即其无法达至最终尽言"道"的目的。不仅传统道家老庄论及语言的局限性,西方维特根斯坦、加达默尔、黑格尔等人皆关注与强调语言的局限性。黑格尔在《哲学史讲演录》中说:"语言实质上只能表达普通的东西,但人们所想的只是特殊的东西。因此不能用语言表达人们所想的东西。"④ 在古代文论中,有关"言说"局限性的描述亦比比皆是,人们试图经由各种方式突破"言说"的束

---

① [德]海德格尔:《存在与时间》,陈嘉映、王庆节译,生活·读书·新知三联书店2000年版,第189页。

② 那薇:《天籁之音源自何方——庄子的无心之言与海德格尔的不可说之》,商务印书馆2009年版,第75页。

③ (清)郭庆藩:《庄子集释》,中华书局2004年版,第83页。

④ 童庆炳:《中国古代心理诗学》,中华书局1992年版,第79页。

缚与遮蔽。"眼来眼去又无言。教我怎生团。又不分明，许人一句，纵未也心安。是即自古常言道，色须是艰难。愿早得来，虽然容易，管不等闲看"（宋·晁端礼：《少年游》）；"相见两无言，愁恨又还千叠。别有恼人深处，在慵腾双睫。七弦虽妙不须弹，惟愿醉香颊。只恐近来情绪，似风前秋叶"（宋·李之仪：《好事近·相见两无言》）；"春已老，春服几时成。曲水浪低蕉叶稳，舞雩风软紵罗轻。酣咏乐升平。微雨过，何处不催耕。百舌无言桃李尽，柘林深处鹁鸪鸣。春色属芜菁"（宋·苏轼：《望江南·暮春》）；"无言独上西楼，月如钩。寂寞梧桐深院锁清秋。剪不断，理还乱，是离愁。别是一般滋味在心头"（南唐·李煜：《相见欢》）；"道无言，禅没说。两道白光，唯许红霞设。真玉山头常摆拽。泼滟滟兮，返照灵峰雪。愈玲珑，元皎洁。射透晴空，莹莹神光别。到此玄玄妙彻。一朵金花，里面金丹结"（元·王哲：《苏幕遮·道无言》）；"细雨萧萧变作秋。晚风杨柳冷飕飕。无言有泪洒西楼。眼共云山昏惨惨，心随烟水去悠悠。一蓑一笠任孤舟"（宋·王质：《浣溪沙·有感》）。事实上，语言功用的局限性已为人们普遍体认，人们也多倾向于以"不说话"与"少说话"的方式达成沟通交流的深层目的。

二 "道""言"关系

"道言悖反"作为对道、言二者关系的描述，集中体现在道家代表作《老子》中。"道"是《老子》的核心概念，其既是终极的"逻各斯"，又是用以指导社会人事的具体法则。"言"意为言说，是老子彰显"道"的重要方式。作为言与言说对象间矛盾的体现，"道言悖反"的现象在社会生活中较为常见。

《老子》开篇有言"道可道，非常道"（《老子》第一章）。此句即对言与道的关系作出总结性概括。句中前一个"道"是指形而上意义上的涵盖万物的大道；后一个"道"则为言说之意。可以言说的道，不是原本意义上的道，不是那个无所不能、无所不包的大道，"道可道，非常道"指出对于道的言说使得道失却本意。汤用彤先生指出："道之别一名为常"，而常的第一种含义是"本然义，本来如此曰常。"[①] "道"的本然

---

① 汤用彤：《魏晋玄学论稿》，上海古籍出版社 2005 年版，第 126 页。

义即其本原的、自然之义。与本然、自然的"道"不同,"言"是人为造作的,具有指向性。用人为的"言"言说自然的"道","言之者失其常,不以言为主,不违其常"①,则"言"必然导致对"道"的划分与切割,有损于道的完整性,故而老子不提倡用"言"说"道"。然而,"言者不知知者默,此言吾闻于老君。若道老君是知者,缘何自著五千言"(唐·白居易:《读老子》)。既然道是不可以言的,老子却说"道可道",且五千言无一处不在论"道"。由《老子》中一方面确信言不可尽道,一方面又竭其所能言道的理论事实来看,老子又对"言"抱持肯定态度,认为形上之道本体以及适用于社会人事的普遍规律和法则可以经由"言说"的方式为世人认识与理解。老子深知"道"不可言却又竭力言道的根本原因,在于其对道言关系的深刻洞察。不得不说,"道可道,非常道"提供给人们理解与认识道言关系的一个新视角,即道仅限于在某种程度上被言说,而且言说的结果是不甚尽如人意的"非常道"。在体认言与道之间密切而又疏离的特殊关联后,老子循之而言道,在"言"道的过程中,既看重并尽力发挥语言的功用,又尽量避免语言对于"道"的损害。这表现为,老子多次对道的本质、形态、功用、表现形式等予以描述和论证,却从未给"道"以明确的指称和设定。抑或说,在发挥语言功用的前提下,有鉴于语言的非自然性、人为性,老子谨慎而理智地运用语言,对道的"可言性"做出一定程度的保留。

言虽不尽道,但无言道不显,道的这种可说又不可说的特征,使得道、言二者在《老子》开篇便形成特殊关系。道、言二者关系的特殊性体现在两方面。其一,道与言的统一性,体现为言说可以彰显道,依靠言说,道可以显现自身,可为人们得知。其二,道与言的悖反性,体现为言说虽有积极功效,但言说的人为性、工具性会损伤道的本原之意。老子对于"言"的谨慎运用,提供了关于"道言悖反"关系的可能性论证,揭示出"道言悖反"现象的普遍性。

三 "不言"之解析

顾名思义,"言"是"言说","不言"是"不说"。源于言说的局限

---

① (魏晋)王弼:《老子道德经注校释》,楼宇烈校释,中华书局 2008 年版,第 67 页。

性与道的不能尽知性,当作为工具和方法的言说与作为言说对象的道照面时,言说的局限性便不可避免地显示而出。因语言之于道的无力与无法言说,"道"变得更加难以为人们所体认与把握。"道言悖反"的理论矛盾反映在现实中,便是语言的局限性导致人们认识事物的过程与效果受阻。在这种情况下,突破道言之间的张力,需要在不改变"道""言"二者本身性质的前提下,既发挥"言"之功用又彰显"道"之涵博,从而在一定程度上弱化"道言悖反"现象及其消极影响。有鉴于此,针对"道言悖反"的理论冲突,老子提出"不言"的方式。

(一)"不言"之内涵

在首章揭示"道言悖反"的关系后,《老子》第二章便提出解决之道,即"是以圣人处无为之事,行不言之教"。此句中的"不言"是老子用以调和道言关系的重要依据。单就此句而论,前句"无为"与后句"不言"之间存在对照关系,按照"圣人无为而无不为"的逻辑,圣人亦"不言而无不言"。宋代林逸希的《老子鬳斋口义》有言:"圣人以无为而为,以不言而言。"① 老子不言的理论基础是道无为。无为而无不为,不言而无不言,不言并非闭口不作声,老子是在找寻一种更为周全的言说方式,即一种不妄言、不胡言、不多言的无损道之自然性的言。《老子》对"不言"多有褒扬,认为作为言说方式的"不言"与"道"共具自然属性,皆可与"无为"之道互相指涉。"多言数穷,不如守中"(《老子》第五章)即从侧面指出不言具有的"贵言""少言"特性。事实上,贵言、少言皆属"不言"。魏晋王弼注解"大音希声"(《老子》第十一章)之"希"字曰"听之不闻名曰希"②,可见"希"意为"不言";"悠兮其贵言"(《老子》第十七章)之"贵言"也是合乎自然状态的"不言"。此二者是老子对"不言"的别称,均指称自然、不言而无不言的"大言"。

(二)"不言"之优势

消解或突破道言之间的悖反关系需要找到另外一个能够与被言说物,

---

① (宋)林逸希:《老子鬳斋口义》,黄曙辉点校,华东师范大学出版社2010年版,第3页。

② (魏晋)王弼:《老子道德经注校释》,楼宇烈校释,中华书局2008年版,第113页。

即"道"相匹配的言说方式。也就是说，为对"道"进行更为全面地言说并使得言说本身更具价值，言说方式必须远远超越常说之"言"，具备深度触及与阐释道的功效。在《老子》中，与无所不在之"道"相对应的是无所不言的"不言"。

在寻找到"不言"的言说方式后，老子并非舍此取彼，完全摒弃不能尽言道的"言"，而是将"言"涵盖在"不言"之下，主张以更为周全的言说方式言道。《老子》对言有过多次表述，如"信言不美，美言不信，正言若反"（《老子》第八十一章）。通过文本可知老子提倡"信言"，贬低"美言"，善于运用"正言若反"的言说方式，认同与肯定能使言无瑕疵的"善言"之人。可见，"不言"绝非排斥一切言说，其绝非字面意思上的"不说话"，而是与"无为而无不为"一致，旨在以不言的方式达至无不言的目的，以更为广泛和深入地"言"道。基于此，"不言"也是一种"言"。同为言说方式，以"不言"涵盖"言"，既没有否定"言"的功用，亦没有改变言说本身的属性，而是在认识到"言"之片面、不周的工具性有损道之整全、广博特性的基础之上，以"不言"的方式弥补"言"之不足，矫正"言"之过失，从而拓宽与深化"言"的指涉范围，使对不可尽言之"道"的解说更为周遍与全面。

依靠"不言"的言说方式，"道"与"言"处于同一层面，不言而无不言的言说方式对应道之无所不包的属性，可在言说方式与言说对象之间形成广泛而有效的连接。

第二节 教育中的"言"与"不言"阐释

承接上文"言"之"言说"内涵，教育之"言"指的是"教育中的言说"。教育中的言说主体是教育中人，言说的主要内容是"教育之事"，言说的主要方式是"讲授""谈话""讨论"等，言说的根本目的在于教育中人的发展。作为一种具体而特殊的"言说"，教育之"言"为教育中人的发展提供广阔的空间和可能。古今教育"口耳相传"的属性、特征和方式，可对教育之言的意义和价值予以直接正名。可以说，离开"言说"，教育事业的属性、特征、内涵、魅力、影响力等定会大幅削减。然而,一般所论之"言说"并非教育活动开展的唯一依据。"言说"的积极功用促使人们抱持与实践"讲授""讨论""谈话"等的教育理念与行为;"言说"的局限性也要求人们积极找寻与实践"不言"的教育理念。下文将以"学科教学"作为教育之"言"的载体和对象,对教育之言予以分析与阐释。

一　教育之"言"的内涵与特性

在教育生活中,语言的作用是有限的。学科教学中倡导和运用的多种教学方法正是建基于人们对语言局限性的体认。教育中的语言不比日常交际中的语言那般自然、随意,而是需要具备专业性。教学用语具有特定的言说对象与使用规范,教学语言的特定性是构成教学语言功效有限的重要因素。在教学过程中,学科知识的复杂性、学术性对语言使用提出较高要求。依靠与运用语言而展开的教学过程,以教学内容的"授—受"为目标,可细化为具体的、多样的"语音传递"过程。语音传递的实质是语义的传递,教学中语言功用的发生实质上依靠的是语义的"传达—接收"。然而,由于"语义是人脑对客观事物或现象的概括反映,并以一定的语词形式固定下来:它一头连着客观世界,构成反映和被反映的关系;一头连着人的主观世界,在每一个人的头脑中储存着一套反映外部世界不大不小的语义系统(由于个人后天所受教育和生活经历的不同,每个人头脑中存储的语义系统所反映的世界图景也不一样)"[①],故而教学活动中的意义传递过程并非总是合理有效。在教学过程中,当教师向学生传授学科知识时,因对学科知识的理解与掌握程度不够深入或对基本概念、术语的理解不够准确等原因,较容易导致语义混乱、用词不当、语词歧义等的失误,这种语言发生机制初期的错误往往导致语言传递过程的失效,削弱语言在学科教学的功用。

就教学语言的使用规范而言,专业性是教学语言运用的基本规范。学科知识由专门概念、专业术语等综合构成,具有结构稳定、逻辑合理、组织有序等特性。在传授学科知识的过程中,考虑到学科知识的专业性

---

① 刘焕辉:《言与意之谜——探索话语的语义迷宫》,中国社会科学出版社2001年版,第11页。

以及受教育者接受知识的正确性、准确性，语言表达理当是专业的，即将专业概念、专业术语等作为基本语词，以此达成对学科知识的专业性表达。诚然，对于教学语言使用规范的限定，也在相当程度上增加了语言使用的难度，使得语言在学科教学中极易因不准确、不精确而对学科教学的开展及其成效产生消极影响。"吾生也有涯，而知也无涯，以有涯随无涯，殆已。"（《庄子·养生主》）教育知识浩繁无穷，不能为教育主体所尽知。当教育主体对于学科知识少知或不知时，即便语言在场也无法对那部分"缺失"的知识予以言说。诚然，学科知识不断继承、创新、生成的本质特性及其专业性、科学性，也使得人们的"尽知"无法成为现实。因知识不能尽知而导致的对知识的"不知""少知"情况，经常成为导致学科教学中"语言无效"现象的重要原因。一般来说，在教学过程中，当遇到陌生概念或未曾见过的知识点时，教育主体通常以沉默的方式呈现语言的无效，或者以"不知道"的措辞表明自身的不知事实。然而，另有一些特殊的情况是，教育主体在"不知道"的情况下，却偏要"言"。这无疑加剧了知识与言说之间的矛盾，使得言说成为促成不合理知识、错误知识的"肇事者"，使得知识与言说之间愈加悖反，使得言说之于知识获得的功用大幅降低，甚至对教育中人的知识接受与理解过程产生负面作用。

二　教育中的"道""言"关系

在学科教学过程中，语言是知识传授与习得、师生交流与讨论不可或缺的工具。语言在学科教学中的作用及其作用发挥的程度，成为决定学科教学能否顺利开展以及能否达成教学目标的重要因素。不可否认，语言是人类特有的优势性工具。然而，为人类进步与发展做出突出贡献的语言并非完美无瑕，而是有其弊端和劣势。由于交往过程中的种种原因，语言的意义表达与接受过程并非完全畅通。语言作为工具并不必然促成知识、意义的传播与传承，反而经常造成意义表达与事实之间的偏离。学科教学中常见的"词不达意""言不符实""言不尽意"现象，皆表明语言在知识传授、意义传达层面的局限性。

在学科教学中，教育主体的词汇量、语言表达能力、交往特征等都有可能成为阻碍语言功用发挥的因素。然而，阻碍语言功用发挥的最大因素是"语言"与"言说对象"之间的背离。抑或说,当语言无法、无力对言说对象进行言说时,作为教学方式的语言则显露自身的短板。学科教学过程由多种因素及其之间的关系共同构成,而连接教育主体与其他教学因素的重要中介是学科知识。教育主体是传授与学习学科知识的人,各种教学辅助用具是促进知识传授与习得的事物。学科知识是教育主体间沟通、交流的主要内容。在学科教学过程中,语言实现学科知识"授—受"作用的机制大致包括四个步骤。首先,在教育者的内部世界中由概念形成一个声音,这可称作教育者发声的准备阶段。其次,教育者将概念外化为语音,此是教育者的发声阶段,也是语言发挥作用的阶段。再次,受教育者接受来自教育者的语音信息,这是受教育者的语音接收阶段。最后,受教育根据语音在头脑内部形成一个相应的概念,这是受教育者的语音内化阶段。参照语言作用的形成与发挥机制,可见在运用语言进行学科知识的"授—受"时,学科知识贯穿于各个环节,是促成语言机制持续发挥作用的重要因素。传授者对于学科知识的先在理解与先有认识,既是构成语言功用的前提,也是决定语言工具价值大小的关键因素。相较之下,接受者对于学科知识的理解与掌握程度,决定其接受语言信息的数量和程度。

鉴于语言与学科知识间的关系,当教育者对学科知识的理解不够深入、把握不够全面时,用以概括和表达学科知识的词汇便不够精确与专业,教育者头脑内部难以形成可用以表达学科知识的清晰概念体系和语词结构。在这种情况下,当教育主体运用语言作为工具,对学科知识进行传授、传播时,语言的教育作用往往有限。按照语言发生机制,语音形成建立在概念形成的基础上,对概念把握的广度和深度,决定语音的范围和指涉。源于对学科知识的不熟知、不尽知,教育者的语言既不能够达成对于知识的忠实呈现,也不能对学科知识进行精确描述与合理组织,并会最终导致不理想的知识授受过程及其结果。此直接指向学科教学经常出现的"词不达意"现象。在对学科知识把握与理解程度有限的情况下,教育主体的"词不达意"成为学科教学中的常见现象。当教育主体错误的理解和掌握学科知识时,学科教学中也可能出现"言不符实"现象。"言不符实"现象在学科教育过程中之所以广泛存在,很大程度上源于教育主体语言表述过程的不自制。那些课堂上夸夸其谈、信口开河的教师便是语言负面效应与局限性的助推者。除却教育主体的有意为之，学科教学中的"言不符实"现象也与教育主体之于自身不合理或错误知识结构的不自知相关。在学科教学之前，错误的知识理解导致教学内容和语言传播内容的不当与失误，进而造成学科教学"言不符实"过程与后果。对比教育者因对学科知识理解不深与不当所造成的"词不达意""言不符实"现象，另有一种特殊的教学现象也可表明语言的局限性。在学科教学过程中，当教师欲意表达一个概念、现象尤其想要表达形象、感性、生动的概念或场景时，常常会"欲言又止"。教师清晰地知道自己要表达的内容，却不知道如何表达，这种学科教学中经常出现的情况便是"言不尽意"。这意味着即便教育者对学科知识有着正确、清晰、深刻的认识，语言的局限性亦不会完全被消解。

学科教学中的"词不达意""言不符实""言不尽意"等现象皆表明语言与言说对象之间的背离关系，是对教育中"道言悖反"关系的集中呈现和具象表达。

三 教育中的"不言"及其表现形式

之所以在教育过程中关注"不言"，原因在于"言说"不是万能的，并非所有的事物都可以经由言说的方式呈现与实现。比如，学科教学中的隐性知识，如情感、态度、价值观等往往难以经由言说获得呈现。学科教学中的"不言"主要针对"言说"而发，虽然言说在教学中发挥重要作用，但鉴于语言功用的有限性，学科教学过程中往往需要运用多样化的教学方法。除却"言说"的教学方式，学科教学过程应关注"不言"。在学科教学中，"不言"有多种内涵和指涉。作为教育主体间沟通与交流的方式，"不言"具有特殊的表征与价值。

具体地说，作为方法或方式的"不言"在学科教学过程中有以下表现形式：

其一，沉默。在学科教学中，当教育主体在言说学科知识过程中出现"词不达意"或"言不尽意"现象时，不妨主动放弃对语言的使用，转而沉默不语，给予倾听者更多沉思的机会，促使倾听者在充分调动各种官能的情况下主动获得知识。相比于滔滔不绝的教师"一言堂"，适当的沉默往往能够收到较好的教学效果。

其二，观察。在学科教学过程中，口头和书面语言并非知识获得的唯一途径。在学科教学中，教育主体的主动观察之所以能够成为知识习得的方式，原因在于部分知识可以通过观察而习得。抑或说，针对某些知识，观察比语言更有效。观察的教学方式，在直观教学、场景教学中运用的较为广泛，这种方法的运用重在启发教育主体的好奇心，以及充分调动教育主体的感官作用。公允地说，经由观察而习得的知识往往具备生动性与鲜活性。此外，学科教学有其道德教育的目标，鉴于在学科教学过程中，教育主体的人格特征、道德品行及其价值观、人生观等总是会不时显现，故而观察的方式可促成和加深教育主体间的交互影响。

其三，反思。借助语言的知识授受过程外显为语音、语义的传递过程，而非更多关注语音、语义的内化过程。在学科教学中，教育者将学科知识以语音指令的方式发送给受教育者之后，决定教学效果的是受教育者的接受程度。相较于外化的语言传递，知识的内化过程更为复杂。有鉴于此，在学科教学过程中，给予教育主体反思的时间和机会，是深化受教育者知识内化程度的重要途径。教育主体主动思考与评价学习过程，可获得对自身知识习得数量与程度的清晰认识，能够及时发现有待矫正、调整与完善的学习内容，有助于切实与合理地组织与运用学科知识。

其四，实践。学科知识并非仅指书本中的间接知识，而是具备广阔的知识域。与间接知识相对，直接经验也是一种极为重要的学科知识。虽然言说作为习得间接知识的工具有其不可替代的优势，然而面对直接经验或直接知识，言说往往是无力的。在学科教学中，教育主体需要也必须亲历、亲为地获得直接经验。现代学科教学关注教育主体的躬身实践，主张通过多样化的实践活动促成教育中人的知识获得与能力提升。

其五，肢体语言。在学科教学过程中，教育主体的肢体语言、行为动作也是重要的教学方式。当教师运用言说无法达到教学目标时，可以尝试运用眼神、表情、动作等"不言"方式。经由给予学生直接的肢体信号表明教育意图，往往具备"言说"无法比拟的优势，可以取得"言说"无法达成的教育效果。对比语言说教，教师的姿态、表情、动作、神情等更为直观、形象，更能精确地表露教师的内心想法，具有不可替代的教育价值。

第三节 古汉字"言"的教育意旨

一 "言"之初义

甲骨文的"言"书写为❆，学界之于❆的内涵有不同的观点，较具代表性的有郭沫若的"吹箫说"、熊国英的"铎铃说"、《汉语大字典》的"口舌说"。"口舌说"认为"言"是"说话"，"甲骨文'言'像舌从口中伸出形"①。随着文字的发展，"金文字形与甲骨文相同，只是舌头下面增加了两条斜线，表示舌头摇动，而发出声音。秦篆字形与金文相同，只是字形符号化了。汉隶字形在秦篆基础上进一步变化，就成为现在的'言'字。"②从甲骨文字形来看，"言"之初义是说话。将"言"作为"说话"解，为人们普遍认同。《说文解字》："言，直言曰言。"③《尚书·无逸》："三年不言"；《荀子·非相》："法先王，顺礼仪，党学者，然而不好言，不乐言，则必非诚士也"，诸此各者皆揭示出"言"之"说话"内涵。"吹箫说"认为甲骨文❆像口吹箫管乐器的样子，"上像萧管乐器形，会口吹乐器之意"④；"吹奏乐器和说话皆表示有意义的声音。"⑤《尔雅·释乐》的"大箫谓之言"⑥，将"吹箫"对应"言"，此既与"言"之字形有关，也由"言"在古文论中的内涵而出，还与"吹箫"所具有的"言"之形式和功用相关。"铎铃说"中"言"为"铎铃"的观点，其依据是"舌"与"言"之间的关联。古时酋长发布号令，摇木铎以聚众，再将木铎倒置后发言，故用以表示"舌""告""言"诸义。郑玄注扬雄《太玄经》"吐黄酋舌"曰："舌，言也"⑦。人们常说的"口舌之灾""多嘴多舌"之"舌"即作"言"解。

---

① 王玉新：《汉字部首认知研究》，山东大学出版社2009年版，第225页。
② 徐建中：《汉字里的国学常识》，中国商业出版社2016年版，第189页。
③ 王朝忠、王文学：《常用汉字形义演释字典》，四川辞书出版社1990年版，第260页。
④ 谷衍奎：《汉字源流字典》，华夏出版社2003年版，第299页。
⑤ 谷衍奎：《汉字源流字典》，华夏出版社2003年版，第299页。
⑥ 徐超：《中国传统语言文字学》，山东大学出版社1996年版，第194页。
⑦ 汉语大词典编纂处：《康熙字典（标点整理本）》，上海辞书出版社2008年版，第975页。

二 "言"之教育义

以"言"作"说话"解,符合人们对于"言"的一般认识,也与人们"重言"的观念相符。不可否认,"言"在教育中具有不可替代的意义和价值。教育活动离不开作为"说话"(口头表达、书面表达等)的教育之"言"。相比之下,将"言"解作"铎铃"和"吹箫"则与"说话"形成本质差别。相对于"说话","铎铃"和"吹箫"之"言"具有更多样的意旨和更深刻的象征意义。"说话"是运用口头表达和书面表达的方式直接呈现内容,且可被人们直接感知与把握。相比之下,"铃"和"箫"传达的是"隐蔽"的语言,人们可以从"摇铃""吹箫"中听出不同的内容、生发不同的情感以及产生不同的思想和精神活动。由此而言,"说话"是"言","铎铃""吹箫"则并非一般意义上的"言";"说话"有特定的内容和对象,"铎铃""吹箫"之"言"则没有明确的特指性,而是具有广大的内涵和指涉。进而言之,以"说话"为"言",则"铎铃""吹箫"不同于"说话",是"不言"。由此意义上,"不言"虽可直接解为"不说话",但其并不是对"说话"的反对和否定,而只是不同的"说话"形式。诚如上文所言,观察、实践、反思、沉默以及肢体动作等是各不相同的"言说"方式。由于诸此与一般所谓的"言"不同,故可被称为"不言"。"不言"也是"言",但其具有不同于"说话"之"言"的内容、形式和功能。

将"不言"与教育相结合,则可形成与"言教"相对的"不言之教"。"言教"是以"言"作为"教"的方法、内容、目标、理念等,"不言之教"的全部内涵、特征、功用皆出自"不言"。较早与较集中将"不言"作为教育理念,论述"不言之教"的是道家老子。"圣人处无为之事,行不言之教"(《老子》第二章);"不言之教,无为之益,天下希及之"(《老子》第四十三章)。老子看重"教"之于现世生活的功用,主张在"教"的层面运用"不言"的方式。在《老子》中,"不言"即"无为",是用以指导人们"知道""得道"的基本理念和方式。古今诸多学者也多以老子"道"之"无为"特性为依据解读"不言之教"。王弼注解"圣人处无为之事,行不言之教"曰:"自然已足,为则败也;智慧自备,为则伪也。"① 波多野太郎认为,王弼注解的"智慧自备"正对应"行不言之教",而其中的"为"似可当"言"来解②。"不言"之于人的身心发展、知识获得、意义生成等具有深刻而长远的价值,教育作为促进个体与社会发展的事业和活动,同样需要以"不言"为指导,需要践行"不言之教"。

如前所述,虽然"言"之于人们认识和理解事物具有非凡的意义和价值,但"言"之局限性也会导致人们难以全面而深刻地认识和洞察事物。这种在教育活动中广泛存在的"道言悖反"现象,在一定程度上影响着教育中人的发展。有鉴于此,"不言"之特色与优势,正可作为"言"的补偿或弥补;作为教育理念的"不言之教"可以补充"言教"的缺点与不足。事实上,倡导"不言"的老子,早就关注到"不言"之于教育的意义和价值。在《老子》中,"不言之教"是用以规避教育中"道言悖反"现象的重要方式。"不言之教"不仅丰富了道言关系的内涵,也使得二者可在教育领域内沟通彼此、互相融合。在当前教育中,倡导与践行"不言",不能仅将其作为方式、方法,而是要将其当作教育教学的基本理念,并积极地推广与践行之。下文仍将以学科教学为例,阐述教育中人之于"不言之教"的观念与实践问题。

对于"不言之教"理念的秉持与实践,是在学科教学中充分发挥"不言"之优势以弥补"言说"之弊端和不足的根本前提。在学科教学中,贯彻与落实"不言之教"是对固有教育教学理念的合理扬弃,对教学内容的组织与教学方法的选择具有重要意义。

就教学内容的组织而言,"不言之教"倡导学生通过行动获得直接知识。在当前学科教学中,合理的、结构化的、体系化的间接知识是主要的教学内容。合理、有序、衔接度高的学科知识,在符合受教育者心理特征和逻辑特点之余,亦使得教学过程有据可依、有的放矢。然而,学科知识的间接性,并不能够与教育主体尤其受教育者的主观性、能动性、创造性之间形成有效连接。当生动而活泼的教育主体与固有而既定的学科知识照面时,教育主体往往变成被动的知识传播者与接受者,教育主

---

① (魏晋)王弼:《老子道德经注校释》,楼宇烈校释,中华书局2008年版,第6页。
② (魏晋)王弼:《老子道德经注校释》,楼宇烈校释,中华书局2008年版,第7页。

体的鲜活本性与生命力量被遏制。相应地，学科知识之于个体发展的积极意义亦不能够获得有效发挥。秉持与践行"不言之教"的理念，重在关注那些无须用口头语言作为传授工具的直接性知识。这要求教师在学科教学尤其间接知识的教授过程中，更多给予受教育者主动思考、独立思索的机会，有意识地改变主要依靠目视、耳听、笔记的教学现状，促使学生将对间接知识的学习与自身之于知识难点的积极思索、对知识重点的主动掌握以及对知识授受过程的密切关注等相关联。此外，在教授基本的学科知识外，教师应当给予受教育者更多感知、体验与实践直接知识的机会，让受教育通过自身的思考与实践探索发现那些教案、书本、习题上没有的知识，让受教育者通过对直接知识的探索与获得，体会创新、创造的乐趣和意义。教师要重视发挥学生的主体能动性，要自觉地调整与优化课堂教学中间接知识与直接知识间的比例，要有意识地降低言说的"出场"的频次以尽量规避学科教学中的"言不尽意"与"词不达意"现象。

就教学方法的选择而言，"不言之教"主张通过多样化的教学方法弥补"言说"的不足。"不言之教"以"不言"为宗旨，以"不言"为方式，目的在于避免语言对人性的疏离与戕害，缩减间接知识、机械教学与鲜活人性之间的背离程度，进而促进教育主体自然而和谐的发展。在学科教学过程中，语言是必不可少的教学手段，尤其在以知识讲授为主的教学过程中，语言更是发挥着不可替代的作用。然而，鉴于语言本身的局限性及其与学科知识照面时的"言不尽意""词不达意"现象，现代教学需要充分重视与运用"不言"的方式。以"不言"作为教学方式，意在凸显"不言之教"与一般"言教"的差别。作为"不言之教"的方法论，"不言"的教育方法及其独特的教学优势，往往使得教学过程"柳暗花明"。在教学中，教师以眼神、姿势、动作等作为传递知识的方式与中介，能够增强课堂教学的生动性、鲜活性。比之于一般性的言说，"不言"更能引起学生的关注，激发学生的学习兴趣。在教学过程中，积极实践"不言之教"的教育理念，可在教学内容与教学方法之间形成多种连接，可在相当程度上降低教学中因方法单一而造成的"道言悖反"现象出现的概率，对于教学过程与效果的优化和提升具有莫大的意义和价值。

第八章

古汉字中的教育之"法"

"法"是常听、常用之概念，现代社会生活一刻也离不开"法"的指导、规范与约束。作为人类社会发展与进步的重要依据以及表征现代社会精神的重要内容，"法"在教育中发挥不可或缺的作用。教育事业的发展与繁荣需要以"法"为根本保障，教育中人各项活动的实施与开展离不开"法"的规约与指引。

第一节 "法"之内涵与法人关系阐释

事物与"法"关联便会被赋予"法"的色彩，"法"与社会发展、日常生活、人际交往等密不可分，人人都离不开"法"。然而，面对如此常见与"密切"之"法"，人们总是会生出特殊的情感体验，如生疏、敬畏、害怕、躲避、崇尚等。诸此人们对"法"之复杂性的认识与多样化的情感，实则与"法"的内涵和指涉相关。

一 "法"之内涵

作为一个古老的概念，"法"可在古汉字中寻得。在诸多古典文献中，"法"字广泛存在，并主要被作为一种权威的规定与准则，为人们无条件地遵从与践行。诸多有关"法"的文论中也明确蕴含与体现出人们之于"公平""公正"的向往与追求。战国时期的法家代表人物慎到曾明确指出"法"的"公正"属性和功能，认为"有法而行私，谓之不法"①，将"法"作为衡量与处理事务的标准和依据，认为"行私"违背公平、公正，不符合"法"的规定与要求。管子亦曾以"为人上者释法而行私，则人臣者援私以为公"（《管子·君臣上》），表明"法"之于统治的作用，指出统治者"秉公"行法的重要性。战国时期的黄老学派亦认同"法"之公正内涵，"无私就是执法，这是黄老学派和法家的一项重要政治主张。"②一般而言，"法"之"公平""公平"内涵的载体主要是各类规章制度，抑或说，制定与推行各种制度是运用和彰显"法"之公平性的关键。也正是在这种意义上，"法"也具有依据、原则等属性和含义。

将"法"视为"依据""法则"不仅可于法家经典中得见，亦可于道家《老子》中有关"法"的言论中获悉。《老子》的"人法地，地法天，天法道，道法自然"（《老子》第二十五章）指出"人以地作为自身存在的法则与依据，地以天作为自身存在的法则与依据，天以道作为自身存在的法则与依据，道以自然（也可将'自然'理解为'道'）作为自身存在的法则与依据"。其中之"法"具有"以某某为依据"的意旨。"以某某为依据"与"效法"之间具有密切的相关性，当说"以某某为依据或法则"时往往意味着"效法"某人或某事。事实上，也正是由"法"之"效法"与"依据"之间的相通处出发，《老子》"人法地"句中的"法"可被理解为"效法"，即"人效法地，地效法天，天效法道，道效法自然"。古文中将"法"作为"效法"运用的情况十分常见，如《孟子·公孙丑上》的"则文王不足法与"；《韩非子·五蠹》的"不期修古，不法常可"；唐代韩愈《答李翊书》的"垂诸文而为后世法"等，诸此之"法"皆指作为动词的"效法"。效法是"以……为榜样""以……为示范"，其中既蕴含着对"效法"对象的肯定与认同，也直接彰显与强化"法"的权威性、可信性和神圣性。

"法"具备神圣性和权威性，对人们的言行举止具有指导、监督、约束和规范作用，且容不得随意更改与任意践踏。这种意义上的"法"主要是指制度、规定、规范，如"法律""法规""法度"等。以"法"为

---

① 关万维：《先秦儒法关系研究》，上海人民出版社2015年版，第285页。
② 陈鼓应注译：《黄帝四经今注今译》，商务印书馆2015年版，第26页。

规章制度，是"法"之基本内涵。尤其在现代社会，一旦提及"法"，人们首先想到的正是各级各类的法律法规。事实上，人们的生活无往不在"法"中，倘若离开规章制度的指导与约束，社会生活将会失去重要的依据和保障。在古代文献中，将"法"作为规章制度加以运用的情况同样多见。比如，司马迁的"礼禁未然之前，法施已然之后"（《史记·太史公自序》）论述的是"礼"与"法"的先后关系，其主张"礼"在先、在前，当"礼"失去作用时再用"法"。"礼制"与"法制"是中国社会尤其先秦时期政治统治的重要举措，司马迁的"礼先法后"是将"礼"与"法"放置于制度层面加以理解和阐发。唐代欧阳询在《艺文类聚》中以慎到的"治国无其法则乱，守法而不变则衰"[1]说明制度之于政治兴衰的重要性。"治国无其法则乱"指出治国要依法而行，不可离开规章制度；"守法而不变则衰"则表明政治统治不能仅依靠既有的、一成不变的制度，而是要适时地更改与调整制度以维护与巩固统治。

由"法"的规章制度的内涵出发，后期"法"又逐渐引申为方法、办法、途径、手段等含义。"办法"是"做事的方式、途径、手段"，"方法""常法""用法"之"法"亦是"途径""手段"。古文献中，将"法"作为方式、手段、途径的，如《孙子·九变》中的"凡用兵之法，全国为上"[2]以及宋代沈括《梦溪笔谈》描述"活字印刷术"所论之"其法：用胶泥刻字"[3]，其中之"法"皆指"做事"的手段、方式。

二 "人"与"法"的关系阐释

"法"在人类社会发展中扮演重要角色，古今人们始终致力于构建理想的"法度"，寄希望于"法"实现人类发展的宏伟目标与愿景。从根本上讲，"法"是"人"之本性，是人的内在属性。人类发展进步的历史实则是人不断为自然、自身、他人"立法"的过程。

从古至今，人们关于理想政治样态、社会结构、发展目标等的憧憬、设想、构建、追求、实践等无一例外地体现出人的"立法"精神。古今

---

[1] 苑广增：《中国古代管理思想荟萃》，科学技术文献出版社1992年版，第122页。
[2] 周国光：《古代汉语词类活用例释》，广东高等教育出版社2013年版，第240页。
[3] 侯毓信：《唐宋散文》，上海人民出版社2017年版，第225页。

中西的圣贤哲人始终担负着"为天地立心，为生民立命，为往圣继绝学，为万世开太平"（宋·张载：《张子语录·语录中》）的宏大抱负与高远理想。比如，古希腊哲学家苏格拉底穷尽一生都在实践自己的政治理想。他笃信并四处宣传自己的政治理想，希望对他人产生影响进而改变不堪的社会境况，最终也是献身于理想。苏格拉底的学生柏拉图则建构理论上的"理想国"，用文字的形式呈现理想政治样态，对中西方后世政治理论与实践产生深远而持久的影响。可以说，苏格拉底与柏拉图的《理想国》虽然更多停留于理论层面的"法"，但苏格拉底、柏拉图作为"立法"者的角色以及《理想国》具有的"立法"实质深具开创性意义。与古希腊的两位圣贤相似，先秦时期的孔子及其门人的言行同样具有"立法"的属性和实质。当孔子汲汲于寻求政治出路，极力向各国统治者宣扬自己的政治理念时，其行为的"立法"实质不言自明。当孔子弟子将孔子的言行整理而成《论语》时，孔子思想具备的指导与规范的"法"的价值和功用便即时生成。以古希腊和古中国的圣贤、哲人为例说明人的"法"性与"立法"行为，目的在于揭示"法"之于人的根本关联。事实上，即便不以诸如孔子、苏格拉底等具有政治理想的人物为例，仅着眼于生活中的普通人也可以真实得见人之"立法者"的角色及其"立法"的本能和行为。比如，一个具有自我意识的儿童，时刻在用"我"来界定身边的事物；他希望身边的人都听他的指挥；他对别人下达命令，要求人们遵循他的想法而行动。儿童以自身作为统帅和法则的观念与行为，从本源处表明人的立法者角色、身份与行为。可以说，"立法"是"人"的自然天性。由此自然天性，人人实则都是"立法者"，至少人人都可为自身"立法"。

人不仅是"法"的创立者、制定者，也同样是遵行和实践"法"的主体。人们遵守与践行的"法"主要指的是外在于人的、由少数人制定的、对人们具有普遍约束力的规章制度。诚然，不同的规章制度有其特定的"立法者"和约束对象。比如，不同行业和领域的规章制度均有特定的内容和受众。然而，任何规章制度都不是为某个人或某个团体特别制定的，普遍约束力是"法"的本质属性以及用以判定规章制度本身"合法"与否的根本标准。诚如孟子所说："离娄之明，公输子之巧，不以规矩，不能成方圆"（《孟子·离娄上》），遵守与践行规章制度是任何时期个体与社会发展的根本途径。宇宙中的事物多不胜数，而"人事"又纷繁复杂，作为规章制度的"法"对于人们的言行举止具有普遍的指导和约束作用，人人可经由对合理之"法"的遵守与践行而促成自身的发展，促成和谐、稳定与有序的社会秩序和文化环境。

可以说，"法"是人性，是人之身心发展的内生性动力；人具有"立法"的本能，人人都至少是自身和自我世界的立法者，人的"立法者"的身份和角色由人的"主体性"赋予和成就；人的身心发展和生活开展离不开"法"的指导、规定与约束，依靠对"法"的遵守和践行，人能够获得合乎自我发展的心理状态与社会环境，并因此促成理想的自我。

三 "法"的价值与功用

关于"法"之功用，墨子曾用"天下从事者，不可以无法仪，无法仪而其事能成者无有也"（《墨子·法仪》）概括之。"法"之于人类社会的意义与价值具有绝对性，缺少"法"的支持和庇护，人类社会难以获得发展与进步。具有普遍约束性的"法"，其首要作用在于维持人心、社会的安定有序。正所谓"法者，定分止争也"（《管子·七臣七主》），经由遵守与践行各类规章制度，稳定有序的心理和社会秩序得以形成，人们生存发展的整体环境得以安定和谐。"法"作为规章制度，对现实中人的言行举止具有普遍的指导和规范作用。"先生事业不可量，惟用法律自绳己"（唐·韩愈：《寄卢仝》），规章制度从来都是人们为人处世与自我发展的重要依据和标准。在规章制度的庇护下，通过遵守与践行规章制度促成自身的发展，是古今之人通用的"法则"。正所谓"时闲愤怒便引拳，招引官方在眼前。下狱戴枷遭责罚，更须枉费几文钱。"① 做了违背规章制度的事情，就要付出与之相应的代价。在规章制度的约束下，人们的言行举止变得文明而理性，人得以更进一步摆脱"物性"而在更大程度上成为精神性的存在。

然而，"法"虽具有约束功能，但"约束"只是手段和方式，"自由"才是"法"的价值取向。"法"指向"自由"，是人们通往自由的重要途径。为实现自由，人们需要受到"法"的约束。马克思说："法律只

---

① （元）吴亮、（元）许名奎：《忍学诠解》，天津古籍出版社 2018 年版，第 181 页。

是在自由的无意识的自然规律变成有意识的国家法律时，才成为真正的法律。哪里法律成为实际的法律，即成为自由的存在，哪里法律就成为人的实际的自由存在。"① 作为实现自由的途径与方式，"法"从来都蕴含自由的实质与职能，合理、合适的"法"与自由同体。抑或说，哪里有自由，哪里就有"法"，自由与法同在。生活中常说的"人有多自律，就有多自由"中"自律"与"自由"之间的关系，便可被理解为"法"与"自由"的关系，二者之间彼此融通、相互成就。

"法"既是实现公平正义的手段和方式，也是"公平""公正"的载体。古今人们对于理想法度的追求与向往，以及对于不合理制度的批判，都体现出人们对于公平、公正的期许。依靠"法"建构公平、公正的人心、家国、社会秩序，是古今人始终不变的追求。"卖炭翁，伐薪烧炭南山中。满面尘灰烟火色，两鬓苍苍十指黑。卖炭得钱何所营？身上衣裳口中食。可怜身上衣正单，心忧炭贱愿天寒。夜来城外一尺雪，晓驾炭车辗冰辙。牛困人饥日已高，市南门外泥中歇。翩翩两骑来是谁？黄衣使者白衫儿。手把文书口称敕，回车叱牛牵向北。一车炭，千余斤，宫使驱将惜不得。半匹红绡一丈绫，系向牛头充炭直。"（唐·白居易：《卖炭翁》）"公平""公正"是"法"的本质属性，不能彰显公平、公正的不合"法"之本义，不是真正的"法"。古往今来，"法"始终被人们视为蕴含与彰显"公平""公正"的载体，始终被人们寄予厚望，以至于数不胜数的仁人志士穷其毕生精力追求与构建理想的"法"。无论社会如何发展，"公平""公正"永远是衡量"法"的核心标准和根本尺度，是"法"的根本使命和全部价值。

概而言之，"法"之于现实中人的发展具有全面而具体的意义和价值。"法"之价值的全面性体现为，离开"法"，人类社会的发展与进步无从谈起。相较之下，"法"之价值的具体性体现为，"法"能够促成稳定和谐的人心与社会秩序，对人们的言行举止具有指导、规范和约束作用，是人们通往自由的根本保障和重要路径，是彰显与促成"公平""公正"理想的重要手段与方式。

---

① ［德］马克思、恩格斯：《马克思恩格斯全集》（第1卷），人民出版社1995年版，第176页。

第二节 教育之"法"的类型与内容

与"法"之内涵相似,教育中的"法"具有多重意旨。"法"之"公平""公正"的属性与理想,"法"之权威性与神圣性,"法"之普遍效力等皆为教育之"法"分有和具备。整体上看,教育之"法"可被理解为有关教育的制度规定以及蕴含公平、公正性质与追求的教育观念、原则和标准。

一 作为制度的教育之"法"

"制度"的"制"具备"制衡""制约"之意,"度"则为"适度",通过"制衡"而实现合理的"度"是"制度"的本义。任何时代的制度都是促成社会发展的中坚力量,制度本身的权威性、外在性具有极大的积极效用。在维护社会人心的安定、稳定与和谐方面,制度有其不可替代的作用。教育制度之于教育活动的开展以及教育中人的发展至关重要,离开教育制度的指导、保护与约束,教育活动的开展难以取得突出成效,教育中人的发展也难以获得积极的环境和心理支持。制度对教育事业和教育中人的发展具有全面而深刻的作用,可为教育事业的发展保驾护航。

以"法"解读教育制度,可大致将教育制度分为两类。其一,"法律"层面的教育制度。"法律"层面的教育制度是"教育法"。我国的教育法种类和名目繁多,其为教育中人的发展提供全面而深刻的保障,是教育活动最根本、最高、最基础的依据,是各时期"依法治教"的前提和基础。"教育法律体系是中国特色社会主义法律体系的重要组成部分。教育法律体系是由多种与教育相关的法律法规按照其内在的秩序和联系组成的系统。我国自1980年颁布第一部教育法律《中华人民共和国学位条例》起,相继颁布了百余种教育法律法规,逐步形成了一个相对完整、自成系统的教育法律体系。"[①] 此类教育制度主要包括《教育法》《义务教育法》《教师法》《未成年人保护法》等。法律层面的教育制度具有法律效力,且受到国家法律的保护,任何人都不得擅自更改和违背,否则

---

① 韩君玲:《简明中国法治文化辞典》,商务印书馆2018年版,第319页。

就要承担相应的法律责任。作为"法律"而存在的教育制度，其权威性最为突出。只要违背法律的规定，必会受到法律的制裁。比如，《教育法》《教师法》对教师、学生的权利和义务做出明确规定，倘若在教育活动中，教师因没有积极履行教育义务而造成严重后果，则必须依据《教师法》《教育法》等相关法律条文、法律规定对教师进行依法处理。以"法律"形式存在的教育制度具备法律效力，是教育事业发展的"法律"依据，为教育事业与教育中人的发展提供最为根本和严密的保障，其神圣性与权威性不容侵犯和践踏。其二，学校教育制度。作为"学校教育制度"的"法"，与作为"法律"的制度之间具有相通性，二者都对教育中人具有规范和约束作用，都对教育事业的发展发挥积极功用。然而，作为法律的教育法，无论作用对象抑或权威性均远远大于学校教育制度。比如，违背学校教育制度的人，不一定触犯教育法；而触犯教育法的人，一定违背学校教育制度。由此意义上，学校教育制度是以教育法为基础而构建的具体的、微观的教育之"法"。诚然，由于学校类型、办学理念各不相同，学校教育制度之间既有共同之处，也有鲜明的差别。这种制度层面的差别体现出不同学校在性质、功能、办学理念等方便的具体差异。抑或说，因学校教育目的、内容、任务、价值取向的差异，学校教育制度必然各不相同。比如，基础教育阶段的学校教育制度与高等教育阶段的学校教育制度之间定然存在差异；同属于高等教育阶段的"综合类大学"和"师范类大学"的学校教育制度也不尽相同。

　　学校教育制度不仅对教育理念、办学方向、发展目标、教育任务、教育目的等做出制度性规定，也具体规定学校教育的微观层面。诸如，教学制度、管理制度、考核制度、财务制度等皆为学校制度的重要内容。事实上，由学校活动的角度分析学校教育制度，实可谓"有多少教育活动，就有多少教育制度"，任何活动实则都离不开制度的约束与规定。比如，为促使教师职业道德的提升和榜样作用的发挥，很多学校对教师的衣着服饰、言行举止等做出明确规定，将其诉诸制度的形式，并纳入评价与考核的范畴。由此相对微观的角度出发，则学校间教育制度的差别不可不谓多样而巨大。以"法律"形态存在的教育制度的作用对象较为普遍和广泛，相比之下，学校教育制度主要在于促成学校教育的发展，其面向和作用的对象则相对具体。某学校的教育制度往往只对学校中人具有普遍规范和约束作用,也往往专门为促进本校教育发展而制定。

二 作为方法的教育之"法"

"法"最初具备"制度""规范"的内涵,后又引申出"方法""办法""手段""途径"之意。以"法"之"方法"内涵为依据,下文将教育方法作为教育之"法"的重要内容,并予以阐述。

"法"之"方法""手段""途径"的内涵实则直接与人们的生产生活相关联,是关乎生产和生活效率、产出、收益以及人们感受和体验的关键因素。生活中常说的"没有金刚钻,不揽瓷器活"表明的正是"方式""方法"对于活动及其结果的决定性作用。教育方法历来受到人们的重视,"教无定法,贵在得法"直指方法本身的意义与价值。可以说,自有教育以来,人们便踏入探索教育方法的历程。由远古时期极为简单的"口耳相传"的教育方式,到当前内涵各异、形式多样、功能多元、操作步骤各不相同的教育方法,人们始终将教育方法视为关乎教育成败的重要因素。就当前的教育方法而论,不同教育阶段、教育场所、教育活动中的教育方法往往存在显著差异。比如,针对幼儿、中小学学生、大学生的教育方法各有侧重点;家庭教育与学校教育中的教育方法各有特殊性;德育、美育、智育、体育中的教育方法各有适用性。可以说,当前蔚为壮观的教育方法体系,以及诸多各具特色的教育方法为教育活动的开展提供极大的空间和机会,它们既促成教育过程的趣味性、差异性、生成性、动态性,也有助于达成理想的教育效果。

古今教育家都颇为重视那些具备实际功效和深远影响的教育方法。他们不仅多方阐释教育方法的意义与价值,也积极致力于探究与发现"有用"的教育方法。古时人们提出的诸多教育方法在当前仍旧熠熠生辉,持续发挥着独特而积极的教育功效。比如孔子的"温故而知新,可以为师矣"(《论语·为政》);"学而不思则罔,思而不学则殆"(《论语·为政》);"不愤不启,不悱不发。举一隅不以三隅反,则不复也"(《论语·述而》)正是当前为人们认同与运用的"温故知新""学思结合""启发诱导""举一反三"的教育方法。《论语·为政》中的"求也退,故进之;由也兼人,故退之"即是灵活运用教育方法开展教育活动的佳例。可见,教育方法作为教育活动赖以借助的媒介、途径与手段,其与教育活动之间的关联程度是决定教育方法是否以及在多大程度上发挥教育功用的关键因素。特定的活动需要特定的教育方法，教育方法的选择关乎教育活动的成败。

就当前常用的教育方法而言，各种教育方法既有其突出优势也有不可避免的缺点。这要求教育中人密切结合教育活动的主体、目标、内容等选择教育方法，在综合把握教育活动各方因素的前提下，对教育方法进行有目的的"判断"和"取舍"，以确保教育活动的顺利开展以及预期教育效果的达成。以具体的"一堂课"为例，对于教育方法的运用要遵守数量适当与深度运用两类原则。所谓教育方法的数量适当，是指教育方法并非越多越好，而是重在恰当。教师结合学生的特点、教学目标、教学内容等，选择一种最适当的教育方法，将其作为主要的教育方法。在确定主要教育方法的基础上，进一步结合教学需要，再选择一至两种教学方法作为辅助，补充主要教学方法的不足，优化教学过程，以在更大程度上实现教育目标。所谓"深度运用"是指对教学方法的运用不能停留在表面，而是要将方法的运用贯穿到教学过程的方方面面，最大限度地挖掘和发挥教学方法的功效和价值。教学方法的"深度运用"不仅指将教学方法用到深处、用到实处，亦指"灵活运用"。教师在教学活动中，善于将教学方法与教学的环境、事件、内容等进行巧妙结合，能够适时地调整、改变、创造性乃至不着痕迹地运用教学方法，诸此都可被视作"灵活运用"和"深度运用"教学方法的体现。诚如朱熹所说："半亩方塘一鉴开，天光云影共徘徊。问渠那得清如许，为有源头活水来"（宋·朱熹：《观书有感》），适时适当的教育方法是教育活动的"源头活水"。以教育方法为依据和手段，教育理想的实现才具备可能性，教育事业及教育中人的发展才具有更为广阔的空间和可能。

三 形式灵活的教育之"法"

除作为"制度"和"方法"外，教育之"法"还指向诸多形态未定、不被诉诸文字、但却为人们普遍认可的观念、思想、原则、要求等。相比于诉诸法律、文字等的"教育制度"以及被作为"途径""手段"的"教育方法"，这种没有特定形式的观念、思想、原则等更多是"约定俗成"的，是人们在生产生活中总结与提炼而得的教育经验和教育智慧。

比如，"勿以善小而不为，勿以恶小而为之"（《三国志·蜀志传》）；"己所不欲勿施于人"（《论语·卫灵公》）；"国将兴，必贵师而重傅，贵师而重傅，则法度存"（《荀子·大略》）；"老吾老，以及人之老；幼无幼，以及人之幼"（《孟子·梁惠王上》）；"高山安可仰，徒此揖清芬"（唐·李白：《赠孟浩然》）等，诸此皆是人们为人处世的依据和准则，亦皆为教育中人认同、遵守与践行。

由人们约定俗成的教育观念、原则与要求，虽既缺乏如教育法般的强制力和权威性，也难以如教育方法那般具备具体可操作性，但其对教育中人的发展却具有巨大而深远的影响。倘说教育制度、教育方法更多以一种确定性的、显性的形态存在的话，则约定俗成的教育之"法"往往更多存在于人们的观念、意识、伦理、精神层面，以一种"隐性"的方式对人们的发展产生潜移默化的影响；倘说教育制度、教育方法具备立竿见影的效果，则"隐性"的教育之"法"对人们的影响是深刻的、长远的，甚至不为人们所觉察。比如，教育中人违背教育制度会受到相应的惩罚，这种惩罚往往是既定的，目的在于告诫教育中人不要再犯同样的错误。在接受惩罚后，被惩罚者或许不会继续犯错误，但其未必能够体会制度性"惩罚"的意义之所在，也难以体认制度性惩罚的依据及其背后蕴藏的教育真谛。相比之下，存在于人们观念、精神中的"法"以"良知""良心"等显现自身，比之于制度性惩罚，来自道德和良知的谴责或许更具警醒与劝诫作用。

可以说，这种没有被明确制度化的教育之"法"的价值和意义绝不亚于制度化的教育之"法"。教育中人应当高度重视"隐性"的内心原则、道德戒律等的教育价值，力求借助多样化的教育之"法"促成自我的理想发展。

第三节 古汉字"法"及其教育意旨

作为制度、规范、方式、方法、手段的"法"以多种形式作用于人们的生产生活，承接"法"之丰富内涵，教育之"法"亦有多样化的内涵与存在形式。依靠教育之"法"，教育活动、教育事业及教育中人的发展获得支持与保障力量。那么，对人类生活具有普遍效用的"法"，其原初本义是什么？其与当前所说的"法"之内涵与形式之间有何关联？其是否在造字之初便蕴含教育的意旨和智慧？诸此是本节重点探讨的内容。

一 古汉字"法"之初义

"法"最早见于金文，字形较复杂，被书写为🀫。整体上看，🀫左下方的是"水"；右边部分的形似一种有触角、四肢和尾巴的动物，即"廌"；左上部分的是"去"。甲骨文"法"字由"水""廌""去"三部分构成，被写作"灋"，其读音亦是"fǎ"。在汉字中，"灋"是"法"的另一种书写方式，各代常有以"灋"指"法"的书法作品。比如在宋朝黄庭坚、明朝王宠、清代郑板桥等人的作品中，"法"常写作"灋"。在古典文献中也常见"灋"，如《周礼·春官·大史》中的"凡辩灋者攷焉，不信者刑之。""灋，刑也。平之如水。从水，廌所以触不直者去之，从去，会意。"①古人将"灋"视为一种约束与制裁的力量，赋予"灋"以"水"和"廌"的双重内涵。

作为"灋"的重要造字结构，"水"之内涵及其象征义从根本上表征"灋"的属性、特征与功能。"水"作为自然事物，是万物的生命之源。"水"是万物之"母"，其涵养与滋润万物，是促成事物生存、发展与繁荣的根本力量。道家老子从不吝啬对"水"之赞美，用"上善"描述"水"之内涵与价值。古今诸多文人墨客也热衷于援引"上善"之"水"表达观点和抒发情怀。如，南朝谢朓《奉和随王殿下诗十一》的"上善叶渊心，止川测动性"以及宋代范仲淹《淡交若水赋》的"见贤必亲，法上善于礼文。"古人以"水"作为"灋"的重要结构，意在表明"法"之于人类社会的重要作用。如同万物离不开水，人类社会的形成与发展离不开"法"；如同"上善"之水的至高价值，"法"之于人类发展的意义亦不可或缺与替代；如同涵养、滋润与促成万物生发的"水"具备"上善"属性和功能，促成人类社会安定、有序、和谐、文明的"法"在相当意义上也是"上善"者。宋朝杨万里在《上寿皇乞留张械黜韩玉书》

---

① 向怀林：《中国传统文化要述》，重庆大学出版社2016年版，第86页。

中说道："法存则国安，法亡则国危"①，指明"法"之于家国社会兴衰存亡的决定性作用；北宋文学家苏轼则以"纪纲一废，何事不生"② 表明"法"的意义与价值。历史业已证明，人类社会的发展离不开具有指导、约束、规范作用的"法"，人们之于全面建构"法治"社会的期待，也是强调与认同"法"之重要作用的核心体现。

古人以"水"作为"法"的重要组成部分，亦在于看重"水"之"公平""公正"的内涵与象征义。自然之"天地"具有"无私载""无私覆"的属性，"水"同样是"无私"的存在。"孔子观于东流之水。子贡问于孔子曰：'君子之所以见大水必观焉者，是何？'孔子曰：'夫水遍与诸生而无为也，似德。其流也，埤下裾拘，必循其理，似义，其洸洸乎不淈尽，似道。若有决行之，其应佚若声响，其赴百仞之谷不惧，似勇。主量必平，似法。盈不求概，似正。淖约微达，似察。以出以入，以就鲜絜，似善化。其万折也必东，似志。是故见大水必观焉'。"（《荀子·宥坐》）可见，以"水"作为"灋"的重要组成部分，正在于强调与彰显"灋"之"公平""公正"内涵及其之于人类社会的重要价值。《说文》中"灋，刑也。平之如水"之"平"是"公平"之义。"水"之所以被作为"公平""公正"的象征，究其根本在于"水"具备"无私"的属性与特征。"水善利万物而不争，处众人之所恶，故几于道。居善地，心善渊，与善仁，言善信，正善治，事善能，动善时。夫唯不争，故无尤。"（《老子》第八章）道家老子以"不争"作为"水"之内涵与特征，表明"水"之"自然""无为"特性。"不争"起于无私心，无私心则不争功名、不争权势、不计得失、不论富贵。"水"之"不争"与"水"之"无私"之间具有相互指称、合二为一的关系。通观现实生活，"水"之"无私""公平""公正"的内涵与品质极易为人们得见与体认。人们极少抱怨"水"之不公，自然之水对待万物从无远近亲疏之差别，而是周流万物、滋润万物，万物均可在"水"之处获得生命发展的动力，万物皆受"水"之滋润与涵养。如同"水"之公平无私，"法"之首当

---

① 高玉玲：《宋代买卖契约的法律效力问题研究》，安徽师范大学出版社2016年版，第49页。

② （清）姚惜抱：《古文辞类纂评注》（上），安徽教育出版社1995年版，第517页。

其冲的属性也是"公平""公正"。古往今来，人们对于"法"之"公平""公正"的诉求和期许从未改变，依靠公平、公正的"法"成就公平、公正的人类社会，表达出人们之于"法"的倚重与期待。《淮南子·修务训》的"公正无私，一言而万民齐"；《史记·廉颇蔺相如列传》的"奉公如法则上下平"以及《史记·太史公自序》的"不别亲疏，不殊贵贱，一断于法"皆表明"法"之"公平""公正"的属性、内涵、价值与使命。

除以"水"解"法"外，"廌"作为"灋"的结构之一，对于理解"法"之初义亦有重要作用。相比象征"法"之公平、公正的"水"，"廌"被用以指涉"法"的神圣性和权威性。"廌"是古代传说中能够辨别是非曲直的神兽。"廌，解廌兽也，似山牛，一角；古者决狱，令触不直；象形，从豸省。"① 结合东汉许慎对"廌"的解读，有一个相关的造字传说，可为人们理解"廌"提供思路。春秋战国时期，齐国一位名为"壬里国"的臣子与另一位名为"中里缴"的臣子打了三年官司。因为案情难以决断，齐庄公便让"廌"断案。最终，"廌"用角顶翻"中里缴"，齐庄公判决"壬里国"胜诉。这种"以角触断罪"的方法，被古人以"会意"的方式运用到对"灋"字的构形之中。古代"廌"与神兽"獬豸"同为一物，汉代杨孚在《异物志》中将"獬豸"的特性概括为："性别曲直。见人斗，触不直者。闻人争，咋不正者。"② 可见，"獬豸"在古代人心中是权威的裁夺者，人们普遍相信"獬豸"的决策和判断；以"獬豸"作为"神兽"自然赋予"廌"以权威身份和地位。以神圣和权威的"廌"指称"灋"，表明"法"的神圣性与权威性。关于神圣而权威的"法"，古今文论中多有阐发。如《尔雅·释诂》的"法，常也"③；《管子·明法解》的"法者，天下之程式也，万事之仪表也"；《管子·法法》的"不法法则事毋常"；《淮南·览冥训》的"黄帝治天下，法令明而不暗"等。

---

① 刘长文：《刘铭恕考古文集》（下），河南人民出版社2013年版，第952页。
② 傅永和、李玲璞、向光忠：《汉字演变文化源流》（下），广东教育出版社2012年版，第1244页。
③ 沈家本：《历代刑法考（律令卷）》，商务印书馆2017年版，第25页。

概而言之，古汉字"灋"中蕴含与体现的"法"之价值和意义，"法"之"公平""公正"的内涵与职能以及"法"之权威、神圣的属性与特点，皆与当前之"法"无差别。由此，可见造字之初的"法"之丰富内涵、深远使命和悠久价值。

二 古汉字"法"之教育义

无论由"个体"抑或"社会"的角度，教育均是人类发展的根本之"法"——途径、方式、办法、手段。自古以来，教育始终承担着促进个体与社会发展的双重职责和使命。教育的身心、政治、经济、文化、人口、环境等价值的实现，始终彰显着教育作为个体与社会发展方式或手段的现实功用和积极效用。结合古代文论中有关"教育"的内容，可明确得见古今人们重视教育的事实。《孟子·滕文公上》有言："后稷教民稼穑，树艺五谷；五谷熟而民人育。人之有道也。饱食、暖衣、逸居而无教，则近于禽兽。圣人有忧之，使契为司徒，教以人伦，父子有亲，君臣有义，夫妇有别，长幼有叙，朋友有信。"按照广义教育的内涵与指涉，"后稷教民稼穑，树艺五谷；五谷熟而民人育"显然属于"教化""教育"的范畴。可见，教育作为一项社会活动或社会事业，在人类社会发展中扮演着不可或缺的角色。以教育的个体和社会功能为论点，古今文论中多有对教育职能及其价值的阐述。较早也较著名的当为孔子的"庶富教"观点，"子适卫，冉有仆。子曰：'庶矣哉！'冉有曰：'既庶矣，又何加焉？'曰：'富之。'曰：'既富矣，又何加焉？'曰：'教之。'"（《论语·子路》）在孔子看来，社会治理与发展的主要依据有三，即"庶""富""教"。"庶"意为"民众"，"富"意为"经济"，"教"意为"教育"。可见，孔子更多是在"社会"的维度中阐发与论证教育。相比之下，孟子则关注教育之于个体发展的意义与价值。"君子有三乐，而王天下不与存焉。父母俱存，兄弟无故，一乐也；仰不愧于天，俯不怍于人，二乐也；得天下英才而教育之，三乐也。"（《孟子 尽心上》）其中，"得天下英才而教育之"之所以被视为"三乐"之一，原因正在于"教育"赋予教育中人以存在感、意义感、使命感和自豪感，能够促成个体的身心发展、品德养成与境界提升。

如前所述，作为蕴含与彰显"公平""公正"精神以及具有神圣性和权威性的制度规范，法之于人类社会的安定有序、稳定和谐具有重要价值。相比之下，无论是作为社会发展途径与手段的教育事业抑或作为制度规范的教育之"法"，由于各者都具备"教化""育人"的内涵和属性，故而必然对人类社会的发展发挥指导、调整、优化、约束、规范等作用。由此种意义上，教育的内涵、属性、使命等实则与"法"相似与相通，二者都指向对人之言行举止、思想观念的指导、规范与优化，都对个体和社会的发展具有正面、积极的功效。

教育作为个体与社会发展的重要途径、方式和手段，既具备"法"之"公平""公正"的内涵、功用和使命，也具备"法"之神圣与权威的属性与特征。自古以来，"教育"都是蕴含、彰显和指向"公平""公正"的社会活动。虽然古代贵族教育有其特定的对象和教育内容，且不同时期与地域之间的教育总是存在各种不公平、不平等的现象，但赋予教育"公平""公正"的属性，将教育视作通往"公平""公正"的途径却是古今人们的共识。比如，先秦时期孔子的"有教无类"鲜明地体现出教育公平的主张，而孔子开设私学、广招学生的行为实则也是对教育公平理念的切实践行；又如，战国稷下学宫百家争鸣、百花齐放的教育环境和氛围也在昭示着教育之公平、公正的内涵与理想；再如，自隋唐至晚清的科举取士制度不仅是教育之"法"也是社会之"法"。公允地说，科举之"法"虽有其弊端，但在当时也确实是一种相对公平、公正的制度，并极大促进与提升了教育与社会领域的公平程度。科举制度打破"上品无寒门，下品无世族"①的社会现象，为平民布衣身份、地位的改变与提升提供可能。在这种相对公平的教育之"法"的保障下，平民百姓才得以拥有"学而优则仕"（《论语·子张》）的机会，才愿意相信"书中自有颜如玉，书中自有黄金屋"（宋·赵恒：《劝学诗》），才能有"金榜题名时"的人生之喜，才能打破"王侯将相，宁有种乎"的宿命而实现理想自我。

与"法"相似，权威性、神圣性亦是教育事业的根本属性。"教育神圣说（doctrine of educational sacredness）是关于教育地位的一种主张。认为教育是觉世牖民、修养精神、廉洁高尚超凡脱俗的事业。它不应为政

---

① 李文才：《两晋南北朝十二讲》，中国书籍出版社2018年版，第73页。

治所左右，金钱所迷惑，宗教所玷污，具有不可侵犯的尊严。这思潮出现于清末维新运动，并在五四运动后得到进一步发展。20 世纪 20 至 40 年代，这种主张在中国知识分子中具有一定的影响。主张教育救国论、教育清高说、教育中正说、教育独立说、教育至上说的人一般都持有这种观点。"[1] 神圣性是教育的天然属性，由于教育活动与人的精神、思想、品德、素养的发展关联密切，故而教育并非一般意义上的生产劳动，而是具有丰富的精神内涵、伦理指向与道德价值，富含人道、人文、理性等超越性使命、职责与取向。相较于教育的神圣性，教育的权威性是教育事业稳定发展，以及持续发挥教育个体与社会功用的重要前提和根本保障。教育的权威性是教育的内在属性，自有教育活动以来，权威性便是其根本特性之一。教育的权威性一方面是教育活动的本有属性，比如远古时期的教育活动虽通过"口耳相传"与"手把手"的方式传递生产生活的知识和技能，但却事关个体与族群的生死存亡，是一项极为严肃而重要的活动。毕竟一旦缺失必备的生产与生活技能，人们面临的极有可能是来自强大自然力与凶残猛兽的威胁和迫害。近世以来，随着学校教育的繁荣发展，教育事业被纳入社会事业的范畴，成为决定社会发展水平的重要因素。人们之于教育事业的重视，也不断强化着教育的权威性。

诚然，教育的权威性离不开教育制度。抑或说，教育制度在相当程度上赋予与确保教育的权威性。在各类"法"的保障与维护下，教育的权威性不断获得巩固和深化。然而，教育权威性的持有和深化不可完全依赖具备强制力和权威性的"法"，而是更应由教育本身生发而出。这要求社会与教育中人应自觉履行教育职责和教育义务，主动促成教育的个体与社会功用，积极实现与满足人们之于教育的要求与期待。唯此，教育的权威性方能真实而长久地存在与发挥效用。

---

[1] 顾明远：《教育大辞典》，上海教育出版社 1992 年版，第 105 页。

第 九 章

古汉字中的教育之"动"

"动"乃是有生命者存在与发展的最直接表征,天、地、人之所以可被并称为"三才",与各者之"动"密切相关。天文、地理、人事究其根本处于不断变动和活动的过程中,借此"动"的天、地、人,宇宙自然、人世社会充满无穷的魅力,能够引发人们之于自然、自我、现实与未来等的无限遐思。可以说,是千变万化的事物赋予宇宙自然和人世社会以活泼而持久的生命力。教育作为一项社会活动,"动"是其存在与发展的根本依据和原初动力。教育事业由无数个形式不一、形态各异的活动综合而成,变动不居和发展变化是教育活动的根本特性。

第一节 "动"之内涵与内容

"动"与其他字词相关联而构成的词语和概念往往具有"变动""变化"的意旨和取向,如"行动""改动""波动""晃动""感动""策动""生动""动人"等。作为蕴含"变化"内涵的概念,"动"与其他字词的结合往往促成词汇、短语、语句等的动态性。

一 作为生命与意义起源的"动"

由哲学意义上讲,"动"是事物存在与发展的根本依据和标志。诚如道家《老子》的"道生一,一生二,二生三,三生万物"(《老子》第四十二章),宇宙自然产生的根本依据是"生"的动作或过程;离开"生",无法经由"道"而产生"一",乃至于产生"万物"。作为终极存在与最高价值,"道"具有"变动不居"的特性。"视之不见名曰夷,听之不闻名曰希，搏之不得名曰微。此三者不可致诘，故混而为一。其上不皦，其下不昧，绳绳不可名，复归于无物。是谓无状之状，无物之象，是谓惚恍。迎之不见其首，随之不见其后。"（《老子》第十四章）因"道"之动态性、变动性，人们难以把握"道"。《易传·系辞上传》亦有言："易有太极，是生两仪，两仪生四象，四象生八卦，八卦定吉凶，吉凶生大业"。自然宇宙、人世社会存在与发展的全部可能性在于"生""定"的动作与过程，有"生"则天地万物出，有"定"则天地万物、人世生活有其发展的规律和依据。可见，能够"生"万物的终极存在的根本特征是"动"。"周易"之"易"即"变化"，《周易》与"易学"本是研究"变化"的学问。事实上，中国哲学论说中的终极存在主要是"道""天"二者，"天"有时被人们理解为"天地"。诸此无一例外具备"动"的属性、特征和功能。"道"之"周行不殆"促成道之"恒常"性，使得"道"得以成为人们生存与生活的"常理"；天地的变化发展表现为"天文"和"地理"的变化无穷，基于天地的变动，人们得以通过"上察天文""下察地理"的方式观察与总结人世社会发展变化的轨迹和规律，从而更好地发展自身。"古者包牺氏之王天下也，仰则观象于天，俯则观法于地，观鸟兽之文与地之宜，近取诸身，远取诸物，于是始作八卦，以通神明之德，以类万物之情。做结绳而为网罟，以佃以渔，盖取诸离。"（《周易·系辞》）可以说，文明起源、人类发展、生活开展的最初和全部依据在于"动"。

　　以"动"作为宇宙万物生存发展的最初与根本依据，也可由有关"创世"的古代神话传说中找到论据。古中国神话传说中的"盘古开天辟地""女娲造人"，古希腊的"腓尼基人的传说"以及《圣经》中"亚当夏娃偷吃禁果"的故事，皆表明"动"之于宇宙、人类等的原初和起源意义。按照上古神话传说，倘若没有盘古的"开辟"行为，"天地"还是那个"混沌"的存在。在"混沌"中，"天地"不分，生存于"天之下"和"地之上"的"人"没有显现自身的空间与环境。相应地，在神话故事"女娲造人"中，倘若没有女娲"抟土造人"的动作或行为，也不可能有此面庞不一、形态各异的"人"，更谈不上"人"的多样化发展。同样，在"腓尼基人的传说"中，"大地母亲"是"造人者"，她在造人的过程中运用不同的物质造出不同的人。在极少数人身上加入"金"；在一部分人身上加入"银";在大部分人身上加入"铜铁"。大地母亲之所以对人"区别对待"的原因在于其欲意构建一个井然有序的人类社会。身体中含有"金"的是统治者,身体中含有"银"的人成为护卫者,身体中含有"铜铁"的人会成为农民、手工业者、商人等。身体内有"金"意味着生而具有最高的禀赋和才能,可以作为城邦的统治者;身体内有"银"意味着具有次等的德性,可作为护卫城邦的辅助者;身体内有"铜铁"的绝大多数人则资质平平,可作为被统治者。这三类身份不同的人在社会生活中"各司其职",共同保证与促进社会发展的安定有序与稳定和谐。由于城邦公民都是由大地母亲创生,因此都是同胞,都对城邦的稳定与强大担负天然职责。诚然,身上有"金"的人也有可能生出"银"或"铜铁"的后代,反之亦然。基于人们后天资质的变动性,城邦统治者需要通过教育的方式考察人们的资质、禀赋,进而决定其在城邦中的身份与职能。在《理想国》中,只要城邦公民的位置安排合理,且人人各尽其职,这个城邦的发展就会处于理想状态。可见,大地母亲在"造人"的时候,不仅"动手",亦"动脑"。在"腓尼基人的传说"中,正是依靠"大地母亲"一系列的动作、行为,人类社会的发展才出现其特定的秩序和规律。

概而言之,人类社会的出现是动作和行为的结果,人类社会的发展也无往不在"动"之中,无所不是"动"的过程,无一不是"动"的结果。

二 作为活动与行动的"动"

"动"是事物具备生命力的内外表征和根本标志,由外部表现形式而言,"动"主要表现为有生命事物的"活动"或"行动"。有生命事物的"动"整体体现为由生而灭的全部生命历程。在万物生长与发展的过程中,外部环境是事物生发的条件和保障。如道家老子的"道生之,德畜之,物形之,势成之。是以万物莫不尊道而贵德"(《老子》第五十一章)表明"道"是万物起源,"德"赋予万物成其自身的属性,"物"赋予事物各以形体、形态或形状,以及"势"为万物发展提供适宜条件的意旨,揭示出事物生存发展的影响因素与一般规律。然而,生命的发展虽离不开适宜的环境和条件,但生命体本身的"活动"是促成事物发展的根本因素。倘若离开"活动"而只依赖外部环境，只能说是消极、被动的生命体，生命之所以值得敬畏的根本原因正在于生命之"动"。比如，草木的生命力短暂且其生存更多处于被动、消极的状态，但当人们看见岩石缝中的小花、峭壁上的树木、沙漠里的绿洲时，往往会动容和感叹于草木生命力的可贵与强大。"春雨日时，草木怒生"（《庄子·外物》），草木能克服复杂凶险环境而兀自生长与绽放，全在于其生机勃勃的生命动力与坚持不懈的生长动作。诚然，"草木一秋"中有对草木生命力之短暂的惋惜，但倘若换个角度，则草木之生实则具有循环往复、恒常不已的特性。"致虚极，守静笃，万物并作，吾以观复。夫物芸芸，各归其根。归根曰静，静曰复命。"（《老子》第十六章）草木由生存、发展至消亡再至新生的生命历程的循环中不断涌现出生长、变化、发展的活力和迹象。花草树木由幼苗到长成，再到成熟，以至最终开花结果，其不同的生命阶段和生命状态全由"动"促成。即便草木凋零与衰败之时看似处于"静"的状态，但其却在重新孕育"动"的活力。待到初春时，草木的生命将以一种全新的样态再次呈现，并继续一轮又一轮的生命活动历程。"离离原上草，一岁一枯荣。野火烧不尽，春风吹又生"（唐·白居易：《草》），"动"是草木生发的全部属性和特征。

　　与草木之"动"相似，包括人在内的"动物"之"动"也是生命存在与发展的表征和标志。生活中常有"心如死灰"的说法，"心"不"动"则"心死"。"哀莫大于心死"，"心死"之人是失去思想和精神的存在，其人之为人的根本依据便消解掉了。概或由此意义上更易找到何以"心死为悲"的答案。诚然，"哀莫大于心死"并非指向精神、思想等的"死寂"，而是有其特定的对象和原因，比如对感情、事业的不抱希望、失望至极等。然而，"哀莫大于心死"的观念中直接呈现出"动""生"之于生存发展的重要意义。相比于动植物的"动"，人之"动"更多是能动、主动的"动"。依靠主动、能动的"活动"与"行动"，人成为区别于动植物的"万物之灵"，成为改变和运用自然力的主体性存在，成为与天、地并列的"三才"和"域中四大"（道、天、地、人）之一。可以说，人类生活的全部表现形式是"动"，即便是"静"也是"静中有动""动中之静"。比如，一个人虽在行为举止上处于"静止"状态，但其精神、思想、意识却无时不处于"动"之中。换句话说，只要人活着,就一定是"动"的。人之"动"不仅体现在心理、思想、精神、意识层面,亦体现在语言、行为层面。从这种意义上讲,"动"是人之生存发展的必然现象,是人之生命迹象的内外标志和衡量生命力存否的根本标准。

依靠人之主动、能动的"活动"或"行动",人类社会取得长足的发展与进步。人通过各种各样的"活动"优化生存环境,改善生产生活的内容与方式,达成生存发展的理想目标。以"动"为依据和方式,人们突破外力和自身的束缚,打破生命进化与发展的桎梏,不断促成人类文明发展的一座座高峰。可以说,作为活动、行动的"动",既是人类生存发展的全部表征与根本标志,也是人类进步发展的本源动力和根本途径,还是人类生产与生活的全部内容与最终追求。

第二节 教育之"动"的价值、内容与特点

教育事业的发展依靠教育中人的教育活动达成,离开人的教育活动,教育不具备"动"的属性和特征。鉴于教育活动是构成教育事业的基本形态,是促进教育事业发展的根本力量,故而此节将教育之"动"理解为教育活动,以教育活动为主题阐发观点。

一 教育之"动"的意义与价值

谈及教育活动,人们往往会想到形形色色的教育事务,如上课、教学、班级管理、备课等。面对内容各异、形式不一的教育活动,人们早已习以为常。公允地说,多数人倾向于由微观和具体角度看待与理解教育活动,而较少有人将教育活动做历史的、哲学的理解与表达,这种情况在教育理论研究中表现得极为突出和明显。教育研究者多从静态的角度看待和研究教育,而较少对教育予以动态化的理解与描述。

由静态的角度把握教育,则教育中的静态事物多成为人们关注与研究的对象,比如教育思想、教育制度。由这种"静态"视角出发,有关教育思想、教育制度的研究成果数不胜数。涉及动态的教育活动,则人们普遍认为其应当被归属于教育实践的范畴,从而较少有学者由理论角

度关注与探究教育活动。比如，以研究教育历史为己任的教育史学家们对教育思想与教育制度发展演变的历史予以详尽的考察和阐释，从而促成体系化的"教育思想史"和"教育制度史"理论。相比之下，教育活动多为一线教师关注和参与。作为教育活动的主体，一线教师需要亲自设计和参与各种教育活动，而身处书卷与书斋之中的研究者则往往与教育实践无涉。这种教育领域分工的专业化导致的直接结果是：做教育理论的不关注教育实践，做教育实践的不重视教育理论。不可否认，教育领域中的理论与实践二分、理论与实践脱节现象，在相当程度上是导致教育实践研究"盲区"的重要原因。现实地看，教育活动理论化具有普遍而深远的意义，其最主要的价值是将微观、具体的教育活动诉诸学术化的语言，经由在理论层面阐发教育活动，而促成合理有效的教育实践。近年来，诸多理论研究者开始关注教育活动，积极投身于教育活动的理论研究工作，主张由历史的角度对由古代以至近世的教育活动进行梳理与分类，以清晰而明确地呈现教育活动的"演变史"与"发展史"，为人们宏观而系统地理解与把握教育活动提供借鉴和参照。诚然，教育制度与教育思想关乎教育发展，好的教育制度、先进的教育理念中富含有利于教育发展的积极价值。然而，无论是教育制度抑或教育思想，其载体都是教育活动。作为教育的基本形态，倘若没有教育活动，那么再优化的教育制度、再先进的教育思想也是"空中楼阁"，缺少得以立足与发挥作用的"基地"和"场所"。可见，教育活动理论化之于教育发展具有核心而根本的意义与价值。

教育活动的先在性与普遍性，决定着教育活动之于教育思想形成与教育制度建构的根本意义。教育制度的构建需要基于教育活动、指向教育活动、为了教育活动；教育制度的建制需要以教育活动为依据；教育制度的实施需要借助于教育活动的开展；教育制度的优劣需经由教育活动的实践与检验。相应地，任何教育思想的形成也都离不开教育活动。"思想源于生活"，教育理论以教育活动为载体，是对教育活动的抽象化概括和描述；教育理论的有效性需要教育活动的检验。事实上，教育的最早与最基本形态是"教育活动"，在学校教育事业和教育研究事务出现之前并不存在体系化的教育思想和教育制度。早期阶段的教育本质上以缺乏制度规约和理论指导的"纯教育活动"的形式存在，作为教育事业重要内容的教育制度和教育思想是系统化、体制化的学校教育形成与发展的产物,而非教育的原初样态。

概言之,"活动""行动"是事物生命力的重要表征和根本标志,作为教育事业的最基本单位,教育活动是促成教育事业发展的本源动力,是教育制度、教育思想赖以存在的"载体",是教育中人发展与进步的根本方式与途径。

二 教育之"动"的类型与内容

教育活动的类型和内容取决于分类标准的设定。比如,按照广义教育的内涵,人类社会的一切活动都有教育性,都可被视为教育活动;按照狭义教育的内涵,教育活动的主要场域是学校,教育活动的主体是学校中人,教育活动的目标是学校中人的发展。

由广义教育的角度而言,这种将社会活动普遍作为教育活动的现象,主要存在于学校教育尚未成为潮流的古代社会。古代社会有"教化"而无"教育","教育"概念的出现是近代学科分化的产物。"教化"虽具"教育"意旨,但其内涵远超"教育"。按照"教化"在古代文献中的含义,政治统治、文化传播、道德修养等社会活动都具有"教化"的实质和功用,因而都被作为广义的教育事务。由广义教育活动的角度出发,古代统治者普遍具有"教师"身份。由于统治者担负教化民众的职责,故而要以身作则,为民众树立良好的榜样。统治者是民众之"师",应以身作则的观点广泛存于古文献中。比如,意为"统治者和管理者只有以身作则,才能取得好的统治结果"的"其身正,不令而行;其身不正,虽令不从"(《论语·子路》),多被人们作为教育思想,用以表明教师榜样作用的重要性。又如,墨子曾以"上有所好,下必甚焉"(《墨子·兼爱》)表明统治者"身正为范"的教化职责。再如,《老子》的"不尚贤,使民不争;不贵难得之货,使民不为盗;不见可欲,使民心不乱。是以圣人之治,虚其心,实其腹;弱其志,强其骨。常使民无知无欲,使夫知者不敢为也。为无为,则无不治"(《老子》第三章)中有对作为"师"的统治者的劝谏之词,主张统治者以身作则,为民众树立榜样。在学校教育未成趋势的古代社会,社会是"学校",权威之人的言行举止时刻具有与发挥教育的价值和功效。在古代中西方思想中,理想的统治者多是有道德的"圣人"和"君子",他们担负"上施下效"的教育职能,肩负教化民众的职责,其一言一行都蕴含教育意旨,富含"育人"价值。

随着学校教育的发展,人们逐渐将教育看作专门活动,当前所论之教育主要指学校教育。将教育定义为学校教育,则教育活动主要指的是"学校教育活动"。"学校"以外的"家庭"活动、"社会"活动,不属于教育活动的范畴。虽然以"学校"作为教育活动的特定范畴缩小了教育活动的场域、对象和内容,但学校教育活动同样复杂多样。按照不同的分类标准,学校教育活动可被分为不同的类型与内容。比如,以学校教育中的"人"为标准,教育活动可分为"教师的活动"与"学生的活动";以"课堂"作为划分标准,教育活动包括"课堂活动"和"课外活动";以"学校"作为划分标准,教育活动可分为"校内活动"和"校外活动";以学校教育的"内容"为划分依据,则"教学活动"(又可具体分为"教"和"学"两种活动)、"管理活动"(包括学校管理、班级管理等)是学校教育的主要活动。此外,倘将学校视作"小型社会"或"雏形社会",则学校教育活动实则又普遍具有社会活动的内容与特点,人际交往、情感交流等活动以各种形式或隐或现的存在于学校教育中。

由此类型与内容复杂多样的教育活动,才有五彩斑斓的教育生活世界和生机盎然的教育场景。在多样化的教育活动中,教育中人获得自我发展的广阔空间和有利条件,感受与见证自我发展与自我进步的欣喜和幸福感,积极促成和实现全面而和谐的身心发展样态。

三 教育之"动"的特点

教育活动与一般社会活动既有区别又有联系。教育活动一方面属于社会活动,具有社会活动的基本属性;另一方面属于专门性、专业化的活动,具有特定的活动主体、活动对象、活动目标、活动内容、活动方式等。作为专门活动,教育活动主要具备双向性、生成性和教育性。

(一) 双向性

一般意义上的活动既包括人与人之间的活动,也包括人以物为对象而开展的活动。其中,后者是"单向度"的活动,毕竟"物"不会主动与作为活动主体的人沟通互动。教育活动区别于一般活动的根本之处在于一般活动往往依靠"人—物"关系促成,而教育活动主要建基于"人—人"关系。教育活动本质上是发生在教师与教师、教师与学生、学生与学生之间的活动。人之主体能动性决定教育活动具备"双向"性。这表现为,在教育活动中,活动一方与另一方之间处于互动沟通的交往模式。比如,在教学活动中,教师的教和学生的学之间处于"双向互动"的状态。这种"双向互动"既包括教师和学生在语言、动作之间的沟通交流,也指二者在精神、思想、心理上的互动。诚然,教学活动不仅包括教师的教与学生的学之间的互动,还包括学生与学生之间的交往活动以及或隐或显的一般人际交往活动,且各主体间的活动需要借助一定的媒介而展开,比如教科书、教具、教育技术等。然而,以媒介作为主体交往的中介并不影响教育活动的"人—人"实质,教育媒介只是服务于主体交往活动,而不应主导与宰制主体活动。正是基于教育活动的"人—人"本质,人们在界定教育要素时往往首要关注"教育中人"——教育者和受教育者,而后在此基础上找寻可以优化教育主体交往活动的其他因素,进而将其纳入教育要素的范畴。

(二) 生成性

教育活动往往具有特定的程式、内容与目标。一般而言,为促成教育活动的顺利开展与达成教育目标,教师往往会对教育活动予以计划和设计。比如,教师在上课之前要"备课"、做"教学设计"。虽然一旦进入真实的教育活动场域,无论前期"预设"如何,教育活动的过程与结果更多诉诸"生成"的方式,但教师的前期"预设"有助于确保教育活动诸要素的合理性,可优化教育活动开展的条件和环境,能够有效避免教育活动中的"麻烦",有助于促成理想的教育过程与教育结果。诚然,教育活动的过程与结果本质上不可预设,教育过程的开展和教育结果的达成只能在"活动"中实现,原因在于教育活动中充满"未知",教育主体心目中预先设定的"已知"能且只能通过教育活动"生发"出来,而不会直接指向既定的过程与结果。

在教育领域,依靠教育活动"生成"的事物主要包括知识、技能、意识、思想、精神、观念、品质、素养等。教育活动的"生成"不仅指教育主体经由教育活动将教育过程和结果由"未知"变成"已知",更指教育主体在教育活动中发现和获知那些"预设之外"的知识、技能、感受、灵感、智慧、品质等。基于对教育活动"生成"性的体认与重视，人们多主张开放式的教学设计，主张经由具备多种可能性的教育活动超越既定的教育目标，促成更富意义的活动过程与结果，为学生各方面素养的综合提升提供充分条件与充足空间。

（三）教育性

由广义教育的角度而言，社会活动有其教育意义和价值。然而，社会活动的"教育性"是次生的、旁生的。"教育性"并非一般社会活动的主要属性与特征。比如，在商业活动、人际交往活动中，人们会恪守与践行一定的法律规范、伦理要求和道德规定，诸此集中体现出商业活动与人际活动的教育内涵和功用。然而，"商业活动"的根本特性是"经济性"，"人际交往"的根本特性是"交往性"，"教育性"并不是它们的主要和首要特性。相比之下，"教育性"是教育活动的根本特性。教育活动区别于一般活动的根本特性是"教育性"，衡量教育活动合理与否的根本标准是"教育性"，教育活动目标的设定、内容的选择、方法的选用、环境的创设等皆以"教育性"作为首要原则和根本依据。以教育内容的选择为例，倘若材料、资料、事物等之于教育主体不具备教育意义，而是有损于教育主体的身心发展，其断然不会成为教育内容。

基于对教育活动"教育性"的重视，为达成教育活动的教育目的，与教育活动相关的人、物均应具备"教育性"已然成为人们的共识。当前主张教育目标的设定既要关注即时性的目标又要具备深远的教育意义，倡导教师成为"行走的榜样""活教材"，强调教育环境的创设重在蕴含与彰显教育内涵和主旨，重视选择和使用具备深远教育意义的教育内容，注重充分发挥教育方法的教育价值，着力构建具有教育意义的校园文化和班级文化等皆是人们关注教育活动"教育性"的体现。

第三节　古汉字"动"及其教育启思

"动"是个人、社会、自然乃至宇宙存在与发展的本质、动力和依据。有此"动"，天地万物获得生发与繁荣的可能性，人类社会得以创造出厚重而久远的文明。那么，古汉字"动"有何内涵？其是否在造字之初便具备与当前相贯通的含义？"动"中是否蕴含教育意旨？古汉字

"动"之于教育具有哪些启发和借鉴？诸此问题是下文探讨的重点。

一 "动"之本义

"动"最早见于金文，由两部分构成，分别是和。其中，是"童"，是"重"。按照已有研究结论，"童"与"重"在早期是同一个字，具有相同的意旨。于省吾在《诸子新证》中说："金文'动'字作'童'，童、重古本同字。"① 在注解《淮南子·说林训》中"任动者车鸣"时，于省吾先生也曾指出："此任字当即任载之任，动本应做重，涉上文动字而讹，金文动字作童，重童古同用。此言载重者车鸣也，《吕氏春秋·博志》'以重载则不能数里，任重也。'是任重乃古人成语。"② "动"与"童"、"重"可以互指，此为理解"动"之古义提供更多可能性。

"动"之中的"童"，最早见于甲骨文，被表述为""。前有章节在解析甲骨文"童"时，将"倒立的三角"与"龙""凤""帝"等祥瑞、神圣之物相联系，认为"倒三角"代表"灵性"，并因此认为儿童是有灵性之人。事实上，当前学界对于"童"的解读并未达成共识，最为分歧之处正在"倒三角"。一部分研究者将"倒三角"看作"利器"，认为"目"上有"利器"，主要是指"目盲"的"奴隶"，又将"利器"与早期儿童的不堪境遇和不良处境相联系，认为"童"最早的含义是"童奴"或"奴隶"。"'童'的金文字形上面是'辛'，表示刑刀，中间是'目'，表示眼睛，下面是'东'表字音，整合在一起表示用刑刀刺瞎奴隶的眼睛，所以'童'字代指的是'奴隶'，是个会意字。"③ 人们将"童"之初义理解为"奴隶"的重要原因，在于"辛"字具有的"刀刑""罪刑"内涵。《说文解字》说："辛，大刑也"，段玉裁注解曰："辛痛泣出，罪人之象。凡辜（罪）、宰、辜、辞皆从辛者由此。"④ 《清史稿》亦曰：

---

① 《朱子学刊》编委会编：《朱子学刊》（第 22 辑），黄山书社 2013 年版，第 177 页。
② 赵宗乙：《淮南子译注》（下），黑龙江人民出版社 2003 年版，第 887 页。
③ 孟于翀：《话说汉字》，中国华侨出版社 2017 年版，第 296 页。
④ 金开诚：《中国古代文化史话：汉字六书》，吉林出版集团有限责任公司 2011 年版，第 104 页。

"凡四十一款，当斩，妻子入辛者库，财产入官。"① 结合古代常设机构"辛者库"的功能，可见"妻子入辛者库"的"辛者库"是大罪之人所居之地。可见，由"童"字上部的"辛"字出发较易得出"童"之"奴隶"的内涵。

"重"字的金文字形为 ，形似"一个人背负着囊袋"。《说文解字》说："重，厚也，从壬，东声。"② "厚"即"沉重"，用以表明事物的重量。"重"之"东声"与"童"之读音相似；"重"之"一个人背着厚重的囊袋"的初义与"童"之"干重活的奴隶"之意颇相通。"重"之"从壬"，表明"重"与"壬"之间的关联。"壬"字的甲骨文形似"工"，写作 ，意为"绕线的工具"。在小篆中，"工"中间加一横，构成形似"壬"的 。《说文解字》曰："壬：位北方也。阴极阳生，故《易》曰：'龙战于野。'战者，接也。象人之裹妊之形。承亥壬以子，生之叙也。与巫同意。壬承辛，象人胫。胫，任体也。凡壬之属皆从壬。"③ 其中，"壬承辛，象人胫。胫，任体也"指出"壬"与"辛"之间的关系，"辛"即"辛劳"，而"胫"是"小腿"，是发力与承重的重要结构。由"壬"与"辛"之关联，也可推导出"重"之"辛勤劳作"的内涵和意旨。

与"动"同音、同形和同义的"童"与"重"都有"辛劳"之意，由此可见"动"具有"辛劳""劳作"之早期内涵。古文论中将"动"作"辛劳"与"劳作"加以运用的情况也颇为常见，如元稹《新政县》的"须鬓暗添巴路雪，衣裳无复帝乡尘。曾沾几许名兼利，劳动生涯涉苦辛。"④ 随着字形、字义的不断演变，"动"之内涵愈加丰富。在"劳作""辛劳"的基础上，"动"逐渐具有"动作""活动""行动"的内涵与意旨。

二 "动"之教育义

将"动"解作"活动"，则教育之"动"即教育活动，此种意义上

---

① （清）赵尔巽等撰：《清史稿》（卷 226—卷 307），吉林人民出版社 1995 年版，第 8128 页。
② 赵越：《词汇研究》，吉林大学出版社 2017 年版，第 71 页。
③ 殷寄明：《〈说文解字〉精读》，复旦大学出版社 2007 年版，第 243 页。
④ 谢永芳：《元稹诗全集》，崇文书局 2016 年版，第 400 页。

的教育之"动"前文已有涉及。由于将"动"解作"活动"具有普遍适用性,故而专以"动"之"辛"的内涵为切入点,找寻其中蕴含的教育启思。具体地说,作为"劳作""辛劳"的"动"至少蕴含两方面的教育智慧或教育启思。

其一,教育活动是"劳作"。以"劳作"解读教育活动,则教育活动实与农人的"春耕秋种"并无本质差异。"农人治田"与"教育"之间具有诸多相似与相通之处。"宋人有闵其苗之不长而揠之者,芒芒然归,谓其人曰:'今日病矣!予助苗长矣!'其子趋而往视之,苗则槁矣。天下之不助苗长者寡矣。以为无益而舍之者,不耘苗者也;助之长者,揠苗者也。非徒无益,而又害之。"(《孟子·公孙丑上》)这则"揠苗助长"的故事不仅对"农人"劳作具有启发,亦有其深刻的教育意旨。教育中的"学生"如同"幼苗",需要精心呵护和悉心培育。教师作为"农人"既要遵循四时之规律和时令时节,又要兼顾"幼苗"内在的生长动力和发展可能,而绝不能"以己度人",一味按照自己的标准和要求对待"幼苗"。如同"揠苗助长"的消极后果,倘若教师对待学生如"揠苗助长"的"农人"那般,则定会对学生的身心发展产生不可逆转的消极影响。将教育活动视为农人"劳作"亦体现出"自然"教育的理念与主旨。"农人治田"重在顺应天时,"瑞雪兆丰年""风调雨顺"之所以是"农人"最为期待的景象,原因在于有此自然雨露甘霖的滋润与养护,便不愁庄稼长不好,只需等待丰收之日即可。与之相似,理想的教育活动亦重自然,这主要表现为活动方式和方法的"自然"性。"随风潜入夜,润物细无声"(唐·杜甫:《春夜喜雨》),教师之于学生的影响应是"春风化雨"般地默默温情和无声陶冶,而非"秋风扫落叶"式地任使强权和横加干涉。农人只有顺应天时,才能够得享"稻花香里说丰年,听取蛙声一片"(宋·辛弃疾:《西江月·夜行黄沙道中》)的丰收盛景;教师只有顺应学生内在的自然需求,才能够收获"忽如一夜春风来,千树万树梨花开"(唐·岑参:《白雪歌送武判官归京》)的教育惊喜。

其二,教育活动中饱含"辛劳"。任何活动都需要人付诸体力和精力,都可谓"辛劳"之作。相比之下,作为一项旨在促人发展的社会事业,教育活动之"辛劳"远远多于和大于一般社会活动。古文论中有太多描述教育之"辛劳"的文句。如,"如切如磋,如琢如磨。"(《诗经·卫风·淇奥》);"学非探其花,要自拨其根"(唐·杜牧:《留诲曹师等诗》);"古人学问无遗力,少壮工夫老始成"(宋·陆游:《冬夜读书示子聿》)等。欲想经由教育活动实现和达成人生目标和人生理想,非要付出极为艰辛和沉重的劳作不可。"宝剑锋从磨砺出,梅花香自苦寒来",实现理想注定是一个难之有难、苦之又苦的事情。教育活动的艰辛性既可通过古人之于"读书""学习""科考"等的描述中得见,也可经由现实教育活动尤其学校教育活动之复杂程式、精密设计、精心准备、多样化环节、漫长过程中得见。在学校教育中,任何教育活动的开展都有其明确而具体的目标与指向,都需要教育中人付出相当的精力和体力。在具体的教育活动中,为最大限度地实现活动目标,在活动开始之前需要精心设计;在活动开展过程中需要时时关注、适时调整、适度推进;在活动结束后要及时总结、反馈、反思与修正。可见,教育活动始终需要教育中人付出诸多心力。概或正是基于对教育活动艰难与艰辛特性的体认,古今人们多对从事教育事业的教师称赞有加,"春蚕到死丝方尽,蜡炬成灰泪始干"(唐·李商隐:《无题》)可谓道尽教育事业和教师职业的艰辛与伟大。

三 其他与"动"相关的古汉字及其教育义

教育活动往往有具体的内容和特定的形式,如教学、课程开发、道德培养、教育管理等各有特殊性。由于在教育活动中,"教学"是重中之重,而"教学"又与"课程"密切关联,故而下文将对古汉字"教""学""课""程"以及课程与教学理论中较重要的"开""发""实""施""模""式"予以分析和阐释,力求挖掘各者的原初教育意旨。

(一)"教"与"学"的教育内涵阐释

甲骨文的"教"和"学"分别书写为🔣和🔣。甲骨文"教"字由三部分构成,即代指教学内容的🔣,代指受教育者的🔣和代指教育者的🔣。甲骨文的"学"由两部分构成,分别是🔣和🔣。其中,🔣是🔣的简写,代指教学内容;🔣形似"草房",代指教育场所。随着文字的发展,"学"的字形不断变化,金文"学"的字形已经与当前"学"字较相似。"学"字的金文形态为🔣,由四部分构成。区别于甲骨文的"学"字,金文之

"学"在代指教学内容的✕和代指教育场所的⋀之外,增加♀和Ɛ。♀即"孩童",代指受教育者;Ɛ又写作⇒,意为"爪""手",代指教育者。从字形上看,甲骨文与金文基本重合,都包括♀、✕和Ɛ。Ɛ和是"教育者",♀是"受教育者",✕是"教育内容"。此三者是教育活动的"三要素",为造字之初的"教"与"学"共同具备。诚如前文所述,教育活动具备双向互动性,这种双向互动性主要体现为"教师的教"和"学生的学"之间的交往与沟通。由甲骨文"教"和金文"学"之字形、字义间的相通之处,可明确得见教育活动之"双边""双向"的内涵与属性。

(二)"课"与"程"的教育内涵阐释

"课"字最早见于篆文,小篆的"课"颇似繁体"課",书写为䚯。"课"由两部分构成,分别是言和果。《说文解字》曰:"课,试也。从言,果声。"①"言"即评价、言说、询问、训导,"果"是声部。"课"的原意是"考核"与"测验",《韩非子·定法》"操杀生之柄,课群臣之能者也"中的"课"即是此意。大篆的"程"写作𥡚,由禾和呈两部分构成。禾即"禾",意指"庄稼""谷物";呈即"呈",意为"上报""上呈"。"程"的造字本义是称量谷物并上报。《说文解字》曰:"程,品也,十发为程"②,《广韵·清韵》曰:"程,期也"③,"程"也具有"长度""期限"的含义。将古意为"考核""检验""训导"的"课"与作为"期限""长度"的"程"相结合而构成的"课程",其含义大抵与当前"课程"相似,意为"训导、考核的长度和期限"。此种对"课""程"内涵的描述,正能够与"课程"所具之"课业及其进程"的内涵相重合,从而表明古汉字"课""程"与今之"课程"间的相通关系。事实上,古汉字"课"的"称量谷物并上报"初义中亦蕴含"考核""评价"的意旨,此也可与当前"课程"的内涵直接关联。

(三)"实"与"施"的教育内涵阐释

大篆的"实"写作𡪍,字形如同"装满货物和宝物的房子",具有

---

① 李振中:《〈说文解字〉研究》,湖南师范大学出版社2014年版,第170页。
② 刘毓庆:《汉字浅说》,商务印书馆2017年版,第108页。
③ 仓修良:《汉书辞典》,山东教育出版社1996年版,第741页。

"盈满""富有""充足"之义。《说文解字》曰:"实,富也"①;《小尔雅·广诂》曰:"实,满也"②;管子曰:"仓廪实而知礼节"(《管子·牧民》)。诸此皆表明"实"之"富有""充足"意涵。大篆的"施"写作 𣃘,左边的 形似"旗帜",右边的 似蜿蜒曲折的蛇形, 𣃘之意为飘扬的旗帜。在古代,"旗"是重大国事和重要活动的象征。《地官司徒·大司徒》中的"大军旅、大田役,以旗致万民,而治其徒庶之政令"③ 意为"大征伐,大田猎,用旗召集万民,而负责指挥民众",由此可见"旗帜"作为活动象征和行动标志的意旨。《广雅·释诂》曰:"施,予也"④,认为"施"的本义是"给予""施加"。结合"旗"所具有的"暗示""指挥""指导"的行动意旨,"施加""给予"同样是"旗"之功能。以"实"会"施",则"实""施"意为"充分地给予"。以此"实""施"与教育活动相结合,尤其与具体的课程与教学的"实施"相关涉,可见"实"与"施"中蕴含厚重的教育意旨:课程与教学活动的开展必须是充足、充分的,必须具备充实的内容、切实的方法、真实的目标、踏实的行动,绝不可脱离"实"境、不做"实"事、不落"实"处。

(四)"开"与"发"的教育内涵阐释

大篆的"开"书写为 𨳿,𨳿 由"门"和"门闩"构成,两手拉开门闩则门"开"。𨳿 的原意是"开门",后又指"开启""打开""张开"等。甲骨文"发"写作 𢼸,中间的"竖"形似一根长棒,左下方的 是"手",左右两边的 和 指的是"双足",其字义为"手持长棒前行"。另有一种观点认为 和 指"手持一根长棒投掷", 和 指"快速移动的动作",𢼸 是指"放出""射出"。由字义上看,虽然"手持长棒前行"的"出发"与"手持一根长棒投掷"的"射出"在形态上明显不同,但二者都蕴含"起点"和"初始动作"的意旨。抑或说,无论是以"出发"还是"射出"解"发",都能够直观得其"始发"的动作特征。由是,将"开"与"发"相结合,则"开"之"打开"与"发"之"出发"或"射出"

---

① 何金松:《汉字文化解读》,湖北人民出版社2004年版,第148页。
② 刘光胜:《〈清华大学藏战国竹简(壹)〉整理研究》,上海古籍出版社2016年版,第56页。
③ 蒋伯潜:《十三经概论》,上海古籍出版社2010年版,第186页。
④ 杨怀源:《西周金文词汇研究》,巴蜀书社2007年版,第129页。

之间具有内涵的相似性，即二者都是起点处的动作。进一步言之，倘若将"开"与"发"的动作、行为相关联，则"打开门出发"和"打开门发射"实则形成了一个连贯的动作系列。以此作为理解"开发"的依据，则"开发"实则既是一个连贯的动作系列，也可被分解为"开"和"发"两个动作过程，且"开"在前，"发"在后。"开"在于"打开"视野、心胸、思路，"发"在于切实的行动。只有在思路、视野开放的前提下，才能够真正有所"发现""发掘"，才能够真正地"发动"力量全副身心地投入活动。由此而言，教育活动中的"课程开发"或"资源开发"不仅指向对课程资源的搜集、选择、采纳与实施，更指看待课程资源、教学资源等的"开放"的、"探索"性的、"发现"式的思路和视野，以及脚踏实地、勤奋笃实的"开发"行为或行动。事实上，只有真正理解与践行"开发"的开放性、包容性和实在性原则，教育中的"开发"活动才能够发现和找寻到数之不尽、用之不竭的教育资源。

（五）"模"与"式"

大篆的"模"写作𣐿，由𣎳和𦱤两部分构成。𣎳即"木材""木料"，𦱤即"莫"。甲骨文"莫"表示为𦱤，形似"日落草中"，意为"日落"。𣐿中之𦱤是声部，不具实际含义，𣎳是指意结构。"模"之初义是"木框"，即"木头制成的框架"，用于框定事物的大小、为事物定型。小篆的"式"即𢍱，由"工"和"弋"两部分构成，"工"即工具，"弋"即武器，最早是指"带丝线的射鸟的工具"。众所周知，任何工具的使用都要遵循一定的程式、步骤和规则，当前所谓"公式""程式""方式"等皆指向工具、方法的规定性、步骤性以及动作行为的连贯性。可见，"式"本指"遵循某种方法、步骤而使用的工具"。"模"指"框架"，具备规定性；"式"指"工具"，亦具备规定性。"模"和"式"皆指称具有规定性的事物。由"模""式"的本义出发，可得见二者内涵与当前"模式"的重合处——"模式"的首要属性和根本特征正是"规定性"。依照有效的"模式"，活动的过程有章可循，活动的效率和效果也会获得大幅提升。相反，倘若缺少有效的"模式"，活动过程往往只能亦步亦趋，活动效果的达成也会困难重重。"模式"之于教育活动的意义与价值在于其能够提升教育活动的效率，有助于优化教育活动的过程和结果。比如，较具影响力的"程序教学模式""发现学习模式""掌握学习模式"等各具优点和适用性,对教学活动的开展均发挥重要影响。与之相似,"目标模式"和"过程模式"作为课程开发的"套路"和"框架",既各有侧重点和优势,亦可优化和提升课程开发的过程与结果。可以说,在"模式"的助力下,教育过程有其依据,教育活动有其特定的步骤和环节,教育效果有其根本而有效的保障。有鉴于此,在教育活动中,教育者要结合受教育者的需求、教育内容的特点以及教育目标等灵活选用适宜的教育教学模式,以促成教育过程和效果的最优化。

第十章

古汉字中的教育之"德"

人区别于动植物的根本之处在于"德","德"是人以万物之灵自居于宇宙自然的内在依据,是自立与立人、自化与化人的根本途径,是不断体验宇宙、自然、社会、人生意义与价值的动力源泉,是理想生存样态和生存境界的最高表征和根本标志。可以说,"无德""缺德"的不是完整意义上的人;不断养成和提升"德"是人之为人的根本事务,是涵育、提升、证明和彰显"人性"的关键内容。"德"之于人的决定性意义,必然使其之于教育事业和教育中人的发展具有不可替代的意义和价值。任何时期的教育均将"成德"作为最基础、最重要的内容、任务和目标,任何时代的教育都将"成德"作为根本使命和最高理想。

第一节 "德"之内涵及其演变历程

"德"在中西方理论中具有重要的分量和位置,古今人们始终围绕"德"展开理论探讨和观点阐述。古今中西的先贤哲人们无不重视"德",有将"德"作"人性"者,如孟子的"性善论";有将"德"作美德、品德者,此当是"德"的主流内涵,为历代学者之共识;有将"德"作价值起源者,如先秦时期的《周易》《尚书》《老子》《庄子》等;有将"德"作制度或规定者,如"德政""德治"以及道德规范、道德制度、道德要求、道德原则等。复杂难解而又充满魅力的"德"因其之于个体、社会的重大意义而多为人们所关注,被赋予多重内涵和意旨。有鉴于"德"之久远历史与复杂含义,本节专择取伦理和哲学层面的"德"进行论述,追溯与探究伦理与哲学之"德"的出现时间、意义生发过程及其内涵，以期为人们理解"德"提供些许助益。

一 伦理层面的"德"

在古汉字中，涉及意识、情感、精神、品格的字往往有一个共同的造字结构——"心"。"心"是思想、精神、道德的发起者和体验者，没有"心"，人是"无心之人"；无心之人如木如石，难以七窍玲珑之心眼历尽酸甜苦辣之人生。从时间层面分析，殷商时期甲骨文的"德"字不包含"心"字，"心"字底在西周时期的金文中才出现。甲骨文"德"字发展到西周时期的金文，最为明显的变化是"心"字的加入。虽然金文中存有与甲骨文写法相似的"德"字，但总体上看，金文"德"基本由三部分构成，即"行""直""心"。正如陈梦家所说："古文字形符偏旁的改变，往往表示字义或概念的部分的改变。"① "心"字的加入说明至西周时期，"德"开始与意识、动机、心意等相关，逐步具备伦理内涵。

对于"德"之初义，学界之于殷商甲骨文与西周金文中有关"德"的释义主要依照的是"德"之字形。但单纯按照"德"字字形探究"德"字字义发展演变的脉络，实则难免忽略对各时期史料中"德"之含义的分析，容易导致与史料不符的现象。按照甲骨文"德"字无"心"，仅具有表示行为的一般意义来看，殷商时期的"德"不会与"心"或者伦理相联系，亦应与人们常言之"德"截然不同。然而，通过分析《尚书》中的内容，可发现彼时的"德"字已经具备"美德""道德"的含义。《尚书》中《舜典》记载"舜禅让王位"时有言："舜让于德，弗嗣"，其中的"德"字可作"美德"或"美德者"解；《商书》中《汤诰》的"夏王灭德作威"之"德"字亦可解为"道德""美德"。陈来在《古代宗教与伦理——儒家思想的根源》一书中，通过对照三代各个时期的文献对"德"进行释义，所得结论为：自《尧典》《舜典》始，至《商书》《周书》《诗经》等文献中，均可溯及"德"之今义，即"德"具备"道德""美德"的含义。至此可见，无论由字形抑或由史料中的字义入手均是探究早期"德"之内涵的单一视角和方法，且经由单一方法探究而出的"德"之结论不尽相同。诚然，无论史料研究抑或字形、字

---

① 周法高：《金文诂林》，香港中文大学出版社1974年版，第988页。

义研究均呈现出"德"字含义不断变化发展的事实。然而,若将史料中的"德"义与"德"的字义相对照,则"德"义演变的历史并不存在清晰的节点与脉络,有关不同时期"德"之内涵及其演变历程的观点也存在模糊乃至矛盾之处。

自殷商甲骨文至西周金文,"德"字字形、字义的演变与时间的推进以及文字的变迁具有共时性。若说"心"字是"德"之伦理内涵不断提升和加深的原因,那么也可以说,"德"之伦理含义的出现存在发展演变的过渡期。"德"从一个一般词汇转变成为具备伦理内涵的词汇的过程,绝非一蹴而就。若必须给"德"之内涵的发展演变找寻时间上的依据,西周时期当是"德"之伦理内涵确立和不断提升的关键时期。取西周作为"德"之伦理内涵确立与发展的关键期虽显折中,却也不无道理。单纯从字形或者文献着手,得出的是两条殊异的发展演变的线索。也就是说,从字形上看,"德"之伦理意蕴的存有当与"心"有关,"德中有心"的写法至早是在西周时期。而若通过分析文献中"德"的含义,则"德"的伦理含义早在《尧典》《舜典》以及《商书》中便已存在。综合两种相左的观点,由于对比商朝或更早时期的文献,西周文献中具备伦理含义的"德"之数量远远多于此前各时期。故而,不限定西周是"德"之伦理含义出现的起始阶段,而以其为"德"之伦理含义确立和发展的关键时期。陈来指出,"从西周到春秋的用法来看,德的基本含义有二,一是指一般意义上的行为、心意,二是指具有道德意义的行为、心意。由此衍生出的德行、德性则分别指道德行为和道德品格。"① 西周时期已经出现明确表示"道德"含义的"德",且数量相对较多。此不仅可以通过金文"德"大多数带有"心"字推测得知,也可通过文献分析获得。在诸多西周典籍中,"德"已然具有伦理含义,"德"的伦理内涵在《周易》《诗经》《周书》中多可得见。《尚书·洪范》中论及"三德"曰:"一曰正直,二曰刚克,三曰柔克。""正直""刚""柔"均属于道德范畴,可作"美德"解。《洪范》中"五福"之"一福"是"好德"。"好"作动词解,意为"修养","德"作名词,意为"美德"。《尚书·

---

① 陈来:《古代宗教与伦理——儒家思想的根源》,生活·读书·新知三联书店2009年版,第291页。

金縢》有言:"昔公勤劳王家……以彰周公之德",此处的"德"字,作"美德"讲。《尚书·康诰》曰:"今民将在祗遹乃文考,绍闻衣德言,往敷求于殷先哲王,用保乂民。"此句之"德"字为"有德之人",具备伦理内涵。此外,在《尚书》中的《召诰》《多士》《无逸》等文论中,均可寻得"德"之伦理意蕴。除《尚书》外,《诗经》中亦存有大量与"德"之伦理含义相关的内容。《诗经·周南·谷风》曰:"既阻我德,贾用不售"。"阻"为"推开不顾","贾用不售"是女子在比喻自己不为丈夫所欣赏,将此"德"字作"美好德性"解,当较妥当。《诗经·小雅·白华之什》有言:"乐之君子,德音不已。""乐之君子,德音是茂"以及"显允君子,莫不令德"之"德"字,皆可解作"美德""美德之人"。《诗经·小雅·桑扈之什》:"匪饥匪渴,德音来括"之"德音"可解为"优良的德性"。《诗经·大雅·文王之什》:"肆成人有德,小子有造"之"德"亦指"美德""道德"。

以西周作为"德"之伦理内涵确定与发展的关键期,是对从字形与史料层面分析"德"义所得研究结论的综合,可为理解"德"之内涵及其演变历程提供较清晰的线索和脉络。由于分析字形、字义,与解读文本所得结论之间存在明显的时间差,是故转而探寻"德"之伦理内涵发展的关键期,将西周时期作为"德"之伦理内涵发展演变的关键节点,以期达成对"德"义发展的圆融性理解。

二 哲学层面的"德"

哲学之"德"既与人们普遍获悉的作为规章、制度、原则、要求等的"德"截然不同,也与作为品质、美德、德行等的"德"不同。哲学之"德"是价值和意义的起源,具有本体的属性与功用,能够派生出无数"道德""美德"与"品德"。现实地看,哲学意义上的"德"在当前几乎不复存在,作为主流势力的世俗之"德"是指导和规约人们生存发展的重要甚至唯一力量。"上德不德,是以有德。下德不失德,是以无德"(《老子》第三十八章),现实中很少有人关注作为本体存在的"德",越来越多的人不断在世俗之"德"中自我失真和沦丧。

与"德"之伦理内涵发展的关键期相交织,"德"之哲学属性的确立与发展期亦应是西周时期。单纯分析殷商甲骨文"德"之字形、字义,难以解析出"德"之哲学内涵。至西周金文"德中有心"后,"德"的哲学意蕴始具备产生的条件和因素。"心"在早期文献中,已经具有"思想""精神"的含义。《尚书·周官》中的"作德心逸日休;作伪心劳日拙"以及《诗经·小雅·巧言》中的"他人有心,予忖度之",表达的都是"心"的"思想""精神"义。鉴于形上之学与精神、思想之间的直接相关性,"德"之哲学属性与"心"密不可分。除以字形作为分析对象外,对于"德"之哲学属性的解析也可主要诉诸西周文献。《尚书》中的《酒诰》《吕刑》等均是西周时期的文献,其中蕴含诸多具备哲学意旨的"德"。《尚书·酒诰》篇云:"兹亦惟天若元德,永不忘在王家。"关于"元德"之"元"字,《说文》注解道:"元,始也"①;《广韵·元韵》亦有言:"元,大也"②。结合西周时期的其他文献可知,"元"字包含哲学意蕴。《易传·彖》曰:"大哉乾元,万物资始";《春秋繁露·重政》曰:"元者为万物之本"。可见,作为"德"的修饰语,"元"具有的本原、始源的含义赋予"德"之"本原""初始"的哲学意蕴。此外,在《召诰》中,"元德"被称为"德元"。按照汉语修辞方式,"元"作为"德"的修饰,若"元德"可称作"若何德",则"德元"便可称作"德若何"。由此,可显见"德"之哲学意蕴。除《尚书》外,西周文献中具有哲学属性的"德"广泛存在,此从《周易》《易传》中亦可得见。《周易·乾卦》曰:"夫大人者,与天地合其德",意指"大人之德,要与天地功德相契合"。能与天地功德相契合的人之德,即是那个本体或本原之德。《易传·系辞下》的"天地之大德曰生,圣人之大宝曰位"以"天地"作为"大德"的主体,是对"德"之本体内涵的直接表达。道家经典中的"上德不德,是以有德;下德不失德,是以无德。上德无为而无以为;下德无为而有以为。上仁为之而无以为;上义为之而有以为。上礼为之而莫之应,则攘臂而扔之。故失道而后德,失德而后仁,失仁而后义,失义而后礼。夫礼者,忠信之薄,而乱之首。前识者,道之华,而愚之始。是以大丈夫处其厚,不居其薄;处其实,不居其华。故去彼取此"(《老子》第三十八章),以及"道生之,德畜之,物形之,势成

---

① 王希杰:《汉语词汇学》,商务印书馆 2018 年版,第 98 页。
② 刘毓庆:《汉字浅说》,商务印书馆 2017 年版,第 20 页。

之。是以万物莫不尊道而贵德。道之尊，德之贵，夫莫之命而常自然。故道生之，德畜之，长之育之，亭之毒之；养之覆之。生而不有，为而不恃，长而不宰，是谓玄德"（《老子》第五十一章）中的"上德""大德""元德""玄德"之"上""大""元""玄"等的哲学意旨皆赋予"德"以形上内涵，彰显"德"之价值起源或价值母体的含义与意旨。

第二节 教育之"德"的类型和内容

按照不同的标准，教育之"德"可划分为不同的类型和内容。以"德"之涵盖范围为标准，教育之"德"可分为宏观的教育之"德"（如公平、公正、仁慈）和微观的教育之"德"（如尊师重教、团结友爱、助人为乐等）；以教育主体为标准，教育之"德"可统分为教育者之"德"（如爱护学生、教书育人）和受教育者之"德"（如尊敬教师、团结同学）；以教育活动为标准，教育之"德"可主要分为教学活动中的"德"（如因材施教、教学相长）和管理活动中的"德"（如一视同仁、依法执教）。教育事业承载促进个体与社会发展的职责和使命，"德育"是教育的本色，"育德"是教育的重点内容，"成德"是教育的根本目的和衡量学校教育质量的最高标准。本节以古今人们普遍重视、认同与追求的"德"为参照，将具备悠久历史和深远价值的"德"——爱、良心、公正作为教育之"德"的内容，予其以重点关注和阐述。

一 教育爱

"爱"之于教育的重要性为古今中外学者一致认同，教育之爱的意义与价值始终为人们认同与赞颂。意大利著名幼儿教育家裴斯泰洛齐毕生都在实践教育爱。以"爱"之名义和行动做教育是对裴斯泰洛齐一生最全面的概括。裴斯泰洛齐在《舒坦茨文札》一文中写道："我和他们一起哭泣，和他们一起欢笑，他们忘却了世界，忘却了舒坦茨。他们和我成为一体，我和他们成为一体。"[1] 裴斯泰洛齐对于孩子们的爱是厚重、深沉与纯粹的，教育之爱成为她生命的属性和内涵，是其生命绽放出的最

---

[1] ［日］片冈德雄：《班级社会学》，贺晓星译，北京教育出版社1993年版，第95页。

美花朵。教育爱主要存于教师—学生之间,以师生之爱作为主要形式,具有教师爱学生与学生爱教师两种表现形式,体现为教师对学生身心发展的关心、关切、关照、关爱,以及学生对教师的尊重和爱戴。作为情感和情绪的"爱"具有强烈的感染力和深远的价值;作为一种方式方法,"爱"则是无声的语言,最能触动人们的思维和神经。在人际交往的诸多法则中,"爱"最隐蔽也最有效。可以说,"爱"是古今人们的永恒话题。缺少爱,人与人之间缺乏最根本的联结和纽带。爱之于人如同水之于鱼,鱼在水中得其生,人在爱中全其性。教育作为"人—人"活动,断不能无"爱"。

有教育爱,教育和教育中人便可获得发展的"源头活水"。由源源不断的教育之爱浇灌与滋润出的心灵定是喜人而美好的,在爱中成长的人也必然会以爱回馈自然、他人和社会。

二 教育良心

良心是人类的一种道德心理现象,与公正、责任、义务、仁慈等道德概念密切关联。西塞罗说:"对于道德实践来说,最好的观众就是自己的良心。"[①] 良心作为一种人类特有的道德心理现象,对于人的发展具有积极的促进作用和全方位的监督作用。良心是一面"镜子",能够映照出最真实的自我。从字面意思上理解,"良"具有"好""善"的内涵,"良心"就是"好心""善心"。中国历史上首次明确将良心作为道德心理现象加以阐述的是孟子。"无恻隐之心,非人也;无羞恶之心,非人也;无恭敬之心,非人也;无是非之心,非人也。"(《孟子·公孙丑上》)孟子的"四端说"是关于良心的理论,其将"四心"——恻隐心、羞恶心、恭敬心、是非心看作人的善良本性与本心,主张人们不断扩充与完善自我良心。

教育良心就是教育中人的"好心""善心""道德心",且首先和主要指的是"教师良心"。教师之所以被赞美为"人类灵魂的工程师",教师职业之所以被称赞为"太阳底下最光辉的职业",究其根本都与教师良心具有根本关联。与之相似,教育事业的神圣性也与教育"良心"密不

---

① [古罗马]西塞罗:《论辩集》,商务印书馆1999年版,第26页。

可分。有"良心"的教育是"善"的、"好"的，为人们认同和需要；没有或缺乏"良心"的教育是"恶"的、"坏"的，为人们怀疑和摒弃。

由此意义上，教育中人尤其教师的"良心"既是教育事业合理化、合法化、合道德化的重要标志，也是教育中人需要始终关注、扩充与提升的重要道德内容，还是鉴别教育事业发展程度和教育中人道德水平的根本标准。

三　教育公正

古今人之于不公正制度、规则、现象及活动的斥责、批判与否定，无一不在证实公正之于人类社会发展的重要价值。《论语·季氏·第十六篇》中的"闻有国有家者，不患寡而患不均，不患贫而患不安。盖均无贫，和无寡，安无倾"明确指出"公正"的必要性；"朱门酒肉臭，路有冻死骨"（唐·杜甫：《自京赴奉先县咏怀五百字》）和"朝甚除，田甚芜；仓甚虚，服文采；带利剑，厌饮食；货财有余，是为盗夸"（《老子》第五十三章）则通过对"不公正"现象的揭露和批判，表达出之于公平、公正的向往和期待；"王侯将相，宁有种乎"（汉·司马迁：《陈涉世家》）则通过怀疑与诘问的方式，表明人们打破不公正现象与实现公正理想的决绝态度和宏伟志向。可以说，追求与实现"公正"是人的内在需求和天然使命。

公正既是一种美好的品质，也是一种理想的秩序和状态。作为道德品质或道德内容的"公正"是用以衡量人们道德水平的重要标准。人的"公正"程度与其道德水平之间具有直接相关性，人们无论如何也不会将一个藐视与践踏公正的人置于"道德"高位。相比于公正之于个体发展的意义与价值，"公正"亦具有不可取代的社会价值，其是衡量社会发展水平和程度的根本指标。公正之于个人与社会发展的意义与价值，必然使得教育事业担负促成与实现"公正"的职责与使命。著名教育家陶行知曾以"教育为公以达天下为公"表明经由教育公平实现社会公平的理想。在中西方历史的发展进程中，任何地域、任何时期的教育都以追求和实现"公正"为目标和使命。有史以来，人们从未停止过通向"公正"的步伐，始终将教育视为实现"公平""公正"的途径、方式和手段。

教育公正是"公正"在教育领域的具体形式，公正作为全体社会成员的共同理想是一种至关重要的教育之"德"。作为道德内容、道德准则与道德理想,教育公正的实现离不开教育中人之于"公正"的无条件、主动、自觉地遵守、体认与践行。教育中人只有积极与全面践行"公正"的原则和要求,才能够促成真正的"教育公正"。在有关"教育公正"的理论中,"教师公正"是教育公正的重要内容。在教育中,基于教育对象身心发展的需求与特点,最应体认和践行"公正"的是教师。《说文》有言:"教者,上所施,下所效"①,公正的教师更有可能培养出公正的学生,教师公正事关教育公正。公正的教师促成公正的教育教学活动,可直接提升教育公正的程度和水平,可直接促成教育中人公正品德的养成、扩充与提升。

第三节 古汉字"德"之教育意旨与镜鉴

关于"德"字最早出现的时间,学术界持有不同的观点。郭沫若在《青铜时代》的《先秦天道观之进展》一文中指出:"卜辞和殷人的彝铭中没有德字,而在周代彝铭中才有德字出现"②,将"德"字最早出现的时间设定为周代,认为"德"字最早出现于西周时期。随着研究工作的深入和推进,就目前已有观点来看,"德"字出现的时间应早于西周,且至晚出现于殷商时期,在诸种甲骨文与金文文献中均可见"德"字。鉴于"德"和"教育之德"的重要性,运用历史学、文字学的方式对"德"予以追溯,找寻古汉字"德"之内涵和意旨,挖掘其中的教育智慧以形成教育启思和借鉴,是本节甚为关注的内容。

一 古汉字"德"之初义

在甲骨文与金文中,"德"字具有多种书写方式。关于"德"字在甲骨文中的书写方式,《甲骨文字集释》收录15种,《甲骨文编》收录20种。关于"德"字在金文中的书写方式,《金文诂林》收录"德"字的

---

① 汤可敬:《说文解字今释》,上海古籍出版社2018年版,第451页。
② 郭沫若:《郭沫若全集》(第一卷),人民出版社1982年版,第336页。

23 种不同写法，《金文编》收录的"德"字写法则高达 35 种。

甲骨文"德"被表示为 ⿱ 和 ⿰，此两种写法不同的"德"字间具有必然联系和共通之处。甲骨文的第一种写法 ⿱，可拆解为两部分，即外围的 ⿲ 和中间的 ⊕；第二种写法可拆解为左边的 ⼻ 与右边的 ⊕。比较可见，二者的字形结构中共同包含 ⊕，不同者在于 ⿲ 与 ⼻。⿲ 形似当前语境中的"十字路口"，学界亦取 ⿲ 之形象，认为其意为"四达之衢"。"四达之衢"是为"行"，⿲ 具动词"行"义。⼻ 是 ⿲ 的简化，二者本义相同，均有动词"行"及名词"四达之衢"的双重含义。罗振玉在《殷墟书契考释》中说道："象四达之衢，人之所行也。"① 两种"德"之甲骨文写法的共同之处 ⊕，是今日的"直"字。"直"原意为不弯曲、不曲折，可引申为"不犹豫"。由此，由 ⿲ 和 ⊕ 合并构成的甲骨文 ⿱ 与由 ⼻ 和 ⊕ 合并组成的甲骨文 ⿰ 字，在造字意旨与含义上具备一致性，意为"直行于大道中"。随着文字的演变，金文"德"出现。早期金文"德"的书写方式与甲骨文基本相同，如 ⽥。虽然甲骨文"德"之 ⊕ 在金文中被改写而成 ⊕，但"德"的含义并未发生变化。

通过对比甲骨文与金文"德"，可见不同写法的"德"字的共同构成部分是"直"字，"直"字在"德"字最初形成与后期发展过程中始终存在。"德"字之"直"在甲骨文和金文中一般有两种基本书写方式，即 ⊕ 和 ⊕。甲骨文 ⊕ 与金文 ⊕ 存有一个共同点，即均有"丨"。通过拆分，⊕ 可拆分为两部分，即"丨"和"⊘"。⊘ 形似"眼"，即横躺的"目"，目上一竖"丨"，目之所视犹如直线，意指"正视前方"，或曰"正见"。张日升认为："直字象目前有物象，目注视物象，则目与物象成一直线，故得直义。物象以竖表之，处目之上作直者，非谓物象在目上，乃谓在目之正前也。《说文》训直为正见，即此之谓也。"② 对比而言，金文 ⊕ 除包含"目"之外，还包括"丨""一"两部分，此两部分合而构成"十"，目上有十，从字形上看已与今日之"直"颇相近。甲骨文 ⊕ 与金文 ⊕ 都符合"目视于途"的"直"之本义。

---

① 洪成玉：《古汉语常用同义词疏证》，商务印书馆 2018 年版，第 176 页。
② 周法高：《金文诂林》，香港中文大学出版社 1974 年版，第 989 页。

随着文字的发展，金文与甲骨文"德"字开始表现出明显的不同。这体现为，甲骨文的"德"不含"心"，而金文之"德"增加"心"的部分。金文"德"字之"心"被写为 ，右下方的 形似"心脏"，用以表示"心"，具有心胸坦荡的含义。增加"心"之后的金文之"德"，对比甲骨文的"无心"之"德"，含义进一步深化，使得原本"直行于大道"的内涵增加心理因素，变而成为"坦然直行于大道"。通过分析早期甲骨文和金文"德"字的写法和含义，可得知"德"基本上由三部分构成，即甲骨文和早期金文中的"彳""直"，以及后期金文中的"彳""直""心"。从字形和字义来看，"彳""直""心"三者无论何种组合方式，表示的均主要是方向与行为。抑或说，早期"德"的含义主要是指具有方向性的动作。

除分析甲骨文与金文"德"之字形，得出"德"的最初含义是"有方向的行为"外，另有一种与此差异显著的解"德"方式。在甲骨文与金文中的 与 中，右面"直"字皆包含"丨"。关于"丨"，不同于前文将其理解为一条直线，学界观其形象，有的以其为牵缚奴隶的绳索，有的将其视作鞭笞奴隶的木杖。"直"字的另一组成部分"目"，从甲骨文和金文的字形上看，像是匍匐于地的人形，此亦不同于上文将其视作人之"目"的观点。综合"直"的两个组成部分，代表木杖或绳索的"丨"与代表躺在地上的人之"目"相结合，可得出"德"的原初含义是"牵系和鞭笞奴隶"。针对此种有关"德"义的看法，温少峰进一步解释道："古人语言，动词和名词不分，主动和被动不分。所以，作为原因来说是'德'（即征伐、掠夺），作为结果来说就是'德'（即得，获得、占有）。"[①] 将"德"作"征伐""掠夺""获得"解，基本未脱离"得"的含义范畴。由于"德"与"得"通，故而通过字形分析，将"德"之初义作"征伐""获得"解，与前人所解之"德"义相通。

另有一种有关"德"之初义的推测，认为"德"字最初有可能被用作郊祀之名，后用作商之祖先祭名，指出"德"字取象与古人"以表测日影"有关，认为以"德"字名"日祭"较为适宜。此种观点将"德"

---

① 温少峰：《殷周奴隶主阶级的"德"观念》，《中国哲学》1982年第8期。

与"祭祀"相联系，涉及的应是"德"之出现缘由与存在根据。关于"德"之存在依据，目前学界有两种观点较具代表性。一种观点认为，"德"的出现与图腾崇拜有关；另一种观点认为，古已有之的祭祀的宗教文化是"德"出现的依据。据早期文献记载，《国语·晋语》中"德"的含义较早关涉"德"之起源与依据。《国语·晋语》的"同姓则同德，同德则同心，同心则同志"和"异姓则异德，异德则异类"，指明"德"源自于同姓氏族或宗族之间的血缘共同性。然而，结合具体的社会背景，也可明显得见上述论点的不合理之处。首先，氏族或宗族之间具备共同血缘在母系氏族社会缺乏现实依据。抑或说，只有进入父系氏族社会后，血缘与宗族的联系才具备现实性。其次，从时间和社会阶段分析，宗族和氏族意识较为明显的当是以血缘关系为依据建立宗法制度的西周时期。因"德"字最早出现的时间早于西周，加之有关"德"的思想的出现时间亦往往早于具体文字的出现，故而以血缘、宗族等作为"德"最早出现的依据存有不确之处。相比之下，结合早期社会状况，将"德"与"祭祀""宗教"相联系，有其文化、历史、风俗等的依据。

综合以上对甲骨文与金文之"德"字形、字义的分析，可见"德"最初具备动词和名次的双重属性，仅是中立与客观表示事物运动、发展方向的一般词汇，不具备伦理内涵，与当前所论之"德"的含义之间相去甚远。

二 古汉字"德"之教育义阐释

古汉字"德"的"得"义及其与祭祀、图腾之间的关联均可对教育产生别样的借鉴，能够促成教育中人的思索与反省，为人们全面而深刻的理解教育提供可能。

（一）以"得"应教育之"德"

较早将"德"释义为"得"的是《管子》，"德者道之舍，物得以生，生得以职道之精。故德者，得也。其谓所得以然也。以无为之谓道，舍之之谓德，故道与德无间，故言之者无别也"（《管子·心术上》）。宋代理学大师朱熹的《论语集注》亦言："德者，得也，得其道于心而不失之谓也。"[1] 对"德"的此种释义持认同态度的还包括左孝彰的《老子归

---

[1] 张岱年：《中国人的人文精神》，贵州人民出版社2018年版，第154页。

真》、古棣的《老子校诂》以及刘笑敢的《老子古今》等。古汉字"德"之"得"有其特指的对象,即"道"。得"道"则有"德",背离"道"则"无德"。也正是在这种意义上才有"道"与"德"连用的"道德"。抑或说,当前的"道德"是"道"与"德"的组合体,其中既包括作为美德、品德的"德",又包括作为"德"之内容与对象的"道"。

当由"德"之"得道"的角度理解"道德"时,则"道德"绝非仅是人们普遍理解的美德、品德,而是蕴含独特而具体的内容——"道"。"道"是信仰、理想、信念,是原理、规律,是法则、原则,普遍作用于人世社会的"道"具有形上和形下的双重属性。事实上,古人也是由"道"或"天"的多重属性出发而创生"天人合一""道人合一"的文化、思想、思维以及与之相适应的生存理念与生活方式。在前文有关古汉字"道"之教育智慧的解析中曾指出,教育之"道"首先体现为作为教育信仰、教育理想、教育信念的"宏大"与"宏观"的"道"。这种意义上的教育之"道"对教育事业和教育中人的发展具有全面的引领和指导价值,是现实教育发展的理想蓝图和长远预期。鉴于书写与认识的需要,在涉及微观、具体的教育之"道"时,前文既以"理"为概括,呈现出教育原理、教育规律等切实发挥教育发展功用的教育之"道",又在涉及更为具体的教育中的制度、规则、原则、要求时以"法"替"道",阐述出形式、内容较为精细和严密,且各不相同的教育之"法"。由哲学的层面看,"道"之包容、广大的属性和功能,决定教育中的一切事务和活动都被包含于教育之"道"。抑或说,教育之"道"可作为教育中全部事务与活动的"母体",教育中的一切都可以纳入"教育之道"的范畴。然而,教育根本上是具体的、事关社会民生的现实事务,教育活动的开展必须诉诸具体、微观、可操作的"道"。也是在这种意义上,具备实用性和可操作性的教育原理、教育规律、教育制度、教育规范等,因对教育事业和教育中人的发展具有真实功效,而始终颇受人们重视。可见,教育之"道"可大可小、无处不在,可被统视为教育信仰、教育理念、教育原理、教育规律、教育制度等。"德"之"得"的对象是"道","得道"才有"德"。以此类推,教育之"德"亦是"得",教育之"道"则是"得"的对象,教育中人"得"教育之"道"便有"德"。教育中人对于教育之"道"的体认与践行,是教育中人具备、扩充与提升"德"的内容和途径,是衡量教育中人是否"有德"的根本标志和标准。此可被具体表述为以下内容:教育中人信仰与崇尚教育事业,树立远大的教育理想、具备崇高的教育信念,在教育生活中主动积极地践行教育理想和信念;教育中人尊重、遵守与遵行教育原理、教育规律,不做违背教育原理与教育规律之事,始终以教育原理、教育规律指导教育生活和自身发展;教育中人积极主动地遵守和践行教育制度、教育规范,按照制度规范的原则和要求为人处世。可以说,教育中人积极主动"得"教育之"道"既能够促成自身品质与道德的养成和发展,也可以促成群体与社会道德的发展与完善。

古汉字"德"之"得"义赋予教育之"德"具体的内容和对象。由"德"之"得"而理解教育之"德",拓宽了教育之"德"的范畴和内容,使得世俗教育中的"道德"具备极为深远和深刻的内涵与指涉,有助于促成教育事业之于个体、家国、社会和自然界发展的厚重意义与深远价值。

(二)神圣的教育之"德"

古汉字"德"与祭祀、图腾之间的关联性赋予"德"以神圣性。神圣之"德"是人之为人的根本属性,是维护和营造良性人际秩序和社会环境的"法宝",是对伟大人性最有力的彰显与证明,是人能够与"天""地"并列与并称的本源依据,是通达"天人合一""道人合一"理想的唯一途径。有此神圣之"德"方有神圣之人,方有辉煌璀璨的人类文明和广博深远的人文精神,方有"人道""道义""仁爱""礼义"等的期许与愿景。

"德"之神圣性体现在教育中,则是人们之于"修德""成德"的重视与向往。为促成和提升教育中人的道德品质和精神涵养,学校教育常具备明确的"仪式"与"仪制"。古代学校教育有"入泮礼"的制度,凡是新入学的生员都需行使"入泮"的入学仪式。据《礼记·王制》记载:学童首先换上学服,拜笔、入泮池跨壁桥,然后上大成殿,拜孔子,行入学礼。[1] 周朝诸侯学校前多有半圆形的池,名为"泮水",学校即称"泮宫";至明清两朝,州县考试新进生员须入学宫拜谒孔子,因此人们

---

[1] (清)赵本敩:《朵园续钞》,贵州人民出版社2017年版,第175页。

称入学为"入泮"或"游泮"。"正衣冠"是"入泮礼"的第一个环节。"先正衣冠,后明事理",衣冠反映出人的精神面貌以及对待他人的态度,学童一一站立,由先生依次为学童们整理衣冠。"礼义之始,在于正容体,齐颜色,顺辞令"①,先正衣冠,再做学问,是古代读书人的一贯主张和行为。整理好衣冠,学生们在先生的带领下跨过泮池,进行"拜师礼"。"拜师礼"有两个环节,拜完孔子,再拜先生。在拜先生时,学生要向先生赠送"六礼"。"六礼"包括芹菜、莲子、红豆、枣子、桂圆、干瘦肉条,诸者皆蕴意美好,用以表达弟子尊师重学之心意。"拜师礼"后,学生间互相鞠躬,表示在学习生活中互帮互助。"入泮礼"中还有"盥洗净手"的环节。学生们将手放到水盆里,正反各洗一次,寓意清除杂念、静心向学。此外,学生还须填写"亲供",即写下自己的年龄、籍贯等信息,由先生统一整理后呈交保存。行过"入泮礼"后,学生们正式成为孔门弟子,就此踏上"路漫漫其修远兮,吾将上下而求索"(楚·屈原:《离骚》)的求学之路。

严肃而庄重的"入泮礼"中蕴含着丰富的德育主旨和德育内容,彰显出古代教育以"德"为首、为本、为重的教育主旨。如同神圣肃穆的祭祀和寓意深刻的图腾中彰显出的"德"之神圣性意旨,古时的教育规制、仪式中也充分蕴含与彰显出"德"之神圣性。这种庄严肃穆的教育仪制为人们"立德""行德"的认识与实践提供极为特殊的环境和场域。以此为鉴,现实教育中人之于神圣道德的体认、认同乃至实践,亦离不开与之相符的内容、环节、环境和氛围。由道德之神圣性出发,学校德育的环境、内容、方式等应体现出相当的神圣性与崇高性。经由神圣而崇高的"德育"促成人们之于道德、人性、人文、人道之神圣性、权威性、可贵性、重要性的认同,是促成教育中人道德发展的根本方式和重要途径。

三 其他与"德"相关的古汉字及其教育义

(一)"爱"

金文"爱"书写为🝢,其中最显眼的结构莫过于"心"。《礼记·乐

---

① 陈戍国点校:《四书五经》(上),岳麓书社2014年版,第665页。

记》曰:"其爱心感者,其声和以柔",意思是心中充满爱的人,声音柔美温和。爱发乎于心而现乎于行,心中之"爱"会通过行为自然流露和显现。既然"爱"由"心"出,则真正的"爱"是自然、纯粹、不造作的。无数为爱唱赞歌的人既看重爱之浓烈、炙热与势不可当,也珍视爱之自然与纯粹。

由"爱"之出于"心",教育中的爱亦应以"心"为始发点和归宿。教育之爱当是一种以"心"应"心"的情感、品质和行动,而非机械、客观的情感传递与传输,或为遵守教育制度与迎合教育需求而不得已为之的形式化的观念和行为。真正的教育之爱,是教育中人出乎真心、发乎真情并自然表露在言谈举止中的爱心、期盼心、希望心、责任心、尊重心、爱戴心、友爱心,它是师生、生生之间教学相长、并肩前行、互相成就的动力源泉。教师之爱中富含教师对于学生的殷切期待、谆谆嘱托、美好祝福、深情厚谊,它深沉而厚重、真实而自然。与之相似,学生对于教师的爱则是孩子之于父母、晚生之于长辈、学生之于老师的尊重、爱戴、崇拜、追随、感恩与感激,它亦真实而自然、厚重而真切。

(二)"公""正"

甲骨文"公"写作⬡,由八和厶组成。《说文·八部》曰:"公,平分也。从八、厶。八犹背也。"① 厶即私,《韩非子·五蠹》曰:"背厶谓之公,或说,分其厶以与人为公";《墨子·尚贤上》曰:"举公义,辟私怨";《史记·屈原贾生列传》曰:"屈平疾王听之不聪也,谗谄之蔽明也,邪曲之害公也,方正之不容也。"自古以来,"公"与"私"对立,"公"始终具有"公有""公享""公开"的内涵和意旨。甲骨文"正"写作⬡,由囗和⼌组成。囗表示方向、目标、对象,⼌即"止",意为"行走"。⬡的含义为"朝着目标不偏不倚的走去",蕴含"正当""正道"的内涵。

"公"之"公有""公享"与"正"之"正当""正道"的内涵结合而成的"公正"之意,实则与当前的"公正"相通。"公正"之人必然不会藏掖隐匿、徇私舞弊,也不会不走正道、偏爱歧途;"公正"之事必

---

① 向光忠:《文字学刍论》,商务印书馆2012年版,第77页。

然可被公开，可兼顾整体利益，具备正当性。以此而论，教育之"公正"无外乎教育之"公"与教育之"正"两方面内容。教育之"公"既指教育是公共性的社会事业，为社会中人共同拥有、共同成就和共同承担；又指教育事业不是一家一人的"私有物"，教育中不存在不为人知的"秘密"，教育活动始终接受公众的监督和评价。具体到学校教育领域，教育之"公"可被理解为学校教育中各项观念、活动、制度等的公开化与透明化，以及教育资源、渠道、设施设备等的公有与共享性。相比之下，教育之"正"主要指教育事业的正当性、合理性与合法性。"百年大计，教育为本"，教育本是最正当的社会事务，教育事业是社会发展的基石和根本。人类文明发展的进程业已证明，教育是促成社会公正的不可或缺的方式和途径。可以说，古汉字"公""正"之内涵与意旨，对于现代人深度理解与践行教育"公正"颇具启发意义。

（三）"良""善"

甲骨文"良"写作 $。关于"良"之最初字形和字义，当前并未达成共识。第一种说法认为"良"的本义是"走廊"，认为 $ 形似有出口的廊道。第二种说法认为"良"的初义是"香味"，并因此认为"良"代指"美好的事物"。第三种观点认为"良"之初义是"头脑"，其主要依据是《尔雅·释文》中"良，首也"①的说法。在第一种观点中，显然很难由"走廊"推导出当前"良"之"好"的内涵，而第二种"香味"或"美好的事物"的观点则较容易与"好"相通，从而可以形成"良"之古今义发展演变的连贯轨迹。至于"良"是"头脑"的说法，似可由头脑之"高位"而推导出"良"之"程度高"的内涵，如"良久"，从而与当前"良"之内涵形成一定的贯通。

有鉴于人们对古汉字"良"的解释各不相同，由对字形、字义的解析中难以找到有关"良"的共识性内涵，故而换一种理解古汉字"良"的视角和方式，即解析古今文论中的"良"，此或许不失为一种解"良"的好方式。《说文解字》曰："良，善也"②，人们多将"良"理解为

---

① 李凤兰：《〈尔雅〉同训词语释读及语义研究》，辽宁大学出版社2010年版，第9页。
② 傅永和、李玲璞、向光忠：《汉字演变文化源流》（下），广东教育出版社2012年版，第1128页。

"好""善"。如,"德音无良"(《诗经·邶风·日月》);"人之无良"(《诗经·鄘风·鹑之奔奔》)等。

金文"善"书写为𦎟,由"羊"和两个"言"构成,具有"美""好"的内涵。在古代,羊被视作善良、吉祥的动物,羊的品质多为人们所称赞。如,汉代班固《白虎通·衣裳》的"羔者,取跪乳逊顺也";陈志岁《乙未春联》的"锦鲤飞身酬远志;祥羊跪乳感亲恩";《镜花缘》第八十七回中的"羊有跪乳之礼,鸡有识时之候"等。在古人眼中,"羊"知恩图报、具有孝义心与善良心。由"羊"之道德内涵,可见古汉字"善"自始便被赋予道德内涵。此外,对于"善"的理解,也可以与"美"之内涵结合。《说文解字》曰:"美,甘也,从羊从大。羊在六畜主给膳也,美与善同意。"①"善"即"美","美"即"善","美善"合用常表示美好的道德、品质、精神等。当前人们对于"良""善"的追求,对于真善美的珍爱,以及为提升道德水平和精神境界所做的不懈努力,都表征着至美至贵的"良""善"之于个体和社会发展的核心价值。

教育本是关乎和追求"良""善"的社会事业,"良""善"是教育的本质、属性、内涵、特征、内容和目标,是对理想教育的全面概括。任何教育活动都离不开"良""善"的教育主体,都以"良""善"作为本质特征,都以"良""善"作为目标和取向。国人珍视"良""善"之道德、品质、精神的传统,需要经由教育的方式和途径获得彰显与传承。

---

① 李振中:《〈说文解字〉研究》,湖南师范大学出版社2014年版,第139页。

主要参考书目

（汉）许慎：《说文解字》，岳麓书社2006年版。

（清）姚惜抱：《古文辞类纂评注》，安徽教育出版社1995年版。

［日］白川静：《汉字的世界——中国文化的原点》，陈强译，四川人民出版社2019年版。

本书编纂委员会：《教育大辞典》，上海教育出版社1992年版。

陈安仁：《中国上古中古文化史》，上海古籍出版社2015年版。

陈来：《古代宗教与伦理——儒家思想的根源》，生活·读书·新知三联书店2009年版。

陈戍国点校：《四书五经》，岳麓书社2014年版。

崔铭、周茜：《中国古代文学经典导读》，商务印书馆2019年版。

傅永和、李玲璞、向光忠：《汉字演变文化源流》，广东教育出版社2012年版。

谷衍奎：《汉字源流字典》，华夏出版社2003年版。

郭沫若：《郭沫若全集》，人民出版社1982年版。

何金松：《汉字文化解读》，湖北人民出版社2004年版。

洪成玉：《古汉语常用同义词疏证》，商务印书馆2018年版。

姜亮夫：《古文字学》，浙江人民出版社1984年版。

姜瑞云：《汉字的故事》，河北人民出版社2016年版。

金忠明：《教育十大基本问题》，上海教育出版社2008年版。

李文颖、张俊朴、史国强：《远古仓颉与中华汉字》，人民日报出版社2003年版。

李燕：《语言文化十五讲》，南开大学出版社2015年版。

李振中：《〈说文解字〉研究》，湖南师范大学出版社2014年版。

刘焕辉：《言与意之谜——探索话语的语义迷宫》，中国社会科学出版社2001年版。

刘铁芳：《教育生活的永恒期待》，湖南教育出版社2010年版。

刘毓庆：《汉字浅说》，商务印书馆2017年版。

汤可敬：《说文解字今释》，上海古籍出版社2018年版。

王朝忠、王文学：《常用汉字形义演释字典》，四川辞书出版社1990年版。

王国维：《人间词话》，岳麓书社2012年版。

王希杰：《汉语词汇学》，商务印书馆2018年版。

王玉新：《汉字认知研究》，山东大学出版社2000年版。

向光忠：《文字学刍论》，商务印书馆2012年版。

徐超：《中国传统语言文字学》，山东大学出版社1996年版。

许威汉、陈秋祥：《汉字古今义合解字典》，上海教育出版社2002年版。

杨怀源：《西周金文词汇研究》，巴蜀书社2007年版。

殷寄明：《〈说文解字〉精读》，复旦大学出版社2007年版。

于根元：《应用语言学演讲集》，商务印书馆2014年版。

于伟：《教育哲学》，教育科学出版社2015年版。

于伟：《现代性与教育》，北京师范大学出版社2006年版。

臧克和、王平：《说文解字新订》，中华书局2002年版。

詹绪左、朱良志：《汉字与中国文化教程》，安徽师范大学出版社2014年版。

张岱年：《中国人的人文精神》，贵州人民出版社2018年版。

张丰乾：《训诂哲学》，巴蜀书社2019年版。

周大璞：《训诂学初稿》，武汉大学出版社2013年版。

周法高：《金文诂林》，香港中文大学出版社1974年版。

周国光：《古代汉语词类活用例释》，广东高等教育出版社2013年版。

后　　记

　　古汉字中蕴含国人生存发展的原初智慧和自然法则，探究古汉字可达成对先祖智慧的理解与把握，能够为个体安身立命以及家国社会有序发展提供"法宝"和"智囊"。教育作为一项社会事业，与社会生活的各个领域紧密相关，是社会中人成己与化人的必要之方。在纷繁多样的现代教育理论的指导下，教育事业获得长足进步与发展，围绕"教育是什么"的主题，古今人们展开数不胜数的论说与实践。然而，在围绕教育展开的诸多言说中，以古汉字作为教育观念"载体"的研究并不多见，这与教育中人对古汉字生活化、多样性的"面相"缺乏了解和体悟不无关系。事实上，古汉字蕴含的生存与发展智慧是先祖留给现代国人的至贵要件，其内容与对象统摄包括教育事业在内的各项社会活动。促成古汉字与教育、古汉字中的教育观念与现代教育之间的"沟通"与"交流"，既是遵循与实践"以古鉴今""古今互通"历史与文化发展规律的必然要求，也是当前"创造性转化与创新性发展"传统文化的重要内容。

　　源自探寻古汉字神秘性的好奇心与运用古汉字理解和阐释教育现象有效性的慨叹，笔者在教学和研究中多对古汉字"留心"，既将其视为一座丰厚的教育宝库，从而常以其作为阐发教育观点的论据；又对其抱持庄重而热烈的情感，从而常从中汲取美妙与新奇的"好感"；还始终试图步步"逼近"它，以期由中获悉更多的教育真谛。这本书就是在上述观念的直接促动下书写而成。然而，不可否认，本书所做的探寻工作更多停留于浅尝辄止的层次。之所以是"浅尝辄止"的，大致有两方面原因。一方面，笔者之于古汉字的研究，根本上缺乏深厚的学养和研究能力，这使得在研究方法的使用上无法做到驾轻就熟，因此难以得出深具创新性的观点。另一方面，过重的教育学旨趣带来的"以现代教育思想为导向"的研究特点，使得古汉字更多成为现代教育思想的"证据"，而距离为现代教育思想"溯源"的研究目标尚远。

本书的顺利出版根本上得益于我的导师于洪波先生的支持，得益于中国社会科学出版社安芳编辑的认可和辛劳付出，在此特致以诚挚的谢意！

由于资历尚浅、学养不足，倘若书中观点有不当和疏漏之处，恳请各位方家批评指正！

王康宁

2021 年 11 月 26 日

书于泉城